本文丛受"国家社会科学基金"资助

现代传播文丛
（第三辑）
总主编 胡智锋

新媒体研究

方法与观念

潘可武 主编

中国传媒大学出版社

图书在版编目(CIP)数据

新媒体研究:方法与观念/潘可武主编.—北京:中国传媒大学出版社,2015.5
ISBN 978-7-5657-1283-8

Ⅰ.①新… Ⅱ.①潘… Ⅲ.①传播媒介-文集 Ⅳ.①G206.2-53

中国版本图书馆 CIP 数据核字(2015)第 026192 号

新媒体研究:方法与观念

主　　编	潘可武
策划编辑	秋　实
责任编辑	张　旭
责任印制	阳金洲
封面设计	北京泰丰领秀创意文化有限公司
出 版 人	王巧林
出版发行	中国传媒大学出版社
社　　址	北京市朝阳区定福庄东街 1 号　　邮编:100024
电　　话	86-10-65450532 或 65450528　　传真:010-65779405
网　　址	http://www.cucp.com.cn
经　　销	全国新华书店
印　　刷	三河市东方印刷有限公司
开　　本	710×1000 mm　　1/16
印　　张	16.75
版　　次	2015 年 5 月第 1 版　2015 年 5 月第 1 次印刷
书　　号	ISBN 978-7-5657-1283-8/G·1283　　**定　价**　68.00 元

总　序

◆　胡智锋

2014年是新中国成立65周年，也是中国传媒大学建校60周年的年头，《现代传播》也迎来了创办35周年。为纪念这些重要节庆，我们《现代传播》编辑部同仁商议，延续以往阶段性整理出版《现代传播》文丛的做法，接续上一套"文丛"，把2009～2013这五年来刊发在《现代传播》上的精品文章遴选出来，按刊物的栏目类别汇集成若干卷册，以新的形式展示给广大读者，也算是我们《现代传播》献给国庆、校庆和刊庆的一份礼物吧！

翻读各位编者初编的本套文丛各卷的篇章目录，当时每一期编刊的情形如在眼前！放眼看去选题丰富多样，写法千差万别，汇到一起该如何表述这套文丛的整体特点呢？思来想去，脑海里蹦出一个词——"回应"！是的，以一个"回应"或许可以粗略地概括这些文字的总体探求！以这个"回应"可以切出三句话：回应时代召唤，回应现实需求，回应理论创新。

首先，回应时代召唤。2009—2013这五年间适逢中国共产党建党90周年、新中国成立60周年、改革开放30周年等重要时间节点，我们因此约请或选用了相关文章，在回顾与反思中对于某个领域或方面的发展进程予以重新梳理与揭示。如郑保卫先生的《中国共产党新闻工作群众路线的理论来源与实践传统》（建党90周年），朱虹先生的年度对话《中国广播影视发展新起点》，黄勇先生的《论新中国60年广播电视的发展道路》，吴学夫、黄升民先生的《大国图腾——承载60年国家理想的家国图像》（新中国成立60周年），黄式宪先生的《关于近30年中国电视剧在美学建构上的断想》，周星先生的《改革开放30年中国电视剧发展要评》（改革开放30年）都是这些重要时间节点上的整体性描述的代表性篇章。

在专业层面上,也有一些重要时间节点被我们关注,如“春晚”30年、中国电视民生新闻10周年、《今日说法》10周年、《论道》3周年、央视纪录频道元年、江苏卫视品牌定位升级元年等,在这些时间节点上,来自政府、业界、学界不少领导、专家、学者发表了有时效性、针对性、启示性的文字,他们是原国家广播电影电视部副部长刘习良先生,原商务部副部长、中国加入世贸首席谈判代表龙永图先生,电视学界老前辈朱羽君、高鑫、王伟国先生,业界领军人物周莉、景志刚先生,学界重量级学者王一川、尹鸿、喻国明、俞虹、孟建、李幸、时统宇、丁亚平、丁俊杰、张同道先生等。

其次,回应现实需求。不论是国家战略层面,还是传媒业界与学界,过去几年面临的形势与背景或许都离不开全球化,媒介融合与公共服务日渐深入的现实。如何理解这几个重要现实背景?如何在全球化语境下走出有中国特色的道路?如何应对媒介融合的不可阻挡的态势?如何在新的媒介与社会环境下,调整与完善公共服务的领域与空间?作者们给出了令人关注与期待的解答。

如关于全球化命题的研究,有如下大作:黄会林先生的《“第三极电影文化”构想》,叶皓先生的《公共外交与国际传播》,陈圣来先生的《文化强国与中美之梦》,贾磊磊先生的《全球化语境中的跨文化传播——论非文字类文化符号的传播效应》,张国良先生的《沟通与和谐:汉语全球传播的渠道与策略研究》,荆学民先生的《全球化背景下中国政治传播主体意识研究》,夏骏先生的《在文明较量的时间差中坚守——中国电视走向世界的宏观命题探讨》。

而关于全球化语境下的中国传播学发展问题的研究,也有不少探讨值得关注,如胡正荣先生等的《跨学科视野中的中国跨文化传播研究:进程与问题》,陈卫星先生的《关于中国传播学的本体性反思》,胡翼青先生的《传播研究本土化路径的迷失——对“西方理论中国经验”二元框架的历史反思》,刘海龙先生的《传播研究的两个维度》等。

关于媒介融合的研究,有如下大作:朱虹先生的《中国数字电影的现状与发展战略》,黄勇先生的《论中国广电在“三网融合”新阶段的战略方位》,庞井君先生的《媒介融合背景下的中国广播影视产业发展的思考》,李良荣先生等的《互联网与大众政治的勃兴——新传播革命研究》系列,王武录先生的《报业全媒体发展研究》,熊澄宇先生的《对新媒体未来的思考》,黄升民先生等的《三网融合:构建中国式“媒信”新业态》,彭吉象先生的《数字技术时代的影视美学》,王甫先生等的《我国3D电视发展现状,困境及对策探析》,石长顺先生的《中国报业的 iPad 生存》,刘德寰先生的《手机互联网的数字鸿沟》,张红军先生的《中国电视剧的网络化生存》等。

关于公共服务的研究,特别是新媒体快速发展带来的公共领域、公共空间及相关社会治理方面则有如下大作:邵培仁先生等的《信息低保——构建信息公平社会的基本保障》,段京肃先生的《乡村媒介、媒介乡村和社会发展——关于大众传播媒介与中国乡村的几个概念》,袁军先生等的《突发性公共事件与政府形象修复策略研究》,廖祥忠先生等的《论"电子大字报"的传播特点、社会危害及应对之策》,胡泳先生的《在互联网上营造公共领域》,方兴东先生等的《微信传播机制与治理研究》,谭天先生的《论社交媒体的关系转换》,何志武先生的《网路民意与公共政策的"民间智库"》,许加彪先生的《风险社会下中国环境安全的信息公开:新型媒介生态中政府与社会的互动》等。

不论是全球化、媒介融合抑或公共服务研究,上述文字都以强烈的社会关怀回应了我们传媒理论与实践的现实发展需求。

再次,回应理论创新。近五年老中青几代学者都以饱满的激情与理性的思考,贡献出不少理论创新成果。

关于新闻改革的研究,有童兵先生的《"五四"精神与新时期新闻改革》,叶皓先生的《从宣传到传播:新时期宣传工作创新趋势》,喻国明先生等的《中国媒介规制的发展、问题与未来方向》,高晓虹先生等的《美国电视竞争格局及其策略借鉴》,涂光晋先生等的《从"党的耳目喉舌"到"公众话语平台"——"人民网"意见表达与整合研究》,曹劲松先生的《政府新闻传播中的形象设计与塑造》,徐舫州先生等的《我国跨地域跨媒体传播发展研究》等大作。

关于舆情监控与舆论监督的研究,有范以锦先生等的《舆论监督与社会政治生态环境》,罗以澄先生等的《"爆吧"集体行动中公民参与表达的实现与规制——以"69 圣战"事件为例》,吴廷俊先生的《新媒体时代中国舆论监督的新议题:网络揭黑》,柯惠新先生等的《重大事件舆情监测指标体系与预警分析模型的再探讨》,杜骏飞先生的《绿坝事件:信息如何成为权力政治》,顾理平先生的《论虚拟人群的叛逆性行为》等大作。

关于传播伦理问题的研究,有杨先顺先生等的《网络传播的后现代伦理审思》,杨保军先生的《新闻道德:在职业个体与媒体组织之间》,蒋建国先生的《消费主义文化传播、仪式缺失与社会信仰危机》,龙耘先生等的《中国媒介治理中的泛道德主义》，孙宜君先生等的《论新媒体语境下跨文化传播伦理困境与建构原则》等大作。

关于广播影视艺术发展问题的研究，有高鑫先生的《技术美学研究》，王伟国先生的《摄影机书写电视剧本体真实》，张晶先生的《传媒艺术的审美属性》，颜纯钧先生的《蒙太奇美学新论》，李亦中先生的《中国式大片的传播与接受》，杨乘虎先生的《中国电视节目创新问题研究》系列等大作。

关于新闻传播与传媒艺术相关学科建设问题的研究，有李良荣先生等的《从"小新闻"走向"大传播"——新闻传播学学科建设和科研新取向》，丁柏铨先生的《论新闻学的学科影响力》，欧阳宏生先生的《论电视艺术的学理重构》，石长顺先生的《电视学理论体系建构路径、方法与模式》，谢鼎新先生的《广播电视学科研究演变的三种范式》，张林、杜彩先生的《光环境设计学科建设构想》等大作。

关于媒介评价评估模式创新问题的研究，有丁俊杰、张树庭先生的《视网融合背景下的电视节目影响力评估体系创新初探》，刘燕南先生的《统一与融合：省级卫视综合评估体系探析》，李德刚、李岭涛先生的《理论创新与实践价值：互联网时代电视评价体系的建构》等大作。

关于媒介生存状态问题的研究，有张志安先生的《媒介环境与组织控制——调查记者的媒介角色认知与影响因素》，夏倩芳先生的《"挣工分"的政治：绩效制度下的产品、劳动与新闻人》等大作。

还有一些学者潜心多年，深入探究，推出新作。如赵玉明先生关于江西苏区口语广播，倪延年先生关于民国史研究的视角、难点、原则，周鸿铎先生关于传媒经济发展历程，雷跃捷先生关于广电媒体公信力的受众认知，刘京林先生关于传播心理，杨燕先生关于戏曲传播，舒咏平先生关于广告公信力评估，申启武先生的广播研究等。

还有一些学者或关注前沿，或独辟蹊径，贡献出全新的视角、领域与方法。如朱羽君先生等关于美国大选报道策略，朱虹、尹鸿等先生关于制播分离，喻国明、葛岩先生关于认知神经学用于传播研究，芮必峰先生关于"学习运动"，张君昌先生关于"慢运动传播"，闵惠泉先生关于新媒体的哲学思考，刘利群先生关于媒介与女性，隋岩先生关于传播符号，钟瑛、匡文波、沈浩等先生关于大数据，王四新先生关于"表达自由"，支庭荣先生关于传媒管理等。

此外，来自美国的丹·席勒、斯蒂芬，芬兰的卡拉，加拿大的赵月枝，中国台湾的郑贞铭等著名学者分别对互联网的政治经济学、社交媒体、世界传播秩序、中国传播学研究、资讯社会等领域发表了各自的高论。

收入本套文丛的一册《年度对话》虽然与其他各册在时间节点和体例上略有不同,但在回应时代呼唤、回应现实需求、回应理论创新几个方面,与其他几册的立意完全一致,所以此次也编进文丛之中。“年度对话”是从2004年启动的特别策划,每年开年第一期,由本人代表《现代传播》,邀请在业界有重要影响的领军人物或专家,就过去一年传媒发展的成就与问题做一扫描,也对未来一年走势进行预测,给予展望。来自国家广电总局、中国文联、中国社会科学院、中央电视台、中国国际广播电台、中央新影集团、凤凰卫视等传媒管理机构和运行机构的相关领导、专家应邀前来担任对话嘉宾,留下了影响很大的十多个年度对话,成为存留传媒发展进程的重要记录。先后参加年度对话的嘉宾有刘春、汪文斌、王甫、吴涛、梁晓涛、靳智伟、高峰、徐舫州、朱虹、王云鹏、时统宇、仲呈祥、刘文、苗棣、高长力、方兴东等先生。

在本套文丛即将推出之际,我代表编辑部对文章入选本套丛书的各位学者,以及《现代传播》的其他作者多年来对刊物的大力支持表示诚挚的感谢!

本套文丛也是《现代传播》自身历史发展的重要记忆留存。1998年为纪念《现代传播》即将创刊20周年,由1991～1997年间担任学报负责人的朱光烈先生创意并作为总主编,推出了3卷本的第一套“《现代传播》文丛”,分别是:《生存之镜》(姜依文主编),《尴尬与超越》(李立主编),《走近神圣》(闵惠泉主编)。2008年由本人作为总主编,我们又推出1998～2008的第二套“《现代传播》文丛”。这第二套文丛就基本上按照十年间相对比较稳定的专栏为单位,进行文章的选编,分别是:《新闻学十年(1998～2008):多元与分化》(张毓强主编),《传播学十年(1998～2008):阐释与建构》(张毓强主编),《传播文化:全球化与本土化》(张国涛主编),《传媒观察:危机与转机》(张国涛主编),《传播艺术与艺术传播》(李立主编),《媒介经营管理的理念与实践》(潘可武主编),《中国传媒经典个案(1998～2008)》(赵均主编),《广播电视名家访谈》(杨乘虎主编)。近五年来,《现代传播》保持了2006年入选教育部“高校哲学社会科学名刊建设工程”之后的良好状态,连续多年被评为“全国高校社科名刊”,并入选“国家社科基金资助期刊”。本文丛的编纂也是对这些鼓励的汇报吧!

令我特别高兴的是,经过这些年的历练,我们《现代传播》编辑部这支编辑队伍茁壮成长,逐渐成熟起来!这就是本套文丛各卷主编,我们《现代传播》编辑部团队的主要成员：李立、赵均、张国涛、潘可武、张毓强（特约）、刘俊老师，以及我们的编务张惠云老师，还有长期为我们刊物做版式设计的特约美编卜希霆老师、做英文翻译的麻争旗老师，都默默地为刊物作出了不可磨灭的贡献，在文丛即将推出之时，我要向他们表示诚挚的感谢！

本套文丛的编辑基于《现代传播》这份期刊，而这份期刊的发展离不开中宣部、教育部、国家新闻出版广电总局、北京市新闻出版局等上级领导机构的大力支持，尤其是中宣部国家社科规划办、教育部社科司、广电总局宣管司、《新华文摘》杂志社等单位的多年厚爱，离不开全国高等学校文科学报研究会、北京市社会科学学报研究会等的热心帮助，更离不开中国传媒大学党委与行政的正确领导和着力扶持！在此，我要代表编辑部向长期关心、支持、鼓励我们的上级领导部门、兄弟期刊和学校表示诚挚的感谢！

最后我还要向中国传媒大学出版社领导，特别是李水仙老师为本套文丛顺利出版所付出的辛勤劳动表示诚挚的感谢！

是为序。

2015 年 2 月 1 日凌晨于波士顿

作者简介

胡　泳　北京大学新闻与传播学院教授，政治学博士。中国传播学会常务理事、中国网络传播学会常务理事、中国信息经济学会常务理事、“信息社会50人论坛”成员、中国信息经济学会信息社会研究所学术委员会主席、暨南大学新闻学院南都讲座教授。

闵惠泉　中国传媒大学教授，北京大学哲学系毕业，哲学硕士，中国传媒大学国际新闻专业毕业，文学博士。长期从事哲学、传播学等方面的教学与研究，以及图书评论和编辑出版实务，具有较丰富的科研、教学和出版工作经验。著有《未来学》《科技文明》《跨文化传播》(第六版，合译)、《边走边读》等。曾在《人民日报》《中国教育报》《中国图书商报》《中华读书报》《中国文化报》《中国社会科学报》等报纸和《新华文摘》《现代传播》《博览群书》《中国出版》等期刊上发表过40余篇文章。

刘　婷　中国传媒大学艺术学部影视学院教授，硕士生导师。曾就读于北京大学心理系、北京电影学院导演系、中国传媒大学戏剧影视学院并最终获得广播电视艺术学博士学位。担任教育部创新人才培养实验区编剧工作室导师。代表性论文：《中国电视剧影像叙事灵韵》《中国电视剧叙事品格建构》《中国电视剧影像叙事30年》等。著作：《影像叙事》《阅读李安》。代表性影视作品：电影《真心》(编剧)、电影《爱在廊桥》(编剧)、电视剧《家有公婆》(编剧)。

张树庭 中国传媒大学广告学教授,博士。广告学院副院长、BBI商务品牌战略研究所所长、IAI国际广告研究所副所长。主要研究领域为消费者行为与营销策略、品牌营销、广告业发展等。主编《有效的品牌传播》《有效的广告创意2——从个案解剖到行业解析》《广告教育定位与品牌塑造》《有效的广告创意——从实例分析到理论探索》,发表《品牌忠诚营销》《论品牌作为消费交流的符号》《国际广告业发展趋势》《媒介广告公司无可非议》等论文。作为执行主编,从2000年起每年主持出版《IAI中国广告作品年鉴》,已连续出版十年。

刘德寰 社会学博士。北京大学新媒体研究院教授、北京大学新闻与传播学院副院长、全国市场研究协会会长(中国信息协会调查业分会会长、中国市场信息调查业协会市场研究分会会长)、中国市场信息调查业协会副会长、北京大学市场与媒介研究中心副主任。入选北京市"百人工程"学者、哈佛大学访问学者。主要研究方向为互联网与移动互联网、数据分析与数据挖掘、大数据研究专家、市场研究传播学研究方法。出版专著《没有极限的未来:手机人全面解构产业》等13部,发表论文80余篇,主持并参与科研项目多项。

朱德生 1956年北京大学哲学系研究生班毕业,后留校任教。主要从事西方哲学史的教学与研究。"文革"后,曾先后任哲学系书记、系主任。曾兼任中华外国哲学史学会会长、北京市哲学会副会长等职。1997年被评为北京大学优秀研究生导师。著有《实践、异化与人生》《燕园沉思》《形上之思》等。

顾理平 南京师范大学新闻与传播学院院长、教授、博士生导师、新闻法学研究专家。主要致力于新闻法学和社会新闻领域的研究。迄今已撰写出版了八部个人学术著作,并参与了十余部书稿的编写工作。1999年,出版了中国第一部新闻法学领域的专著《新闻法学》(2005年出版了该书的修订版),随后又先后出版了《新闻侵权与法律责任》《社会新闻采写艺术》等,发表学术论文60余篇。主持过多项国家社会科学基金项目"新闻侵权与法律责任问题研究"等科研项目。

柯惠新 理学(统计学)博士。中国传媒大学调查统计研究所名誉所长、教授、博士生导师。第8、9、10届北京市政协委员，11届全国政协委员。教育部高等学校数学与统计学教学指导委员会委员(曾任)，全国统计教材编审委员会委员，中国信息协会市场研究业分会名誉会长，中国市场信息调查业协会副会长。发表论文60余篇，出版论(译)著和教材16部，在科研和教学上曾获得各种奖励27项次，其中省、部级奖五项，国际奖一项。曾被评为"全国广播电视系统先进工作者"等。

黄楚新 中国社会科学院新闻与传播研究所传媒发展研究中心主任、副研究员、《中国新媒体发展报告》(新媒体蓝皮书)副主编、博士、硕士生导师、《中国报业》杂志学术顾问。已出版专著《嬗变与重构：中国IPTV发展现状与走势》《新媒体环境下的国际传播》；主编《媒介融合背景下的新闻报道》《媒介融合背景下的传媒创新》《新媒介素养》等著作。在《现代传播》《当代传播》《新闻与写作》《新闻战线》《青年记者》《中国报业》等杂志发表论文多篇，其中四篇被《新华文摘》转载。

熊澄宇 美国杨百翰大学博士、清华大学教授、博士生导师、国家文化产业研究中心主任、新媒体传播研究中心主任，兼任北京大学全球化创新领导力研究中心主任、中国传播学会副会长、中国国际文化交流中心理事。出版专著《媒介史纲》《世界文化产业研究》《新媒体百科全书》《文化产业研究：战略与对策》等。担任国家"八六三"计划、国家重点科技攻关项目、国家社会科学基金项目、国家软科学研究项目、全国艺术科学规划项目、全国教育科学规划项目等国家级科研课题主持人。

葛　岩 上海交通大学人文艺术研究院认知与行为实验室主任、媒体与设计学院双聘教授。西北大学中国语言文学系文学学士(1982)，中国艺术研究院研究生部美术理论硕士(1985)，匹兹堡大学(University of Pittsburgh)艺术及建筑历史系艺术考古硕士(MA.，1989)和博士(PHD.，1997)，信息科学及电讯工程系信息科学硕士(MS.，1997)。近年来，研究多使用心理和行为实验方法，测量、解释社会判断、选择和行为的过程、机制与效果。撰写了《Dragon能否表示龙：对民族象征物跨文化传播的实验研究》等多篇研究报告。

廖祥忠 中国传媒大学副校长兼艺术学部学部长,教授、博士生导师。国务院学位办"全国新媒体院长论坛"首任轮值主席、中国动画学会副会长及教育委员会秘书长、教育部"动画、数字媒体教学指导委员会"副主任委员兼秘书长、教育部文化部动漫类教材建设专家委员会秘书长、国家十部委扶持动漫产业发展部际联席会议专家委员会委员,第19届上海电视节"白玉兰奖"动画国际评委会主席。主持创建了我国数字媒体艺术本科专业及硕士点、博士点,率先在国内主持建立了"动画学"二级学科硕士点和博士点。发表多篇数字艺术、动漫等相关领域论文,著有《数字艺术论》(上、下)、《数字媒体艺术导论》等专著。主持完成了国家社科基金项目以及教育部、文化部、国家广电总局等多个国家级、省部级科研项目。

黄京华 中国传媒大学广告学院教授、博士生导师,广告学院广告学系主任。主要从事消费市场研究和受众研究,承担广告学院的"多元统计及数据分析""统计及数据分析基础""传播研究方法""消费市场研究"等课程。主要著作有:《2012 IMI 九〇后大学生网络化生活研究报告》《2009—2010 IMI 城市居民消费行为与媒体接触研究报告》《2008 IMI 城市居民消费行为与广告接触研究报告》《2007 IMI 城市受众移动生活形态与新媒体接触研究报告》《网络时代的居家购物》等。

方兴东 互联网实验室(chinalabs. com)、博客中国(blogchina. com)、全球网(qqw. com)创始人、董事长,浙江传媒学院互联网与社会研究中心主任,中国互联网协会研究中心常务副主任。清华大学传播学博士、浙江大学创业学博士后。中国计算机学会(CCF)理事、CCF 公共政策委员会副主任、中国"数字论坛"发起成员、中国信息化专家论坛主要学者。领导互联网实验室完成不同政府机构委托项目 100 多项。创作新媒体、网络文化和高科技创业相关文章 1000 余万字,已出版《IT 史记》《起来——挑战微软霸权》等新媒体、网络文化和 IT 产业方面的专著 20 部。先后被媒体评为"中国网络旗手""影响中国互联网发展的十大人物""博客教父""中国信息产业最具影响力的独立评论家"等。

张　宁　中山大学传播与设计学院教授、副院长，公共传播系主任，硕士生导师。中山大学公共传播研究所所长、传播与设计学院公益传播研究所副所长。毕业于日本筑波大学，获得社会学博士学位。主要研究领域包含政治传播、危机传播管理、中外新闻报道比较研究等。学术兼职有广东省高等教育新闻传播类教学指导委员会副主任委员，中国国际公关学会学术委员会副主任委员，中国高教学会公共关系教育专业委员会理事等。

何志武　博士，华中科技大学新闻与信息传播学院教授、博士生导师、副院长，中国新闻教育史学会副会长兼秘书长。主要研究方向：政治传播、电视新闻学、视听新媒体传播、新闻业务等。主要著作：《大众媒介与公共政策》(2008)、《电视新闻采写》(2008)、《新闻采访》(2004、2005、2011)、《视听评论》(2012)、《广播电视新闻采访与写作》(2013)等。在《新闻与传播研究》《现代传播》《新闻大学》《国际新闻界》等期刊发表论文60余篇。

杨新敏　苏州大学凤凰传媒学院教授，博士，硕士生导师，网络新闻研究所所长，中国新媒体传播研究会理事，江苏省传媒艺术研究会理事，苏州市新闻传播研究会副秘书长。主要研究领域：新闻评论、新媒体传播、传媒艺术。出版的主要著作有《电视剧叙事研究》《影视评论学》(与人合著)、《徐志摩传》《新闻评论学》《当代广播电视新闻评论》(主编)、《网络新闻评论研究》等，代表性论文有《自由：网络传播的神话》《网络文学刍议》《重新认识新闻评论》《用事实说话还是用事实说话》等。

金　妹　中国传媒大学教授、美术传播研究所副所长、硕士生导师。2004年毕业于莫斯科国立工艺美术大学，获博士学位；2006年被选派赴巴黎国际艺术城研修；2007年出站于清华大学美术学院博士后工作站；2010年至2011年援疆，任新疆艺术学院影视戏剧系、美术系副主任。主持国家社科基金文化部项目、中国博士后科学基金、教育部回国留学基金等多个科研项目。在国内外期刊上发表学术论文30多篇。主编生命艺术现象学探索相关图书5部，2009年出版专著《宽容与超越——法国当代高等美术教育纵横谈》。

谭 天 先后做过工人、记者、公务员、编导、制片人、部主任和系主任。现任暨南大学新闻与传播学院教授、高级记者、硕士生导师、博士后合作导师,新媒体研究所所长,广播影视研究中心主任;中央电视台、广东广播电视台节目评价专家、国家社科基金和教育部课题通讯评审专家。多次担任中国新闻奖、中国(广州)国际纪录片节评委。全国"百优"广播电视理论人才、暨南大学"卓越导师"。主要研究方向:广播电视与新媒体、传媒经济、纪录片等,近年来主要研究新媒体和传媒经济学理论、媒介融合以及传统媒体转型,先后提出意义经济、媒介平台、传播裂变、电视节目形态构成等新理论新观点,主持和参与各类研究课题10多项,出版专著、教材9部,发表论文200多篇。

潘可武 中国传媒大学《现代传播》编辑部编辑、副研究员、博士,中国传媒大学艺术研究院硕士生导师,中国电视艺术家协会纪录片委员会会员。曾在《当代电影》《现代传播》等发表专业论文20余篇,部分论文被《新华文摘》摘编转载。著有《境界——电视剧的视觉传播》一书,主编《媒介经营管理理念与实践》。作为负责人承担国家社科基金艺术学一般项目"电视剧传播的视觉形式作用机制研究"。曾经执导大量的纪录片、广告片,创作电影剧本多部。主要研究视觉传播、品牌传播与新媒体。

段晶晶 博士,中国传媒大学广告学院副教授。本科和研究生阶段就读于中国传媒大学学习广告专业,1998年于中国传媒大学广告学系留校任教,2008年获得博士学位。在教学和科研中,长期围绕企业广告策略、企业诊断、媒体发展研究、广告行业史等领域参与了大量的研究项目,其中包括中央电视台成本核算研究、《中国体育报》经营诊断研究、《广州日报》经营诊断研究、中国广告二十年等,期间曾被选派赴日本研修广告。

王贵斌 博士,供职于长安大学文学艺术与传播学院,佛罗里达州立大学传播学院访问学者,主要讲授传播理论,研究兴趣为新媒介与社会传播,兼任长安大学大众传播与社会发展研究所所长。

斯蒂芬·麦克道威尔(John H. Phipp) 博士,美国佛罗里达州立大学传播与信息学院教授。主要讲授"新传播科技与社会、电讯法"和"跨文化传播"课程,研究兴趣为新媒体、传播政策。

目 录

CONTENTS

在互联网上营造公共领域*

◆ 胡　泳

互联网能不能作为公共领域而存在？根据对互联网多年实践的观察，网络上实际出现的不是哈贝马斯式的咖啡馆，而毋宁说更像数字化的超级市场：丰富的菜单，定制的信息，娱乐化的服务，“我的日报”或“我的频道”。这种状况并不符合哈贝马斯所津津乐道的“理想言语情境”，发言者的主体身份就是可疑的。传统上，一个人的身份会强行带来稳定和责任，使信任得到发展。然而，互联网允许人们改换身份，异议由此得到鼓励，而这种网上的异议很难导致共识：它产生的是大量的不同意见。

然而，由于互联网对于个人表达与公共讨论是如此重要，所有的网络参与者都需要做出巨大的努力推动有价值的公共领域在互联网上形成。而一个理想的公共领域，从来不可能像雅典娜从宙斯前额里跳出来一样，在互联网上凭空而降。要想让网络空间成为识别、表达甚至解决公共问题的场所，需要遵循一定的原则。

一、营造社区归属感

理想的公共领域应该给予参与者一种社区感。随着世界变得越来越复杂，越来越异化，公共生活越来越罕见，人们也越来越渴望社区能够提供友情和安全。如果加以正确地运用，互联网能够成为一个强有力的、促进社区发展的技术工具，因为它鼓励人们相互交流，而这正是社区形成的必要条件。

---

* 原载于《现代传播》2010 年第 1 期。

有很多网站以营造虚拟社区为标榜。然而,是什么东西使社区具有凝聚力呢?一个人能够事实上加入20个不同的社区,每天在每一个社区里只花15分钟吗?目前我们常见的网上社区的情形是,人们上线、下线,自行其是,这样的社区并没有归属感。

像现实社区一样,良好的网上社区需要精心照顾和培育,成员希望有人出来解决分歧、确定基调、寻找赞助者,还需要有人维护数据库或是令对话正常进行,并制定社区的规划,在社区利益发生变化的时候对这些规划加以修改。

除了归属感以外,真正的社区会有很强的义务感,对其成员提出各种各样的要求,有些要求甚至十分严苛。遗憾的是,许多关于互联网关系的描述从来不曾提到义务、责任、限制、琐碎的工作等等,而这些恰恰是发展一个真正的社区所必需的。

好的社区通常都奉行一些基本规则:

1. 每位参与者都清楚他付出了什么,又希望得到什么,总体说来,虽然每个人的愿望会有所不同,但这些愿望应该互相吻合。

2. 人们在社区内必须能够自由表达,参与的目的是为了得到他人的承认。

3. 应该有某种办法区别谁是社区成员,谁处在社区之外。否则的话,社区就失去了意义。

4. 社区成员应该有这样的感觉:因为他们在社区中投入很多,所以离开社区是一件很困难的事情。在一个紧密团结的社区内,最严厉的惩罚是禁止、开除、剥夺、放逐……所有这些词都显示了如果被一个社区拒之门外,会有多么可怕。

5. 社区的规则必须十分清晰,违者必须追究责任。规则的目的是形成更好的社区交流,最大限度地减少不负责任的行为。

社区的一个基本价值是成员间的相互信任。最终,公开的气氛以及共同的经验和互动的探讨将创造真正的社区,而非仅仅靠规则强行构建。人们无法仅靠遵循规则而生活,所以他们才会必然地和自己喜爱的人走到一起。

二、灵活决定匿名政策

在社区中,匿名显然不利于参与者彼此承诺,也不利于明确责任。缺乏责任感,理想的公共领域将无从实现。然而,从社交的角度观察,匿名是一种非常有用的机制:人们可以肆无忌惮地发表自己的看法,对各种主张或幻想加以摸索和尝试，同时避开他人的非议，把后果降至最轻微的程度。不论人们对此有何看法，这种路径总是胜于另一种选择：在真实生活中摸索和尝试自己的幻想，然后面对无情的打击。这并不是说，来自网上的感情伤害和名誉打击不会降临，而是说，出现这种情形的可能性要小得多。许多匿名议论是无害的，因为不管怎样，它们缺乏实际的可信度。

网络匿名给予人们的自由度是现实生活在很多方面难以企及的，它允许个人自由地选择他们想要看到的信息，也为个人提供了发布信息的自由。因此，网民获得了前所未有的选择空间，但这是以丧失了信息来源的确定性为代价的。匿名既能使人获得自由，也会引发诸多不良和不法的行为。

首先，匿名行为可能变得毫无节制，无益于个人的身心健康。匿名与假名不同，因为即使一位上网者使用了假名，仍然可以具备一个持续不变的身份，而匿名的个人却不具备任何身份。在匿名的掩护下，不少人习惯于不停地改换各种身份，逃避日常生活中的责任和挑战。其次，匿名问题与信任息息相关。匿名使人们不敢互相信任，这是匿名的一个几乎难以避免的缺点。在不被注意和不计名声的情况下，甚至好人也常常表现得“不那么好”。如果某个人选择匿名，不论出于何种理由，都意味着其言行将对接受者的识别能力提出挑战。再次，坏人可以用匿名做保护伞，即使做了坏事仍能够逍遥法外。病毒的作者总是匿名的；垃圾邮件的发送者也会精心掩盖自己的身份；网络诈骗犯选择偷偷行动；而恶意的政治谣言无一不是“风起于青萍之末”。凡此种种，难免使人们在匿名与犯罪之间产生联想。

网络现存的部分问题是，它不断地受到指责，说它在各种令人发指的罪行中都起了作用，而匿名机制则扮演了助纣为虐的角色。姑且不论这样的立论是否公允，由网络犯罪本身引申出应视匿名为非法的结论显然是走得太远了。许多人想当然地认为，如果我们能够彻底根除网上匿名，网络将从此成为一个“文明之地”。这种看法未能全面考量网络空间的复杂性，因而失之简单和轻易。

人们有足够实在和充分的理由保持匿名，它应当被视为正常的社会行为的一部分——至少在网上的某些地方是如此(其实在真实生活中也别无二致)。根本上说，我们需要防止匿名的黑暗面而不是将匿名整个定为非法。宽松的网络环境能够给我们以自由，虽然常常得为此付出一定的代价，但我们必须认识到，在这种环境中我们会生活得更好。事实上，在中国，危险常常更多地来自另一方面：监管部门管理过严而使隐私权过于有限。

2004年8月，有媒体报道说，四川宜宾市警方接到省公安厅网监处转发的浙江省杭州市网监支队线索，该市有两个互联网上网账号分别于2004年3月21日和2004年7月11日登录浙江一色情淫秽网站，查阅、浏览色情淫秽图片并在网站上留言。宜宾市警方接报后立即作出部署，网监支队案侦大队多名干警在市电信等单位配合下，排查有关案件线索300多条，8月10日终于查清两个互联网上网账号具体用户的详细资料，并掌握了大量相关证据。警方迅速出击，抓获韩某、钟某两名违法嫌疑人。①

没有制作、传播色情网站，只是在自己家里上网浏览的行为违法？这不禁让人联想到当年轰动一时的"夫妻在家看黄碟被抓"事件。"夫妻在家看黄碟"一事已有定论，浏览黄色网站又该如何看呢？对于这种仅属个人道德规范并无公共危害性的行为，公安机关需要强行介入管理吗？公民的私生活与道德行为同违法犯罪行为的界限在哪里？这是主张网络实名制以消除网络犯罪的人士需要深思的问题。

事情还不仅仅限于此。在社会对公开性和透明度的需要，以及个人对匿名发言的权利和能力的追求之间，存在着非常大的冲突。在公共事务上公开发言的人通常怀着良好的反映民意的愿望，但他们有可能遭到拥有权力并且不公正地行使权力的人的报复。在一个真正公正的社会里，公众批评不一定非得匿名进行，但对那些也许冒着强有力的打击危险的人，匿名仍然是一种有价值的保护手段——在一个不公正的社会里(不论对此如何定义)，就更是如此。

然而，一个社会要想整体上保持健康，其成员需要有名有姓。应该找到一种解决办法，能够为个人提供合法的隐私权和匿名权，但这必须限定在一个鼓励公开性和透明度的文化之中。由此看来，匿名实际上关涉着一个社会的宽容度，即这个社会能否容忍多样性和个人变化的可能性。在大量的私人行为经由网络变得高度可见之后，我们的社会是不是能够容忍这一切呢？

在匿名与实名之间保持平衡是一项挑战。匿名制保护了思想和言论自由，满足了人们以某种安全的方式显示自己的真实面目而不是隐蔽自己的本性的愿望，但同时，它也造成了无聊主义和庸俗主义的泛滥，为网络流氓的发育提供了温床，助长他们用不可靠的或带有报复性的信息伤害他人。

总的说来，应允许匿名在某些场合和地方使用，但应有清晰的界定。尽管匿名会产生一定的害处，然而经由匿名产生的价值还是高于人们不得不付出的代价。政府不应该试图限制匿名(这样做成本很高而收效可能甚微)，社区则最好根据自身的特点决定有关匿名的政策。与此同时，网民必须牢记，在网上，不存在完全匿名的保证。网络一度似乎为人们提供了隐姓埋名的机会，但现在，人们在网上的行动很容易被追踪，网络也因此成为反对匿名的强大工具。最终，大家会认识到，每个人都有权在网上保持匿名，而匿名却并不一定是网络交流的最好办法。

三、保持平等

网络发言应该具有平等性。例如，不能根据一个人财富的多少决定其发言权的大小。个人的思想信念也不能成为被歧视的理由。个人的公民身份保证了他可以表达自己的声音，也可以被他人听到。从理想化的角度来说，网上讨论比线下更平等，这就是人们常说的“ID之间一律平等”。

然而，每个人都可以平等参与并不意味着他们实际上会参与。表达机会的平等比实际表达的平等更值得追求，也更容易实现。例如，应当鼓励潜水者更多地参与，但也必须认识到，潜水者是任何社区的必然组成部分。无论如何，理想化的讨论要求去除阻碍平等参与的条件，如形成排他性的小圈子，或者，一个人独霸论坛的话语权，剥夺他人的参与机会。

四、鼓励慎议

什么叫作“慎议”？本文在这里采用席拉·班赫比的定义：参与商议的过程由平等性和对称性的规范所支配；所有人都拥有展开言语行为、质疑、提问和进行辩论的机会；所有人都有权质疑预先定好的对话题目；所有人都有权发起对话语程序规则及其被采用或实施的方式的反思性论辩。[②]

慎议民主理论认为，如果一种政治对话不是慎议的，也不是在异质性的群体当中进行的，那么，它就无法服务于民主的目的。慎议民主的基本标准包括参与者在意见和理由方面的差异和不一致。公共对话应该允许异议的表达，并包容多种视角和观点。[③]

网上讨论一般都强调自我表达。单就这个目的来说，并不一定能够产生结果。自我表达显然是慎议过程中所必不可少的，而且讨论氛围必须有利于这样的表达，也就是说，人们应该感到自己的表达会有人倾听，自己的意见会得到考虑。

然而,表达不能成为唯一的目的。对社会而言,重要的是要解决冲突。单纯鼓励表达只会产生越来越多的不同意见。如大卫·马修所说:“表达是件好事,但如果我们的政治对话仅止于此,那我们就麻烦了。”[④]

在目前的情况下,电子讨论未能服务于民主政治,是因为它无法超越自我表达。约翰·斯特莱克指出:“网络空间的文化缺陷是,它把说话的权利提得至高无上,但却排除了倾听的责任。”[⑤]斯蒂芬·G.琼斯说:“也许互联网让我们都喊得更响了,但除了少数几个回应者,以及偶尔的潜水者,其他还有没有人在倾听我们,这是大可怀疑的;我们的话在现实中有没有用,就更加令人怀疑了。”[⑥]倾听是目前公共空间中缺少的要素。而拉贝和杜波瓦论证说:“民主的首要艺术就是积极倾听”。[⑦]

网上讨论欠缺的另一个东西是收尾或决定。新闻组(Usenet)的一个鼓吹者说新闻组“提供了一个永远也不会有意识形态上的结论的论坛”。[⑧]意识形态上的结论也许不必得出,但政策上的结论或对某一个决定达成共识还是需要的。表达、倾听加上政策上的结论,这就是慎议过程的全部。而这样的过程在网上讨论中尚不明显。

理想的公共空间应该构成一个慎议的领域。慎议过程结合了学习政治和解决问题的元素,个人应该被鼓励参与这样的过程。慎议不仅能够帮助民主政治,而且可以增加个人的政治能力。个人因此获得的收益包括对政治议题的理解的加强,以及对议题的复杂性的认识。

慎议也可以影响人们参与网上论坛的动机。个人会认识到他们不只是来表达自己的喜好的,所以,不能把网上论坛仅仅看作演讲用的肥皂箱。他们应该努力帮助推动事情的解决,这会使他们意识到自己的公民身份和自己在民主社会中的地位。

五、培育良好的公共话语

要想让网民的讨论不再集中在攻击、申言和问题上,而更多地倾向于妥协、建设性地争论和寻找解决办法,还必须培育充满活力的公共话语。大卫·赖夫提出,传统上,理性论证被当作唯一的良好话语——它意味着中立、客观、以事实为基础。但这种观点其实是有偏差的,它过于死板、褊狭、排他和不充分,难以涵盖公共话语的多元动机和形式。今天，良好的慎议话语应将理性论证与叙事、个人体验、情绪表达、移情倾听结合在一起。[9]

哈贝马斯认为理性论证是公共领域的通用话语，即人们力图凭借最佳论证来争取达成共识。然而，索尼娅·利文斯通和彼得·亨特在对脱口秀的研究中发现，这种电视讨论在好几个地方否定了理性的概念，他们因此提出“普通人的推理方式”的合理性，诸如争吵（伴随着激动的情绪和不惜一切代价保持自己观点的坚决性）、说教、讲故事等等。[10]

当然，论证（argumentation）仍然是一种良好的公共话语模式。论证是建立在理性之上的，也就是说，论者要提出清晰的命题，并为命题提供证据，即便对某个论证有反面意见，也必须以证据为依托。尽管我们身处一个多元化、非绝对性和非理性的世界中，理性仍然不失为最好的互动沟通方式。

如果说理性是论证所特有的，那么，还有其他一些特质也存在于论证之中。也许最能引起争议的看法就是，情绪也是论证所必需的。传统上，理性与情绪被中立和超然之墙隔开，然而现在，学者们对这种二分法发起了挑战。根据一些研究，情绪对公共话语具有核心作用，因为它帮助人们建立关系，协助个人对缺少清晰的解决方法的复杂议题展开评估和行动，并且在缺乏其他动机的情况下，维持个人对慎议过程的承诺。例如，罗伯特·弗兰克指出，参加公共慎议的个人常常做出与自身利益相悖的举动，内疚、愤怒、羡慕或爱都可能促使个人采取非理性的行动。[11]

叙事是把情绪带入公共慎议的一个办法。讲故事常常与说理是相反的，它可以做到以情动人而不是以理服人，诉诸价值而非事实，诉诸情感而非理性。一个故事的威力常常来自于叙述者的能力而不是故事断言的合理性。出于这些原因，理性论证的鼓吹者常常会把讲故事的价值从公共话语中驱除出去。这种看法近来也被修正了。黛博拉·施夫林发现，讲故事对保持对话可能是至关重要的。[12]

传统上描述“好”的公共话语的两个词汇是：宽容和礼貌，两者都遭到了攻击。在较深的道德分歧面前，宽容过于软弱而无法使对话持续下去，它很容易引向退隐和孤立。由此，互惠性（reciprocity）被引入，它介于宽容与尊敬之间。在互惠的条件下，个人积极地参与，而不是简单地容忍其他人的观点。不像尊敬，它要求对替代性观点主动欣赏，互惠仅仅保证，个人会承认那些观点的存在，并承诺参与讨论那些观点。[13]

礼貌以各种不同形式出现，是人类交流的一个共同特征。在公共交流中，它使人们避免那些可能引起分裂的话题。然而,尼娜·伊莱索夫的研究表明,礼貌在有关困难问题的对话中,更多地起了阻碍而非促进作用。[14]

所以,好的公共话语应理性与情绪兼备,富于交互性,对困难话题也从不畏缩,就算那样做会显得无礼。同时,它也需要同情心。古希腊的思想告诉我们,人类生活在根本上是脆弱的。古希腊人充分懂得,不管出于多好的动机,生命常以悲剧告终,原因可能不是别的,就是运气不佳而已。鉴于此,富有同情心是一种理性行为。与他人建立纽带不会消灭个人的脆弱性(这永远做不到),但它能够使个人在事情出岔的时候分摊风险,寻求相互帮助。[15]

总之,"好的公共话语就等于理性论证"的看法应该被加以修正。相应地,理想的公共话语有六条原则:

1. 正式的民主程序

自由主义传统所珍视的个人权利是促成有活力的公共领域的必要前提。形式上的平等、言论自由、结社自由以及新闻自由,这些民主程序的存在都是为了保证一种公共空间的存在,个人可以在其中参与公共生活。

2. 落到实处的理性

公共话语离不开提出主张、提供证据、发展驳议。但这一推理过程同样不能离开具体的人际关系,而是深植于这一关系当中。它必须照顾到情绪在建立人们的联系上所起的作用。赢得争论和建立与维护关系可以说在公共话语中是同样重要的。

3. 反思性

反思性原则出于对后现代状况的讨论。在高度多元化的、非绝对的和复杂的语境中,对一个命题的价值、假设与条件的经常性反思是十分必要的,这不仅是因为真理被相对化了,也是因为情况变化过快,导致价值和假设无法长期站得住脚。这种反思性不仅必须在个人层面上,也必须在系统层面上展开。

4. 互惠性

这一原则要求公共慎议的参与者必须超越对不同观点的简单容忍,而要在对话中对这些观点加以讨论。宽容太容易滑向孤立,而尊敬又不容易取得结论。互惠性构成了孤立与欣赏之间的一种参与形式。

5. 认识差别

认识差别,意味着多数群体应该认识到少数群体看待世界的方式可能截然不同。

6. 中和

这一原则将反思性与交互性联系起来。既然对复杂的问题很难找到解决办法,公共话语应该是态度中和的,既不要夸大主张的有效性,也不要夸大个人经历的普遍性。随着社会的碎片化,个人应该对自己的想法作持中的表达,以便与他人发展交互性的关系。

注释:

① 《两网民上黄网被抓遭质疑:个人行为还是违法?》,《北京晨报》2004年8月23日。

② Benhabib, S., ed., *Democracy and Difference: Contesting the Boundaries of the Political*, Princeton, NJ: Princeton University Press, 1996, p. 70.

③ Fishkin, James S., *The Voice of the People: Public Opinion and Democracy*, New Haven: Yale University Press, 1995; Gutmann, Amy and Dennis Thompson, *Democracy and Disagreement*, Cambridge, MA: Belknap Press, 1996.

④ Mathews, David, *Politics for People: Finding a Responsible Voice*, Urbana: University of Illinois Press, 1994, p. 112.

⑤ Streck, John M., "Pulling the Plug on Electronic Townmeetings", *The Politics of Cyberspace: A New Political Science Reader*, p. 46.

⑥ Jones, Stephen G., "The Internet and Its Social Landscape", *Virtual Culture*, Thousand Daks, CA: Sage, 1997, p. 30.

⑦ Lappe, Francis Moore and Paul Martin DuBois, "Power in a Living Democracy", *Creation Spirituality*, Sep.-Oct. 1992, p. 42. Quoted in John Gastil, *Democracy in Small Groups: Participation, Decision Making, and Communication*, Philadelphia: New Society Publishers, 1993, p. 31.

⑧ Mitra, Ananda, "Virtual Commonality: Looking for India on the Internet", *Virtual Culture*, Thousand Daks, CA: Sage, 1997, p. 74.

⑨ Ryfe, David M., "The Principles of Public Discourse: What Is Good Public Discourse?" in Judith Rodin and Stephen P. Steinberg eds., *Public Discourse in America: Conversation and Community in the Twenty-First Century*, Philadelphia: University of Pennsylvania Press, 2003, pp. 163—177.

⑩ Livingstone, S. and P. Hunt, *Talk on Television: Audience Participation and Public Debate*, London: Routledge, 1991.

⑪ Frank, Robert, *Passions Within Reason: The Strategic Role of the Emotions*, New York: Norton, 1988.

⑫ Schiffrin, Deborah, "Everyday Argument: The Organization of Diversity in Talk", in Teun van Dijik ed., *Handbook of Discourse Analysis*, Vol. 3, Discourse and Dialogue, London: Academic

Press, 1985, pp. 35—46.

⑬ Ryfe, David M., "The Principles of Public Discourse: What Is Good Public Discourse?" in Judith Rodin and Stephen P. Steinberg eds., *Public Discourse in America: Conversation and Community in the Twenty-First Century*, Philadelphia: University of Pennsylvania Press, 2003, pp. 166—167.

⑭ Eliasoph, Nina, *Avoiding Politics*, New York: Cambridge University Press, 1998.

⑮ Nussbaum, Martha, "Compassion: The Basic Social Emotion", *Social Philosophy and Policy* 13 (1996): pp. 27—58; *The Fragility of Goodness: Luck and Ethics in Greek Tragedy and Philosophy*, Cambridge: Cambridge University Press, 1986.

真实与虚拟:新媒介环境下的追问*

◆ 闵惠泉

一

法国学者让·多尔梅松(Jean d'Ormesson)曾经说过:谈论一个人知道的已经是一种冒险,何况谈论我们不知道的?在新媒介、数字化环境下的真实与虚拟问题,就是一个知道一点又远未完全清楚的问题。因此,这种探讨无疑具有双重冒险的意味。笔者认为现在有许多新的现实与观念,需要重新认识与诠释,包括一些哲学基本概念。因为用传统的、以往的一些观念与范畴来解释已经缺乏足够的说服力了。比如存在、真实、现实、虚拟、实践以及社会交往等等。它们的内涵与外延都或多或少地发生了变化,甚至受到某种颠覆与挑战。看来我们真有必要像当年海德格尔(Martin Heidegger)对存在问题的追问那样[①],去追问当下许多既古老又新鲜的问题。

二

"摄影术不承载主观性的原罪。"法国的安德烈·巴赞(André Bazin)当年说这句话,既表明了他崇尚客观性的态度,也表明在当时摄影术更多的是对现实、客观的真实纪录。但是在新媒介、数字化技术介入的条件下,主观性问题、真实性问题

* 原载于《现代传播》2010 年第 2 期。

则变得突出了。比如曾引起举国关注的“华南虎照”真假的争论，就是一个典型的例证。其实虎照的真假拍摄者本人和有关专家最清楚，如果由于某种因素他们不愿意或不能说出真相，那只是表明虎照问题已经超出了真假与科学判断的范围。不过它确实说明在新媒介和数字技术的条件下，真假以及鉴别真假的问题，已经成了越来越普遍和越来越复杂的问题。早在十多年前，德国的几个最重要的摄影家和记者团体就提议，人们有对处理过的照片做“标记”的义务。德国学者赖默尔·格罗尼迈尔(Reimer Gronemeyer)认为：照片标记义务既不妨碍人们了解事实，又不妨碍媒体“根据表达需要而偏离真实”。[②]笔者认为在照片可以轻易地被PS处理的数字化条件下，这种要求应当成为一种职业的道德与规范，否则人们就会不断地陷入对原本不需要争辩真伪的照片的争辩之中，也会陷入某种被制造的骗局和丑闻之中。

三

什么是“真实”？大部分哲学家及学者并没有一致认同的界说，这并不是由于哲学家们缺少智慧，而是因为问题本身确实是相当复杂的分析对象。不过我觉得日常的真实观对真实的理解或许有点简单化。其实，不论是哲学家康德、黑格尔、马克思还是海德格尔、哈特曼等，都在不同场合表达了真实、存在、实在等这些范畴和规定与主体、与时间和空间具有不可分割性的思想。就像海德格尔说“真理是一种关系”一样，真实、存在、实在，也是一种关系。真实并不具有抽象的、绝对的、唯一的意义。真实性的种类“因人们试图认识的现实场域的不同而不同”[③]，真实具有多种规定性，真实在类型与层次上也是可以区分的。抛开思想真实、认识真实、价值真实与艺术真实这些涉及真实更为复杂的层面不论，从存在的角度看，就有现场的真实、现场同步实况转播的真实以及非同步播放的纪录现场的真实，这是三种既有联系又有区别的真实。显然，真正能见到或参与到真实现场中去的人，比如亲临奥运现场看开幕式或比赛，永远是极少数人。大多数人每天实际上见到和听到的不过是那些被媒介“关注和参与的”，通过实况转播的真实或记录下的真实与真实之间的逻辑关系。不过这仅仅是真实中“可见”“可听”的十分有限的部分，即“有所揭示又有所遮蔽”的真实的“摹本”。而且在一般情况下，我们也只能通过这种方式拥有那些超越个体感知与实践的真实以及真实之间的逻辑关系。当然也不排除人们完全可以对记录下的真实做手脚,有意无意地改变了真实之间的逻辑关系,甚至将真实的图景变成了对真实的构建。我们不仅生活在这三种真实的存在之中,而且还不可避免地生活在有意无意地被“遮蔽”、被改变了的真实存在之中。因此要在短时间甚至在瞬间,对什么是真实作出客观的、正确的区分和判断,这确实是件相当困难的事。

四

同真实相关的还有现实。如果说真实与现实有什么不同的话,我理解真实是一个含有价值判断的存在。那么究竟什么是现实?什么是虚拟?从哲学角度来说,现实是客观存在的,是相对于“不存在”和“可能”的范畴(当然,存在与不存在、可能与现实之间并没有不可逾越的界限)。相反,虚拟就意味着不存在、不可能、不现实。不过,人总是要在现实与虚拟这两种世界中生活。于是就出现了两种很值得关注的反向关系:其一是现实与虚拟世界是守恒的,一天只有 24 小时,我们在虚拟世界中驻足与生活的时间越长,在现实世界中驻足与生活的时间就越短,反之亦然;其二是我们在网络等虚拟世界中越是想让大脑和眼睛获取“无限”的信息,我们的身体就越是被禁锢在一个极为有限的现实空间里,甚至是一把座椅上。[4]

也许艾略特(T. S. Eliot)说得对:人类承受不了太多的现实。于是,人们在现实中的缺失与不满,往往可以通过虚拟中的生活来弥补或改变。过去没有新媒介与数字技术,人们在虚拟中的生活一般表现为:在观念、想象和梦境中,在文学及艺术的作品与表演中。一百多年前有了电影,后来又有了电视、网络、手机、电子游戏,这使虚拟世界的类型与边界被不断地拓展和推移,当然也更加精彩了。我看过国内外的网吧,许多人在里面打游戏、聊天,亢奋得像注射了兴奋剂。每天沉溺在电脑、电视机、游戏、手机中的生活,已经成为不少人实际生活的一种状态了。这是虚拟生活还是现实的真实生活?在笔者看来,这至少表明具有物理实体意义的现实生活、真实生活已经被大大地虚拟化了,或者如有的学者所说,“虚拟世界是一种特殊的现实世界”,或者可以把这种现象理解为虚拟实在“作为新的真实性,它超越或脱离了老的真实性”[5]。需要提及的是,虚拟世界也有性质与程度的不同,一种只是在数字化形式上的、工具或中介意义上的虚拟;另一种则不仅在形式上而且在内容上都是虚拟的。菲利普·罗斯戴尔(Philip Rosedale)就明确地把他创建的人气飙升的虚拟世界视频互动平台命名为“第二人生”(Second Life)，并把它看作是现实世界的一种延伸。只是在这里人类的创造性和想象力不仅是无限的，而且是可以实现的。这的确是全新的“生命参与”和“人生体验”。然而，日常的、现实的生活领域被虚拟世界“一一侵占”、被其“殖民化”(J. Mul)[⑥]，“第二人生”甚至异化为“第一人生”。真实中的不真实与不真实中的真实，已经成为生活的常态。耐人寻味的是，自然界的动物都是在现实的、真实的环境中生存与交流的；人类会不会成为在现实世界中生存与交流唯一处于不断退化、甚至濒危的物种？这还真是个需要认真面对和研究的新问题。或许这是我们理解威伦·弗鲁塞(Villem Flusser)所说的“我们正在面临着人类的第二次诞生”[⑦]的一个维度。

五

说真假的问题复杂化了，还由于假的东西至少也有两种情况。一种假是有害的、无效或无用的假，例如假币、假药、假酒等等；另一种假是复制、模仿，即“山寨”类型的假，如山寨的手机、软件、鞋、包，甚至山寨“晚会”。这类的假在物质层面即在使用与功用层面或观赏层面，恰恰是实在的、真实的。有人戏称现在国内“无处不山寨”，山寨行为甚至被看作对强势与垄断的挑战，但我并不认为这是个可以鼓励的方向。尽管复制与模仿在一定意义上是“成长”必经的一个阶段和表现。但如果以此为职业和牟利的“最佳途径”，就是对创造性即原创、原版、原型的侵犯、蔑视和扼杀；我们也永远无法真正走出在物质或精神层面到处充斥着假冒伪劣的窘境。此外，它给人们心理上带来的一个负面结果，那就是使真实的东西不得不面临着“合法性”危机。

六

在一般的观念包括一些科学家的观念中，实在的、真实的东西意味着最可触、最可测量、最可检验。反之就是不真实的、虚拟的。然而，虚拟与真实、虚拟世界与真实世界并不是完全隔绝和对立的。康德当年就认为：“在感性直观中实在东西的完全缺乏本身是不可能被知觉的。”[⑧] 虚拟并不是完全没有实在性的东西。虚拟不是虚无，虚拟≠0。虽然时下人们的网聊、网恋等，都是不在物理现场的“符号性的在场”,但就信息与情感的交流而言,这并不比现实世界中的人际交流缺少实在性与真实性。当然,聊着聊着、恋着恋着,最后又跑到现实中约会、结交或结婚的也大有人在。看不见摸不着的虚拟人物的交往,人们建立的虚拟关系、虚拟社区、虚拟群体,在一定条件下又转化为现实的、真实的人物、关系与交往以及社区或群体。现实与虚拟越来越交织在一起,越来越相互影响,人们也越来越习惯于频繁地、迅速地在这两个世界中穿梭并实现着角色的转换。虚拟的网络、虚拟的世界勾连着真实的你我、真实的参与和真实的感受。显然,虚拟与现实已经构成了互为因果的真实关系。可见“虚拟事物一旦出现,并不比一般认为真实的东西更为不真实”[9],它不仅在改变着我们以往的真实,而且在改变着我们对真实的理解。在德国的“新存在学”哲学家哈特曼(Hartmann)看来:实在性的真实性并不是常常取决于空间和物质的范畴。如果混淆了实在性与物质性,就会把生活中最具重要性的,能被最强烈感受到的实在性当作非真实性的。[10]哈特曼的观点对于我们看待网络中的虚拟世界同样具有启示。从这个角度看,我们还真不能低估虚拟世界的生活,低估它真实的存在和它真实的力量与影响。

七

近年日本任天堂的视频电子游戏 wii 风靡世界。如 wii 打棒球游戏,只要你面对视频,带上电子手柄、挥动电子球棒,你就像置身棒球场。你击球的力度和部位决定球的落点和好坏,游戏中的互动性,那种具有实体性的切身体验,并不亚于你参加一次真正的训练或比赛。最近他们推出的 wii music 可以让人们尽情地在视频中演奏各种乐器。这算不算一种新的实践类型?看来除了现实或真实世界中的实践之外,一个不断扩大的虚拟世界中的实践类型和实践问题变得越来越凸显了。

八

以前总觉得康德思考并希望划定认识与知识界限的想法是不可知论,挺荒谬、挺可笑。现在觉得以前的理解还是有点肤浅了。康德的看法有它的深刻性、合理性。世界上哪有没有界限的东西?新媒介、网络与数字技术运用得再广泛、再神奇,它仍然不能完全取代现实中的物质关系与现实中的物质交换和物质交往。虽然人们几乎不再书写传统的、纸质的信件了,但是访亲探友、到餐厅酒楼品尝美食佳酿的人少了吗? 马路上的汽车、运送的货物与包裹、送出的礼品和鲜花少了吗? 在保罗·莱文森(Paul Levinson)看来,无论我们在网上做什么,每当肚子饿的时候,在真实空间里的你还是要高声嚷嚷。显然,从这个角度看,现实中的物质交往与交换,尽管不具有绝对的优先性,却仍然具有不可替代性。当然,倘若有一天人类能在一端将某种实物分解成"分子"发送,在另一端则可以下载并还原为实物,那就是彻底地颠覆,那就另当别论了。

九

一个半世纪以前,马克思曾批评"从前的一切唯物主义——包括费尔巴哈的唯物主义——的主要缺点是:对对象、现实、感性,只是从客体的或者直观的形式去理解,而不是把它们当作人的感性活动,当作实践去理解,不是从主体方面去理解。"马克思强调对象、存在和实践的历史性、辩证性以及与人的关联性,这种看待问题的方式是非常深刻的。因为离开了实践的主体,离开了具体的时间与空间,人们是无法认识对象,无法确定它是否真实与现实。然而,马克思的存在观、实践观毕竟是基于工业革命时代,他不可能把网络社会、数字化时代的虚拟存在、虚拟现实与虚拟实践纳入认识与实践的视野和范畴。21 世纪新媒介、数字化技术以及它所建构的现实环境,已经远远超出了工具意义。它已经内化为一种新的、普遍的存在方式、实践方式以及与之相联的交往与生活方式和一种新的视域和思维。对于这一点,我们经历过诸多传统媒介与新媒介碰撞的人可能感受强烈,但是对于以新媒介作为认识和实践活动与生活方式"起点"的新人类来说可能就不以为然了。全球管理大师、日本战略之父大前研一博士曾经说过:"20 世纪充满常识,而 21 世纪是一个无常识可言,而且会突然发生变化的时代。"[11] 人类现在不过是才步入新媒介、数字技术的初始阶段,随着时间的推移,在整个 21 世纪乃至再过一百年或二百年,它们究竟会给人类以及他们以往的"常识观"带来什么深刻的改变? 现在我们真的还难以预料。

注释:

① 〔德〕海德格尔:《存在与时间(修订译本)》,陈嘉映、王庆节译,三联书店 2006 年版,第 6—7 页。

② 〔德〕赖默尔·格罗尼迈尔:《21 世纪的十诫:新时代的道德与伦理》,梁晶晶、陈群译,社会科学文献

出版社 2007 年版,第 211—222 页。

③ 〔西〕费尔南多·萨瓦特尔:《哲学的邀请——人生的追问》,林经纬译,北京大学出版社 2007 年版,第 30 页。

④ 〔英〕参见保罗·莱文森:《真实空间:飞天梦解析》,何道宽译,中国人民大学出版社 2006 年版,第 39 页。

⑤⑥⑨ 〔德〕西皮尔·克莱默尔编著:《传媒、计算机、实在性》,孙和平译,中国社会科学出版社 2008 年版,第 142、172 页。

⑦ 〔荷〕约斯·德·穆尔:《赛博空间的奥德赛——走向虚拟本体论与人类学》,麦永雄译,广西师范大学出版社 2007 年版,前言第 2 页、第 153 页。

⑧ 〔德〕康德:《纯粹理性批判》,郭大为译,人民出版社 2004 年版,第 163 页。

⑩ 参见〔德〕尼古拉·哈特曼:《存在学的新道路》,庞学铨、沈国琴译,同济大学出版社 2007 年版,第 18 页。

⑪ 〔日〕大前研一:《专业主义》,裴立杰译,中信出版社 2006 年版,第 67 页。

新媒体艺术影像叙述特性与未来*

◆ 刘 婷 李 苏

素有“电影亚里士多德”之称的安德烈·巴赞为“完整电影神话”和“真实电影精神”耗尽短暂一生,他于“复制外形以保存生命”的“与时间相抗衡”的“木乃伊”情结冲动中找到了电影影像的无穷魅力和现实主义的艺术精神。然而,世界永远充满矛盾和荒诞,就在巴赞发出《摄影影像的本体论》仅仅20多年之后的1967年,一位名不见经传的青年学者尼尔森(T. Nelson)在亚特兰大面对全美地方政府官员大胆喊出了“去掉蒙在计算机身上的神秘面纱,计算机属于人民!”的宣言,而今,这个宣言成为事实。

据中国互联网络信息中心(CNNIC)2010年1月发布的《第25次中国互联网络发展状况统计报告》显示,截至2009年12月,我国网民规模已达3.84亿,互联网普及率进一步提升,达到28.9%。我国手机网民一年增加1.2亿,手机上网已成为我国互联网用户的新增长点。CNNIC数据显示,截至2009年底,我国手机网民规模一年内增加了1.2亿,已达到2.33亿人,占整体网民的60.8%。[①]可见,以计算机、移动电视、手机电视等为载体,以信息技术、电子技术、网络技术为依托的新媒体艺术已经浸入到人们生活的方方面面。

媒介即信息。网络多媒体技术作为人类的一种延伸,为人类提供了与现实生存并行的虚拟化空间生存,而旧媒介时代的传统影像叙述遭遇新的媒介形式时,必然产生新的变化和新的尺度,一种崭新的影像叙述形态正在以其对人类生活的普泛浸入,影响和改变着人类的生活方式和生存范式。

---

* 原载于《现代传播》2010年第7期。

一、新媒体艺术影像叙述特性

“新媒体艺术是一个历史时间概念，在每一个阶段都有不同的新媒体艺术形式。”[②]在本文的研究范畴中，我们将新媒体艺术定义为那些主要利用录像、计算机、网络、数字技术等最新科技成果作为创作手段和媒介的艺术创作。中国新媒体艺术先行者邱志杰认为，“新媒体艺术把现代主义的技术面感性推到了极致，这并不意味着我们简单地认同于一种技术决定论的美学。毫无疑问像录像这样的媒体是技术先行的——‘先行’而不是决定，先行的技术只是给出了可能性的必要条件。新媒体艺术崛起于现代主义生死攸关的最后时刻，但扬弃了现代主义的形式主义色彩，以其动荡的内容向当代社会现实开放，从而修正了现代主义的教条，并使叙事性、戏剧性和隐喻等古典技巧重新进入运作现场”[③]。“作为对工业化生产的动荡变化做出反应的艺术，它具有现代性媒体的美学特征而外于后现代主义的狂欢喧嚣。现代性在韦伯那里被定义为一个合理化、组织化的进程，整个现代主义的重大主题之一就是对这一进程悲欣交集的反应。大众传媒出现到互联网的普及都是这一进程的推进，新媒体孕育于这个土壤之中，思考它、质疑它和批判它，具有强烈的精英主义色彩，而这种精英姿态正是现代主义的典型性格。”[④]新媒体艺术的出现，正是源于少数艺术行为对大众传媒的质疑、挑战和思考的精英精神，在技术的乌托邦和反乌托邦的二元对立中，以媒介间性、赛博空间性与数据库化生存等特性，建构了一个与客观世界并行的、自由出入的开放世界，这个世界是对客观世界的阐释，更是客观世界的延伸。

二、媒介间性

就在巴赞极力追寻影像世界的完整和真实的时候，美国抽象绘画的奠基人之一杰克逊·波布克(Jackson Pollock)发出了不同的声音，他认为现代艺术家不应当像过去传统的艺术一样追求再现，而应该关注内在的精神和情感的表达，“现代艺术家生活在一个机器的时代，我们有机器手段来逼真地描绘客观对象，如相机、照片。在我看来，艺术家的工作是表现内在世界——换句话说，是表现活力、运动以及其他的内在力量”[⑤]。即使在科技局限仍旧将图片和影像禁锢于墙面的时候，艺术家们就早已透过各种手段,寻求着对内心世界表达的努力。超现实主义摄影的开创者曼·雷在一次次技术的操作失误中,惊异地发现影像世界不为人知却充满魅力的另一面,于是,他开始执着于各种曝光和暗房技术所制造的特殊影像效果,甚至放弃摄影机,直接将某些透明或者半透明的小物体放在感光材料上,利用放大机和光源,对组合物直接曝光,创作出令人惊叹的抽象图像。超现实主义作为一种艺术观念,其对世界的冲击远远大于作为一种摄影流派对影像的影响,它突破了技术主义局限和艺术形式之间的边界,并通过他们那些似是而非、扣人心弦的影像,使观众从传统的思维习惯和行为方式中解放出来,并于摄影与其他视觉艺术的高度融合中,触摸那个共同存在于四维时空与精神意念中的真实世界。

录像技术的发展,使影像彻底从呆板的墙壁中解放出来,技术敏感的先驱和文化精英们立即意识到科技进步所带来的艺术表现的可能性。于超现实主义摄影中便初见端倪的媒介间性在视频艺术中堂而皇之地成为重要的艺术创作形式和手段。录像艺术鼻祖白南准先生 1959 年率先将身体这个媒介形式引入他的音乐作品《向约翰·凯奇致敬》[6],以“文化恐怖主义”的方式引起世界的震惊,随后,他便热切地投身于视频影像的探索之中。1965 年,白南准使用第一台 SONY PORTAPAK 摄像机从一辆出租车内拍摄罗马教宗经过纽约第五大道的情况,当晚,他将自己拍摄的影像放映给朋友观看,这是历史上的第一件 Video 作品。1963 年,白南准“对音乐的说明——电子电视”个人作品展览在德国举行,他首次将 11 台经过改造的黑白电视机作为媒材使用于装置艺术作品中,这是电视屏幕第一次被引入艺术展览,标志着 Video 装置艺术的诞生。自此几十年的时间里,视频装置艺术已经成为先锋艺术家和大众热衷的艺术形式,它克服了影像、机械、时空之间的界限,集影像、机械、空间、身体等各种媒材于一起,借用各种技术和艺术手段,表达模糊了艺术边界和局限的“此时此刻”,“在录像本身的属性之外更包含了装置所特有的品质却又决不至于是二者的和。在空间中多重显示器播映多频录像或是多种投影形象的空间中按特定结构分布,在形象之间构成一种立体的喜剧性结构”[7],“画”与“画”之间,“画”与场景之间,画与受众之间按照艺术家预设的秩序勾连扭结,形成特定的组合关系和语义链接,借此向世界发出单一媒介所不能表达的思想和情感。

摄影、录像技术为艺术开创了多媒介间性的组合空间,但每种艺术形态和媒介之间又相对保持着各自的独立,只是于“此时此地”的机缘偶遇中完成一部暂存于展览馆或者展区的艺术作品，而网络技术、信息技术的出现，则让这种媒介间性成为无时无刻不在发生的事实，多媒体融合不再受具体时间、空间的局限，而彻底融合为一种更加自由、深入的新的艺术形态，即以计算机网络为中心的新媒体艺术，一种“结合了视频、声音、文字的超文本，不但可以链接到无尽的其他文本之中，更可以由多种路径进入”[8]，它将各种艺术门类自我净化的擂台再次捆绑起来，“营造出不可还原为组合要素的综合体验”[9]。在新媒体艺术中，媒介间性不再是艺术创作的机缘和偶遇，而是一种常态和必然，它意味着媒介综合性的一种伟大复兴。

三、赛博空间

1984 年，移居加拿大的美国科幻作家威廉·吉布森，写下了一篇离奇小说《神经漫游者》。小说先验性地设计了一个名叫凯斯的网络独行侠，他受雇于某跨国公司并被派往由全球电脑网络构成的空间，去执行一项极其冒险的任务。进入这个巨大的崭新的电脑空间，凯斯并不需要乘坐飞船或火箭等任何交通工具，只需在大脑神经中植入插座，然后接通电极，电脑网络便被感知。在这个广袤的空间里，看不到高山荒野、城镇乡村，只有庞大的三维信息和各种信息的高速流动，吉布森将这个空间取名为“赛博空间”(Cyberspace)。2004 年，荷兰鹿特丹爱拉斯谟大学哲学系教授约西·德·穆尔在中国举办的一次有关“赛博空间”的学术讨论会中做了《欢迎到赛博空间来：进入人性历史的另一种可能》的报告，他认为“赛博空间”不仅是一种新的实验性维度，超越了我们日常生活发生于其中的地理空间或历史时间，它是后地理和后历史的，而且也创造出与我们日常生活几乎所有方面的种种杂交关系。我们在向“赛博空间”移民，或者说，“赛博空间”正在向我们的日常生活殖民。金元浦先生则对“赛博空间”做了更具象的诠释，与人类生活的现实空间相互并行的又无法触摸的“赛博空间”已经侵入了我们的生活，“我们的时间会越来越‘赛博时间化’，原有的不可再造不可再现的线性的时间变得可以剪辑，可以重组，可以拼接；我们的空间也会越来越‘赛博空间化’，我们可以打破三维的空间世界，按照人们的需要，将空间理解或界定为八维或者九维。更为重要的是，我们将不断在两个不同的时间与空间中穿行”[10]。

以计算机网络为核心的“赛博空间”在很大程度上颠覆了影像和现实时空之间的绝对联系，而成为被西方“一流哲学家”德勒兹的《千高原》所形容的“游牧”星球，这个星球上混杂着无穷尽的窗口,各个窗口间依照犹如马铃薯般的"块茎"结构生存着,呈现为一种"开放性、非中心、无规则、多元性的"形态特征。块茎最重要的特征之一就是存在着"多元性的入口、出口和自己的逃逸线"[11],本雅明所强调的艺术作品生产的"独一无二、此时此地"的经典"光韵",在电子媒介和网络技术为依托的新媒体影像叙述中,只能由"随时随地、随心所欲"的游牧特征所取代。万维网所创立的犹如块茎一般的 N 维度空间和超空间,给今天的影像创作提供了摆脱"摄影影像本体论"和"蒙太奇时空组合"的无限可能性,影像展示的不再绝对是我们生存的三维空间,而是一个由 0 和 1 数字无限组合的无尽空间,影像毫无阻碍地穿行在 0 和 1 的虚拟空间之中,维度和时空边界在此消失,艺术的边界也因时空的伸展而变得模糊不清。今天的电影、电视影像叙述大多还借助于摄影机这只自来水笔,而不久的将来,摄影机就会变成手里点动的鼠标,影像不再生成于三维的真实空间,而是来自于那个由 0 和 1 组成的、充满无数块茎的、自由游牧且无限开放的"赛博空间"。面对电脑与人的互动界面,影像叙述也不再沿着传统的线性叙事进展,而进入一种"赛博空间"化了的影像数据库叙事状态。电影《侏罗纪公园》《阿甘正传》《阿凡达》《爱丽丝梦游仙境》等一系列让我们产生视觉震撼的数字电影也只不过是多媒体时代的一个影像叙述的雏形,无论这些影片中充满了多少虚拟的数字化想象,叙事依旧在传统的线性时间内演进,而网络技术和"赛博空间"提供的互动和自由的超文本链接,终将打破这种线性边界的限制,使影像叙述呈现为与"赛博空间"特性相适应的块茎状态——影像数据库叙述。

四、数据库化生存

2004 年 10 月 29 日,被称为中国首部互动电影 *PK.COM.CN* 的启动仪式举行,然而,这部利用网络平台征集剧本、调整故事、海选演员、互动首映的电影并非真正意义上的互动电影,它的影像外壳和时空逻辑依然完全延续传统的叙事模式,它仍旧是一部传统意义上的影像作品。真正的互动叙述应该是打破传统的线性叙事和时空逻辑,以超文本链接、媒体间性蒙太奇和数据库叙述等手段完成的影像表达。

数据库,"在计算机科学中,……被定义为一种结构化的数据集合。存储在数据库中的数据是由计算机为迅速查询和调用而组织起来的,因此它不是别的神秘东西，而是一种项目的集合”[12]。这种数据的项目集合已经在各行各业大量运用，如医学影像数据库、档案管理数据库、图书电子数据库等等，而媒体艺术也正以一种新的尺度呈现出全新的数据库叙述状态。美国南加州大学文化理论和电影学者玛莎·金德致力于新媒体叙述研究和实践活动，她认为“影像数据库”叙述“没有清晰明了的开端与结尾，没有经典的三幕（开端、高潮、结尾）结构，甚至没有以因果关系构成的首尾呼应，代之而现的乃是一个充满故事因素的‘叙述场’（narrative field），而叙述的最终‘完成’必须仰赖于阅读者（使用者）与这些故事因素之间产生的互动。由于使用者每次与这些因素互动的切入角度差异，更由于使用者文化、个性以及意识形态观念的差异，在‘影像库’叙述基础上完成的叙述也会不同，从而彰显出叙述的建构性”[13]。以玛莎·金德为指导的南加州大学爱丁堡传播中心“迷宫”（Labyrinth）研究小组就“影像库叙述”进行了大量实践，其中以《渗血的穿行：对面之城洛杉矶，1920 至 1986 年》最为著名。该作品依据诺曼·克兰的同名实验中篇小说制作而成，作者试图探讨影像与诸多媒介叙述之间复杂的交合关系。小说开端，作者讲述了一个经典的犯罪故事：家住洛杉矶的成衣店老板，妇人莫莱 20 世纪初移居洛杉矶，她勤俭持家，将成衣店经营得小有成就，生意越来越红火。一日，莫莱的丈夫瓦特突然失踪，透过种种迹象，人们怀疑莫莱便是谋杀瓦特的元凶。该小说的叙述颇具“赛博空间”的叙述特征，作者并没有按照莫莱是否为凶手的线性脉络和因果关系进行叙事，而是“通过莫莱这个人物的引入勾画一幅错综复杂、层面交织的市井图。关于莫莱的叙述，很快被关于莫莱生活的环境叙述所替代。尽管小说没有回答莫莱是否弑夫，甚至在结尾时对瓦特是死是活也心存疑窦，但却在很大程度上帮助读者深化了对洛杉矶这座城市的认识”[14]。“迷宫”小组的同名新媒体作品“不仅体现了原小说的开放结构和关注空间胜于故事的特征，而且彰显出新媒体在多重叙事以及互动叙述方面的优势”[15]，“迷宫”小组搭建了以视觉材料为中心的五个影像数据库：文字库、地图库、图片库、访谈库、电影库，并为游牧者（大众）提供了一系列可能的切入点，鼠标的按动与否决定了切入点的取舍，他们可以按照个人的意志和兴趣游走在他们感兴趣的数据库和数据库间的关系中。这个实验性新媒体作品，“既非电影，亦非小说，而是在故事片、纪录片、文学、视觉材料、信息设计和数据管理等结合的基础上所产生的另一种艺术形式，是一种互动性混杂，它为受众提供了极为丰富的关于叙述内容的文字、图片、音乐、影像等丰富全面的资料，对它的欣赏要通过欣赏者与其互动完成。这类欣赏者也被称为‘巡游者’，即通过在复杂的作品中的游走，自主选择想要进入的链接，与作品进行非线性的互动碰撞，随着选择的不同，所体验到的叙述方式、故事情节、内容也都不一样”[16]。

五、新媒体影像叙述艺术的现状与未来

新媒体影像叙述艺术在中国本土的发展始自于20世纪80年代，在短短几十年的发展时间中，形成了丰富多变的影像叙述样态，主要表现为以下几种形式：

(一)移植

即借助新媒体艺术的叙述平台，对传统艺术形式不加任何篡改地平移和复制。专业视频网站优酷对于平台上的节目类型做了这样的分类：电视剧、电影、综艺、视频。除了最后一类是原创性质的影像叙述以外(这一类中也有相当部分是影视剧、新闻综艺节目和体育赛事的片段)，其他三类都是对传统影视作品的平移和复制。对当前影视剧的平行移植成为目前新媒体影像叙述的重要形态之一。除了对影视作品单纯的平移以外，很多视频运营商采取了把传统内容重新编排的方式，使之更符合新媒体的传播特性和欣赏习惯。在手机电视方面，我国已经有一些专门针对手机等设备制作的节目，如一些从事手机电视内容制作的公司，通过把传统内容重新编排、转码，剪成30秒的短片，去掉了大部分元素，只保留一个兴奋点，做成专供手机播放的短片。在视频新闻方面，我国新华社与中国联通合作，专门为手机量身打造电视节目——新华视讯，节目形态为30秒以内的口播新闻。还有的公司把历史题材电视剧分成五六分钟的短片，并且加上对背景及情节的画外音介绍，使人们在短时间内对故事有个大致了解，这是传统影视作品向新媒体转化当中的一些有益尝试。

(二)戏仿

戏仿又称戏拟或滑稽模仿，是源于文学理论的一个概念。艾伯拉姆斯认为戏仿是模仿特定的一部作品严肃的题材和手法，或者特定的作者特有的风格，用于描写低下的极不相称的主题。新媒体影像由于其自身的特性，易于制作，便于传播，从产生之初就很自然地和游戏、娱乐的心态结合在一起，早期的拼贴式作品很大一部分就是通过对原作的模拟或揶揄而产生出娱乐效果的。胡戈的《一个馒头引发

的血案》在2006年轰动一时，整部作品其实就是对电影《无极》和电视栏目《中国法制报道》的戏仿和揶揄。随后，出现了一批以揶揄、讽刺当下影视现状，以娱乐为目的的影像作品。由于受到港台影视剧的影响，在拍摄的新媒体短片当中也经常会出现对电影桥段或者现实场景的模拟，让观众达到会心一笑的效果。在卢正雨作品《office嘻哈4重奏》第五集“烟民”中，经理和小强工作时候抽烟怕被总裁发现，这时片子中出现了一段戏仿战争片的桥段：经理和小强头戴棉帽，背景配上枪炮声，两人还做出躲子弹的动作，办公室的环境和战场的氛围形成强烈反差，让人不觉莞尔。

（三）视频短剧

为了适应当下新媒体传播的特点和形式，近几年来专门针对网络等新媒体制作的视频短剧也开始兴盛起来。2008年9月，号称国内首部由观众决定剧情发展的网络互动剧*Y. E. A. H*在凤凰宽频首播，讲述的是四位年轻白领的合租生活。之后，网络短剧开始迅速发展，2009年中国版的《苏菲日记》《Mr. 雷》《安与安寻》《嘻哈四重奏》《非常爱情狂》《天生运动狂》等网络原创短剧都获得了百万次的点击率。这些由个人和团体制作的作品都有如下特点：时间短，大体在五到十分钟以内就可以完成一集的播放；风格和题材多融入当下年轻人喜爱的时尚元素；每集都讲述一个完整的故事，恶搞、戏仿仅仅是讲述故事的一种手段和点缀；大部分的网络剧都标榜与观众的互动。

综上可见，现有的新媒体影像叙述无论从叙述形态还是外在样式上仍旧未能脱离传统影像叙述的线性时序和因果关系，其叙述语言仍旧局限于传统电影、电视的语言体系，而真正意义上遵循新媒体媒介间性、赛博空间和数据库化生存等媒介特性，于互动的超文本链接中跨越时空和因果限制，建构一个虚拟却又真实世界的新媒体影像叙述艺术还远未形成。

影像叙述遭遇新媒体语境，其艺术形态和叙述方式上的新特征和新尺度，必然在一定程度上对传统影像叙述进行反拨，传统影像叙述所遵循的蒙太奇原则将被多媒体间蒙太奇所取代，而纪实美学所崇尚的时空真实在网络化的“赛博空间”中变成非中心、无逻辑、无限伸延的块茎，观众也不再是被一系列影像机制和编码体系所修辞的人，他们被技术进步从“传统影视的单一价值中解放出来，不再作为‘沉默的大多数’而被动地接受泛滥的影像符号复制品”[17]。不久的将来，我们坐在电影院里，或者干脆坐在任何一个广场、电脑屏幕前、车里，只要按动手中的按键，我们即刻出现在影像里，与影像数据库中的人或者事件相遇，我们变成了角色，我们在看电影，我们在演电影，我们在游戏。无人敢断言，未来的影像叙述必然会怎样，但网络技术、基因工程、生物学、虚拟交互、信息技术等多个技术维度的交融共连，未来的新媒体影像叙述必将"表现人类精神层面之间的复杂关系，最大限度地扩大人类在自由精神领域的探索"⑱。

注释：

① 参见 http://www.cnnic.cn/html/Dir/2010/01/15/5767.htm。

② "合成时代：媒体中国—2008 年国际新媒体艺术展"策展人张尕语，http://www.chinanews.com.cn/cul/news/2008/06－23/1290064.shtml。

③④ 邱志杰：《新媒体艺术的文化逻辑》，http://www.xschina.org/show.php? id＝9383。

⑤ 〔美〕埃伦·H. 约翰逊编：《当代美国艺术家论艺术》，姚宏翔等译，上海人民美术出版社 1999 年版，第 8 页。

⑥ 在表演中，他先在台上将一架钢琴砸个粉碎，然后径直来到坐在观众席的凯奇面前，将凯奇的外套扒下来，并剪开他的衬衣和领带，将一瓶香槟酒一股脑浇在凯奇头上，然后扬长而去，离开现场。就在众人不知所措之际，场内电话铃声响起，原来是白南准打来的，告知观众表演结束。

⑦⑧⑨ 邱志杰：《新媒体艺术的分类研究》，http://www.nm2t.com/learn/bearlist020.htm。

⑩ 引自《赛博空间：后地理和后历史的新体验——中国学者与约西·德·穆尔的对话》，《中华读书报》，http://www.gmw.cn/01ds/2004－07/21/content_62884.htm。

⑪ 麦永雄：《光滑空间与块茎思维：德勒兹的数字媒介诗学》，《文艺研究》2007 年第 12 期。

⑫ 〔英〕戴维·冈特利特主编：《网络研究：数字化时代媒体研究的重新定向》，彭兰译，新华出版社 2004 年版。

⑬⑭⑯ 马菲：《从渗血的穿行看新媒体传播之影像数据库叙述》，东北师范大学硕士学位论文，第 10 页、第 12 页。

⑮ 孙绍谊：《新媒体的叙述：浮沉在影像库中的千面（层）城市》，http://hi.baidu.com/qingsongqing/blog/item/ae760f7a8a002def2f73b341.html。

⑰⑱ 鲍远福：《网络媒体与数字影像的传播》，《淮阴师范学院学报（哲学社会科学版）》2007 年第 2 期。

电视节目网络人气指数体系(IPI)的初步建构*

◆ 张树庭 张文良 余延殊

中国互联网络信息中心(CNNIC)2010年7月发布的《第26次中国互联网络发展状况统计报告》指出，中国网民数量已达4.2亿，并且在持续增长，互联网的影响力不言而喻。同时，互联网传播方式非常多样化，新闻、论坛、博客、视频等多种信息传播形式不断发展和完善，受众群体逐渐分化，越来越多的人习惯于从网络媒体接收各种信息，包括电视节目。同时，互联网高度开放性和交互性的特点，可以让网民有更多的渠道去表达自己的意见和看法，交流对电视节目的感受，传达自身的个性化需求，而非在传统媒体中单一的被动接受，从中可以反映出收视率所调查不到的观众对电视节目真实满意程度和节目的综合影响力。论文基于本课题组《视网融合背景下的电视节目影响力评估体系创新初探》所提出的理论依据，提出了电视节目网络人气指数体系的初步建构设想。

一、电视节目网络人气指数体系指标构成

电视节目网络人气指数体系(IPI)力求反映电视节目相关主体在网络上的影响力的整体状况，包括频道、栏目、电视剧、主持人、舆论话题等多个单体指数，是对电视节目相关的多个评价主体的全面考量。具体如图1所示。

其中，每个单体指数均由网络关注指数与网络评价指数构成。网络关注指数可分为新闻、论坛、博客、视频、Wiki等载体指数，不同载体指数由网民参与度与网

* 原载于《现代传播》2010年第12期。

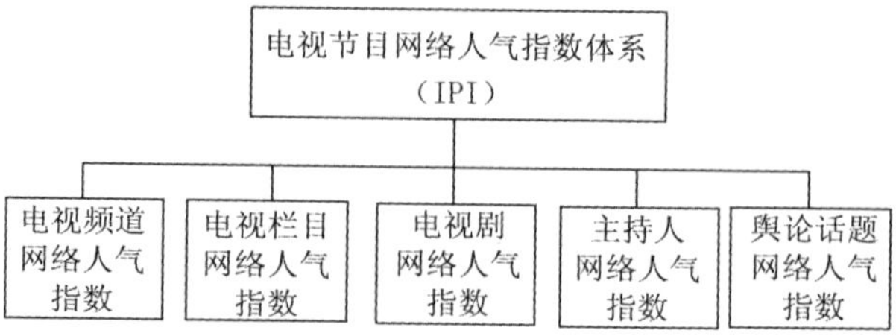

图 1 电视节目网络人气指数体系(IPI)

站波及度两个指标构成;网络评价指数是根据不同的评价主体划分为不同的话题,每一类话题均由正面、负面、中性评价构成。以电视频道网络人气指数为例,其指数体系的具体构成如图 2 所示。

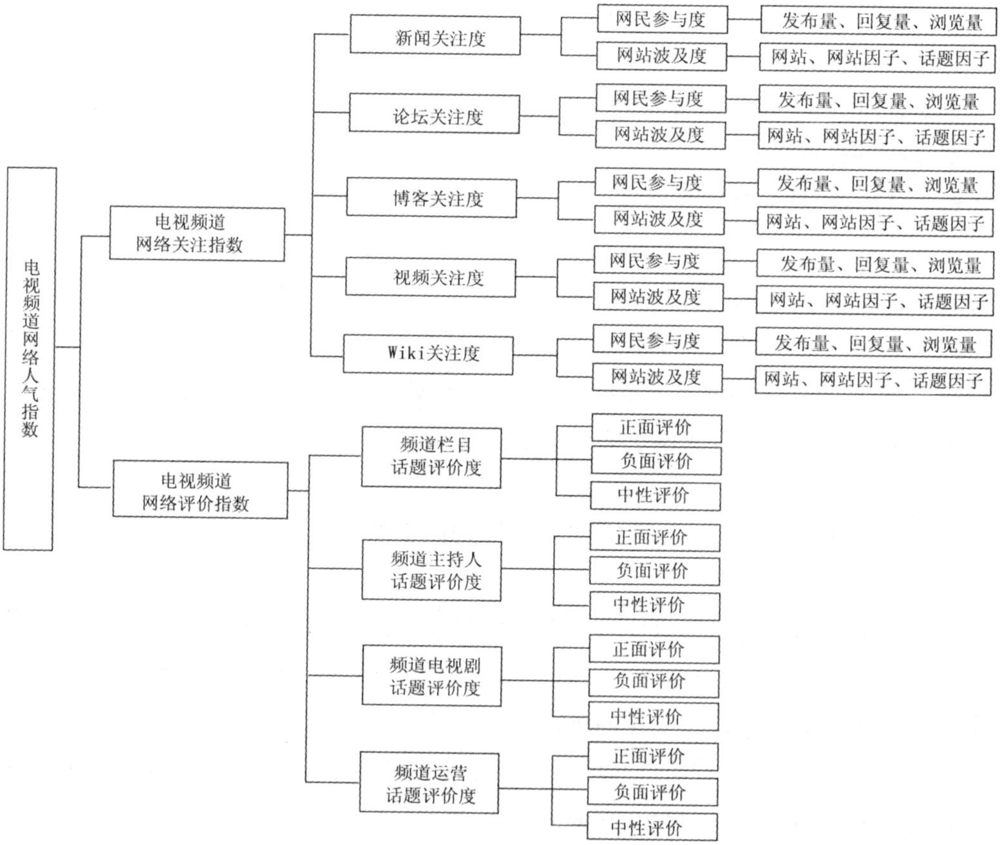

图 2 电视频道网络人气指数构成

(一)网络人气三大量化行为指标

网络人气三大量化行为指标即发布量、回复量、浏览量,是特定话题在网络中得以发起、关注、讨论的最直接的数据反映,也是网民对特定话题参与传播的最主要形式。新闻、论坛、博客、视频及 Wiki 等不同载体均用这三个指标来衡量。

这三大量化行为指标为网络人气的基础性数据,网民参与度及网络评价度均由这三大量化行为指标换算而来。一般而言,一个评价主体的三大量化行为指标与网络影响力之间为正向相关,即发布量越大、回复量越大、浏览量越大,其网络影响力也越大。

(二)网络关注指数

网络关注指数用以表示某一天某个单独主体在网络上受关注的状况,网络关注指数越高,表明其越受网络关注,网民的话题发起、传播、讨论的积极性越高。根据载体的不同,电视节目相关单个评价主体的网络关注指数可划分为新闻关注指数、论坛关注指数、博客关注指数、视频关注指数与 Wiki 关注指数五个载体关注指数,作为二级指标,由二级指标得分综合加权计算得出,公式为:

$$网络关注指数=\sum_{i=1}^{5} W_i * M_i$$

其中,W 代表权重,M 代表媒体类型,1－5 代表新闻、论坛、博客、视频、Wiki 这五类媒体。

而网络关注指数的每一个二级指标又下分网民参与度与网站波及度两个三级指标。前者表示某话题基于网络媒体和网民互动参与所形成的人气综合状况,是对各类媒体的发布、回复和浏览三种参与行为的综合度量;后者表示某话题在网络上传播的情况,包含三个方面的度量:某话题在哪些网站上传播;已经传播的这些网站在整个网络传播中的影响力状况;在已经传播的网站中,因为该话题类型原因而造成的影响状况。

在计算方法上,每个载体关注指数均通过几何平均计算各自的参与度和波及度得出,公式如下:

$$载体关注度=GEOMEAN(M_{参} * M_{波})$$

其中,M 代表媒体类型。

网民参与度与网站波及度的具体计算公式如下:

由于网民参与度涉及的指标存在量纲不统一的问题，因此我们先通过一个公式对回复量、浏览量等参数进行量纲的标准化，然后通过这些参数的加权计算，得出每一条主题的价值：

$$Value = W_A * Exp[log(a)] + W_B * Exp[log(b)]$$

其中，A代表回复，a代表回复值，B代表浏览，b代表浏览值。

网民参与度为相关话题所有信息的价值总和，公式为：

$$网民参与度 = \sum_{i=1}^{n} value$$

网站波及度的公式为：

$$网络波及度 = \frac{\sum_{i}^{n} = 1\ S * I * K}{\sum_{j}^{N} = 1\ S * I} * 100$$

其中，n表示出现的不重复媒体数量，S表示每家网站的赋值（S值恒为1），I表示每家网站的影响力值，K表示每家网站针对不同类型话题的影响因子（扩大或缩小网站的影响力）。N表示各类媒体在IPI 100网站观察系统中的数量，为常量。

（三）网络评价指数

网络评价指数是对网络媒体及网民意见和态度倾向的综合度量，通过对媒体及网民的关注话题、意见倾向两个层次的分类，呈现电视节目在网络上的总体评价状况。在关注话题上，不同的评估主体有不同的网络关注方向，如电视频道可分为频道栏目话题、频道主持人话题、频道电视剧话题、频道运营话题四个方面，电视频道的整体评价指数由此四个方面的评价度综合加权得出。具体公式如下：

$$网络评价指数 = \sum_{i=1}^{4} W_i * H_i$$

其中，W代表权重，H代表话题类型，1－4代表栏目、主持人、电视剧、运营等不同的话题。

话题的评价度由相关话题的媒体和网民态度倾向综合计算得出，包括媒体的新闻发布，网民发布主帖、博客以及相关的网民回复，包含正面、中性、负面的三种态度倾向，具体公式如下：

$$话题评价度 = \left(\frac{U_+ - U_-}{U_+ + U_0 + U_-}\right) * 50$$

U代表各类媒体和网民的态度倾向的数量集合，＋、0、－分别代表正面、中性和负面的态度倾向。

(四)网络人气状况 AE 模型

网络人气状况 AE 模型用以考量相关评估主体的综合网络人气状况，是一个综合性的评估模型，分为网络关注指数(Attention，简称 A)与网络评价指数(Estimation，简称 E)两大维度。对于电视频道、电视栏目、主持人、电视剧等评估主体，网络关注指数越高，网络评价指数越高，其网络人气便越理想。

网络人气状况 AE 模型：

网络人气状况 AE 模型被评价主体的总体网络评价指数和网络关注指数的平均值划分为四个区域，如图 3 所示：

1 区——理想网络人气状况：网络关注指数高，网络评价指数高。

2 区——潜力网络人气状况：网络关注指数低，网络评价指数高。

3 区——弱势网络人气状况：网络关注指数低，网络评价指数低。

4 区——问题网络人气状况：网络关注指数高，网络评价指数低。

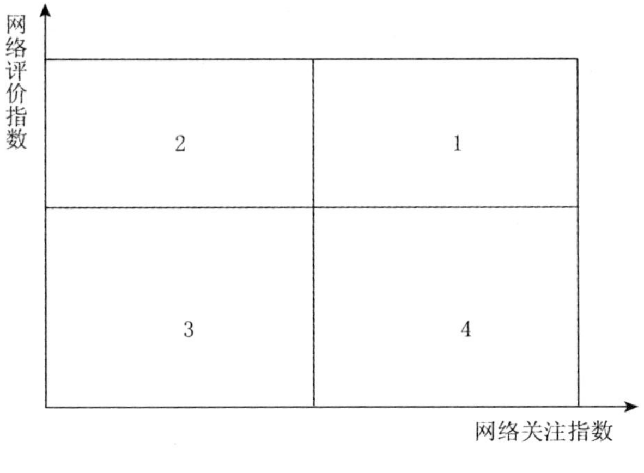

图 3　网络人气状况 AE 模型

通过以上对指数体系的内容及算法的了解，可以看出，相对传统的收视率评价方式来说，电视节目网络人气指数体系有三个明显优点：

第一，评估更全面。网络人气指数不但有对电视节目相关主体的定量观察，还包含了定性分析，可以更全面地了解电视节目相关主体在网络上的影响力，将观众对节目相关主体的真实评估和个性化需求真实地反映出来。

第二,评估更细化。首先体现在评价对象的多样性上,包含频道、栏目、主持人、电视剧以及舆论话题等多个主体。其次,对网络上的各种表现形式也做出了具体的划分,可以全面、立体地反映出电视节目相关主体在网络各种形态上的影响力程度。

第三,评估更客观。指数体系中所有结果的得出,都是基于网络上出现的实际信息,不存在人为操作或者样本来源上的地域性差异等,数据更真实可信。

二、电视节目网络人气指数的信源渠道选择

互联网上存在着数以千万计的各类信息发布网站,如果对全网信息进行监测和数据抓取,既缺乏效率又难以实施。另外,互联网信息存在高度集中的特点,大多数网民的注意力往往集中在少数重要网站上,这部分网站的舆情具有普遍代表性。鉴于以上现实,借鉴标准普尔 500 指数的思路和原理,我们建立了“IPI 100 网站观察系统”,旨在对网络海量信息进行科学抽样并建立科学样本库,从中获取有高度代表性、可信可用、可量化、可比较的网络舆情数据。这是指数体系建设中解决的第一个关键问题。

“IPI 100 网站观察系统”是按照德尔菲法的思路,选取在网络上最知名、最有影响力的 200 多家网站组成备选样本库,这个样本库涵盖了新闻、论坛、博客、视频等网络上出现的各种类型的网站。确定好备选样本库之后,我们邀请 200 多位专家和网民等全程参与三轮厘定,从备选样本库中厘定出最有代表性的 100 家网站,作为“IPI 100 网站观察系统”的科学样本库。这 100 家网站定期根据专家和网民厘定结果决定是否更新,如何更新。

三、电视节目网络人气指数体系的主要操作流程

(一)信源抓取

确定电视节目网络人气指数体系的信源后,下一步工作的重点是对互联网海量信息的科学抓取。在充分运用谷歌、百度等公共搜索资源的基础上,结合 IPI 100 网站观察系统及指数体系特有的数学模型,我们开发了具有自主知识产权的

基于 SaaS 模式的 I-catch 主题评论抓取系统,分别利用搜索引擎技术、文本处理技术、知识管理方法,并通过对互联网信息自动获取、提取、分类、聚类、主题监测及抓取、评论监测及抓取,实现了网络舆情事件的事前数据监测和事后数据抓取、生成报表的一体化工作流程。

I-catch 主题评论抓取系统可针对特定主题定制关键词,实现对定制的关键词对应数据的抓取任务。该系统基于特有的语义分析技术与文本挖掘技术,可在短时间内实现对新闻、论坛、博客、视频等网络主流媒体的主题内容、网民评论的站内抓取、数据去重、关键词统计、随机抽样、数据入库等系列操作,同时也可对以上主流媒体的包含定制关键词的相关主题进行实时监测、舆情预警,为 IPI 数据的权威性与客观性提供了坚实的技术保障。

(二)数据甄别

基于 IPI 100 网站观察系统,通过 I-catch 数据挖掘系统将电视节目的相应信息抓取到数据库中后,还要对信息进行甄别,旨在使舆情数据尽可能接近真实。数据甄别工作主要由两部分组成:数据清洗及数据分类。

数据清洗的工作主要有三个方面:一是网民评论中无效数据的清除,譬如广告帖、水帖或其他无关帖。二是网民评论中相同 IP 的数据排重。三是对动机不确定的发帖 IP 或 ID 进行部分过滤和判断。IPI 收集近两年来社会重大事件网民评论的庞大原始数据,统一存入数据库并对其 IP 或 ID 进行了比对和匹配,以初步确定发帖主体的身份,如恶意灌水者、枪手等。为了还原真实信息,在数据甄别过程中需要对类似 IP 或 ID 进行部分过滤。

在实际的操作过程中,系统根据一定的标准,对数据进行初步的判定,同时提供更进一步的搜索过滤、协同等功能,协助数据专家挑选出最合适的数据。

对于数据库中的数据,支持通过不包含某些词、包含以下任一关键词、关键词出现的位置等高级搜索功能,进行更细致的搜索,确保数据的准确,对于一些筛选比较麻烦的数据,还将通过人工参与的方式在系统上协同办公,对数据做各种标识。

同样,在评论数据的处理过程中,系统将按一定的标准,对评论数据进行初步的判定,将不合格数据剔除,如“顶”“路过”、空帖、表情帖、疑似广告帖等展示给数据专家,同时系统支持协同办公及对数据做标识,以确保数据的准确性和有效性。

(三)指数计算

在数据甄别之后,即可进行指数的计算和研究,这是网络人气指数体系(IPI)的核心内容,是将大量的网络信息综合处理,实现网络人气指数化的关键环节。

指数计算是通过建立 IPI 指数计算模型来完成的。指数计算数学模型包含了基础数据参数、权重及数学公式等各个组成部分。

基础数据参数包含对新闻、论坛、博客、视频等各类媒体的时间、主题、页面位置、回复、点击等信息和 IPI 100 网站观察系统中各类媒体的网站出现数量等。这些基础参数是 IPI 指数计算模型的基本组成部分。

权重是 IPI 指数计算模型的重要组成部分。我们将定期对网络人气指数体系的权重进行厘定和调整。权重厘定包括了对 IPI 100 网站的权重、不同媒体类型之间的权重等方面的厘定。

数学公式是将各个独立的基础参数以及权重融合到一起,最终形成完善的指数计算模型的关键环节。通过特定的数学公式,将我们得到的各个参数及权重进行综合的加权计算,得到参与度、波及度、评价度三个二级指数以及网络舆情综合指数的结果。

指数计算模型建立好以后,将甄别完成的数据进行一系列的统计处理,得出相应的基础参数值,并将基础参数值进行科学的标准化处理,代入数学模型中相匹配的位置,得出网络人气指数体系的各指数值。

本文提出了电视节目网络人气指数体系(IPI)的初步构想,是基于我们对新的电视节目影响力评估体系的原创性研究,其中疏漏难免,特别是指标选择的理论依据等基本问题,还将根据实践应用情况做进一步阐述和完善。

手机互联网的数字鸿沟*

◆ 刘德寰 郑 雪

根据CNNIC《第25次中国互联网络发展状况统计报告》，截至2009年年底，手机网民数量达2.33亿，比去年增加1.2亿，增幅达98.1%。手机网民的男性用户更多，达到56%。而截至2008年年底的数据显示，男性手机网民占到整体的74.6%。这表现出男性手机网民在接入手机互联网方面的巨大优势，男性和女性在这方面存在较大的“接入沟”。在这一背景下考察手机互联网在不同人群中的接入和使用情况，验证数字鸿沟在手机互联网领域是否存在，具有显著的现实针对性和前瞻性。

文献综述

关于“数字鸿沟”目前的提法有很多，也尚未达成一致意见。学界的分歧主要围绕对“数字”和“鸿沟”二字的争论展开。

就对“数字”的不同理解来看，狭义上把“数字鸿沟”局限于不同社会群体或不同地区间互联网的普及和使用上的差别；广义上的理解则认为除了互联网之外，还应该包括其他许多信息传播技术，如电话、有线电视、手机等。[①] 在本研究中，笔者采用广义上对“数字鸿沟” 的理解，特指接近和使用手机互联网上的差别。

学者们对“鸿沟”的理解也有较大差异。传播学者 Norris 从宏观上指出数字鸿沟的三个层次：全球鸿沟、社会鸿沟和民主鸿沟。另一学者 Attewell 则从微观

* 原载于《现代传播》2011年第1期。

层面将电脑和互联网接入上存在的差距称为"第一道数字鸿沟",将电脑和互联网使用上的差距称为"第二道数字鸿沟"。进一步,学者冉・凡迪克(Jan A. G. M. van Dijk,2002)则认为,接入的概念可以分为4种:由于缺少兴趣、电脑焦虑和新技术缺乏吸引力而导致的基本数字经验的缺乏,可称为"精神接入"(mental access);电脑和网络连接的缺乏,称为"物质接入"(material access);由于技术界面不够友好、教育和社会支持不足而导致数字技能的缺乏,称为"技能接入"(skills access);使用机会的缺乏以及这些机会的不平等分布,称为"使用接入"(usage access)。精神接入和物质接入直接决定了人们是否在物质层面接入互联网,与"第一道数字鸿沟"相关;技能接入和使用接入展现了人们使用互联网的方式和程度,与"第二道数字鸿沟"相关。中国学者韦路和张明新在已有研究的基础上提出了第三道数字鸿沟——互联网上的知识沟,探索数字技术接入和使用上的鸿沟是否导致了人们知识上的鸿沟。[②] 通过对多种有关数字鸿沟研究的整合,"Arquette (2001)提出了一个衡量地区间数字鸿沟的三维度框架定义,他指出,所谓的数字鸿沟实际上包括三个方面的鸿沟:信息传播技术基础设施建设,信息传播技术的拥有,信息传播技术的使用。"[③] 综合已有的研究成果,从微观层面来看,数字鸿沟主要包括:接入沟即信息传播技术的拥有,使用沟即信息传播技术的使用,效果沟即人们信息传播技术产生了什么效果。

考虑到数字鸿沟的第三个层次"效果沟"较难操作,笔者难以找到一个非常适合的量化指标来测量手机互联网的使用对社会经济地位高者和社会经济地位低者产生的影响,因此,本研究只探讨手机互联网的接入沟和使用沟。前者主要考察是否使用手机上网,后者主要考察如何使用手机上网。虽然手机网民在手机互联网上的行为各异,但各种行为背后都凝结了相同的"时间",即使"时间"相同并不意味着手机网民以同样的方式来使用手机互联网,但是相比上网目的、网络行为、网络在生活中的中心性等尺度,上网时间具备清晰、简便、易操作等优势,因此在本研究中采用每天手机上网时长作为衡量手机网民如何使用手机的一个测量指标。

从已有文献来看,学者在研究数字鸿沟时,涵盖了国际、国内不同地域和不同个体三个层面的数字鸿沟。本研究所关注的正是第三个层面的数字鸿沟,即不同人群之间的数字鸿沟的问题。

从社会分层的视角来看,"数字鸿沟"这一概念强调信息时代知识获取在社会经济地位高者和社会经济地位低者之间的分布呈现马太效应。笔者假定,数字鸿沟在手机互联网领域依然存在，在研究不同人群之间的数字鸿沟时，祝建华在《数码沟指数之操作定义和初步检验》一文中用性别、年龄、教育程度和职业四个变量将社会分成 24 个交叉阶层，测量社会各阶层互联网的数字鸿沟。考虑到传统的衡量人们的社会经济地位的指标是教育水平、收入、职业以及男性在社会中的优势地位，笔者得出下列假设：

H1：具有较好职业、高收入和高学历的年轻人群（尤其是男性）接入手机互联网的比例更高。

H2：在接入手机互联网的网民中，高收入和高学历的年轻人群（尤其是男性）每天使用手机互联网的时间更长。

H3：接入手机互联网较早的群体每天使用手机互联网的时间更长。

一、研究方法

基于以上三个研究假设，笔者采用了《中国互联网使用者的结构与行为特征》和《手机人项目》这两份数据进行分析[④]，对手机互联网领域的数字鸿沟进行验证，从而探索测量社会经济地位的各指标与数字鸿沟的关系。这两份数据均采用了 Online panel 的形式收集数据，前者样本量 5758，数据收集时间为 2009 年 4 月；后者样本量 5016，数据收集时间为 2009 年 12 月。

在模型一（见表 1）中，笔者把是否使用手机上网作为因变量，用男性、高职位、个人月收入、家庭月收入、文化程度、年龄、独生子女作为自变量，通过 logistic 回归进行分析。

在模型二（见表 2）中，笔者把每天手机上网时间作为因变量，用女性、个人月收入、家庭月收入、年龄、全职工作、文化程度、独生子女、单身（婚姻状况）和手机网龄作为自变量，经过对异方差的检验，得出下文的模型。

二、接入沟

是否使用手机上网决定了人们是否选择接入手机互联网，因而，它能够准确反映手机互联网在不同社会群体中接入层面的差异。

通过建模，笔者发现，男性、高职位、个人月收入、家庭月收入、文化程度、年龄、独生子女等变量对是否使用手机上网均有显著影响。其中,文化程度、性别、是否独生子女对它的影响力较大,而年龄和家庭月收入的影响相对较小,如下表1所示。

表1　2009年是否使用过手机上网的logistic回归

自变量	系数
男性	0.39303965***
高职位⑤	−0.18930011*
个人月收入的对数	−0.13008686*
独生子女	0.57815287***
独生子女乘以个人月收入的对数	−0.15216005*
文化程度的倒数	7.22749533*
文化程度的对数	10.26486245*
文化程度的开根号	−8.93709976*
年龄的六次方	0.00000000***
家庭月收入的六次方	0.00000132***
年龄的六次方乘以家庭月收入的六次方	0.00000000***
常数	2.22155826*

注:* 代表显著性水平< 0.05,** 代表显著性水平<0.01,*** 代表显著性水平<0.001

在全体网民中,使用手机互联网的网民占58.6%。从性别上来说,男性使用手机互联网的比例达62.5%,显著高于女性。这表明,男性更容易接入手机互联网。

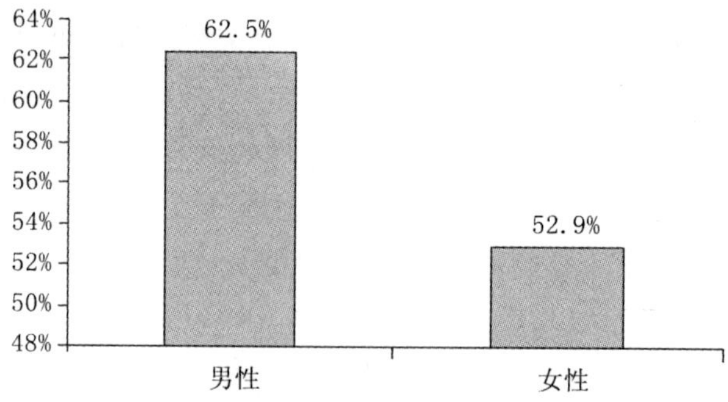

图1　性别与使用手机互联网比例

在本研究中,高职位作为一个虚拟变量,与低职位相对应。它指代高校教师、科研人员,国有集体企业负责人,外企、私企等企业负责人,国家机关、党群组织、企事业单位负责人等具备较高职业地位的人群。图 2 表明，职位高的人使用手机互联网的比例显著低于职位低的人群。笔者认为，这是因为职位高的人往往年龄偏大，在新技术的采用方面往往会滞后于职位相对较低的广大年轻人群。

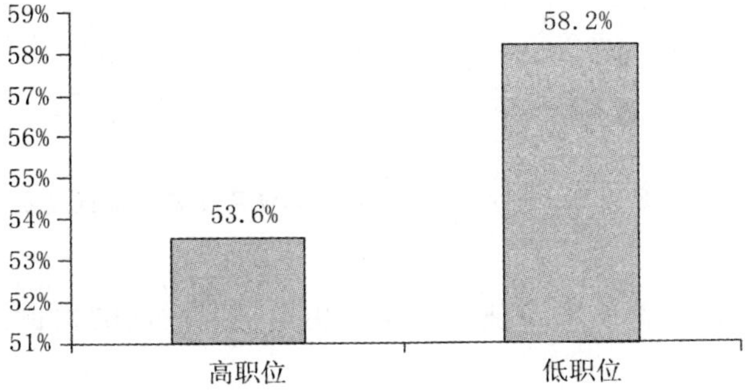

图 2　职位高低与使用手机互联网情况

从图 3 来看，文化程度高者在接近手机互联网方面并不具备天然优势。初中学历人群使用手机上网的比例最高，高中学历人群略有下降，随后大专人群开始回升。大学本科、硕士和博士中使用手机上网的比例则呈现不断下降的趋势。

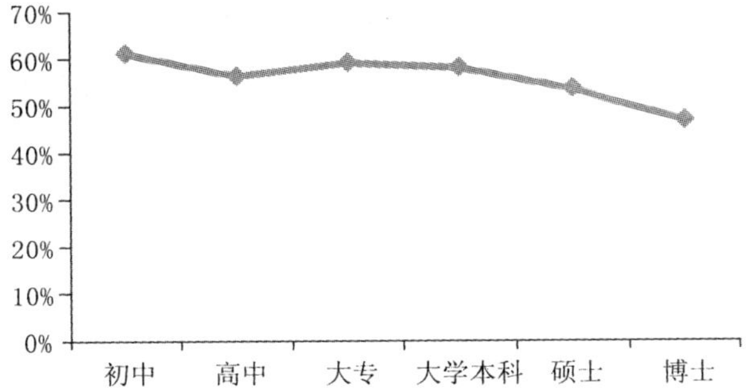

图 3　文化程度与使用手机互联网情况

从图 4 可以看出，随着个人月收入的提高，使用手机上网的概率不断降低，但是独生子女使用手机互联网的概率高于非独生子女，且收入越低，独生子女和非独生子女之间使用手机上网人群比例的差距就越大。随着个人月收入的增加，独生子女和非独生子女之间的差异就不断减小。

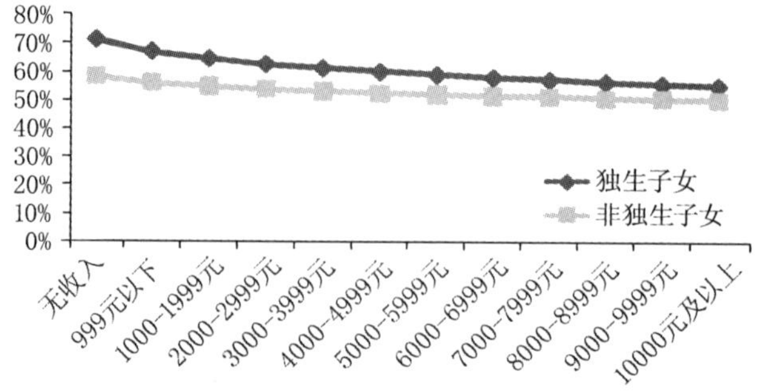

图 4　是否独生子女、个人月收入与使用手机互联网情况

同时,各个年龄点都呈现出独生子女使用手机互联网的比例高于非独生子女的特征。

各个家庭月收入层次的群体都体现为年龄越小手机上网比例越高的特点,但是其平缓和下降的年龄点十分不同。比如 16000 元及以上家庭收入的人群下滑缓慢,且幅度较小;家庭收入 1999 元以下群体从 30 岁左右就开始较快下滑,在中老年人群中下滑更快。

各个年龄点都呈现出家庭月收入越高,手机上网比例越高的特点,同时,年龄越大,差异越大。

这说明,家庭月收入高的年轻人群使用手机上网的比例更高。

由此可见,男性、高家庭月收入、年轻人群使用手机互联网的概率更高,而在职业地位、学历、个人月收入等传统指标中占优势的人群,在使用手机互联网方面并不具备优势。

三、使用沟

不同社会群体在接入手机互联网以后在使用动机、使用行为等方面都不尽相同。本文主要研究手机上网时间的差异。

通过建模,笔者发现,手机上网时间受很多因素的影响,个人月收入、家庭月收入、文化程度、年龄、手机网龄、独生子女、全职工作等变量对它都有显著影响。需要注意的是,性别对手机上网时间的影响并不显著。虽然男性在手机互联网接入时占据优势地位,但是男性和女性在手机上网时间上并不存在显著差异。

从各变量的影响力来看，手机网龄、独生子女、单身（婚姻状况）、文化程度对手机上网时间的影响力较大，个人收入、年龄的影响力相对较小（如表2所示）。

表2　手机上网时间的对数的回归

自变量	系数
常数	3.66770921***
女性	−0.06108909
个人月收入	0.03165666*
家庭月收入	−0.09210887*
家庭月收入的平方	0.00731769*
手机上网网龄	−0.03040726*
手机上网网龄的倒数	−0.93571369***
单身	0.22991451***
独生子女	−0.37755628*
独生子女乘以年龄	0.01561499**
年龄	−0.02599063**
全职工作	−0.55795891**
全职工作乘以年龄	0.01714743*
文化程度的平方	0.23514365**
文化程度的立方	−0.05169619***
年龄乘以文化程度的平方	−0.00673204**
年龄乘以文化程度的立方	0.00145893**
R	0.243892843
R Square	0.059483719
Adjusted R Square	0.056223697

注：* 代表显著性水平＜0.05，** 代表显著性水平＜0.01，*** 代表显著性水平＜0.001

如图5所示，个人月收入和每天手机上网时间呈现正相关的关系。个人月收入越高，每天手机上网时间也越长；个人月收入越低，每天手机上网时间也越短。

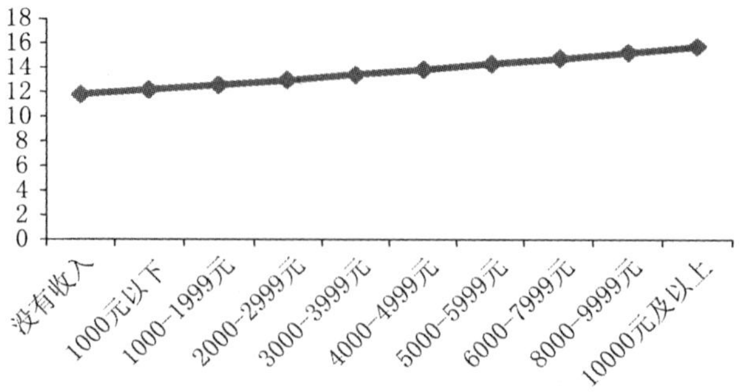

图 5　个人月收入与每天手机上网时间(单位:分钟)

从图 6 可以看出,家庭月收入和每天手机上网时间呈 U 型。随着家庭月收入的增加,每天手机上网时间先不断减少,并在 4000—4999 元家庭月收入人群中跌至谷底,随后开始上升。

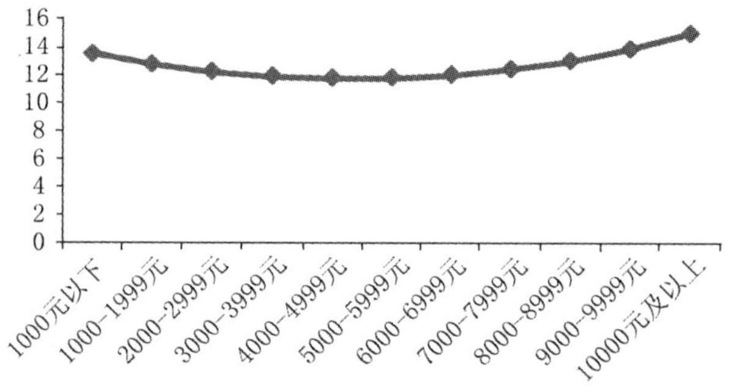

图 6　家庭月收入与每天手机上网时间(单位:分钟)

从图 7 可以看出,是否独生子女和年龄变量一起影响手机上网时间。随着年龄的增长,独生子女和非独生子女手机上网时间都呈现递减的趋势,但非独生子女递减的幅度更大。在 24 岁以下人群中,非独生子女的手机上网时间长于独生子女;24 岁以后的情形则相反,独生子女的手机上网时间长于非独生子女。

从图 8 可以看出,有无全职工作和年龄变量共同作用,影响手机上网时间。

全职工作者和非全职工作者都体现为年龄越小手机上网时间越长的特点,但二者的平缓程度不大相同。年龄的变化对非全职工作者手机上网时间的影响更大。

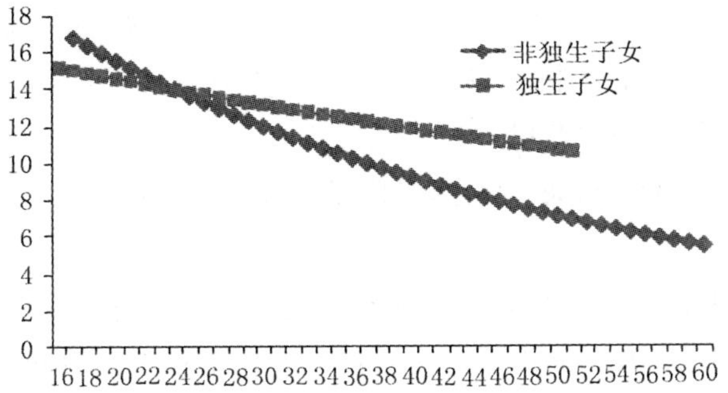

图 7　独生子女、年龄与手机上网时间(单位:分钟)

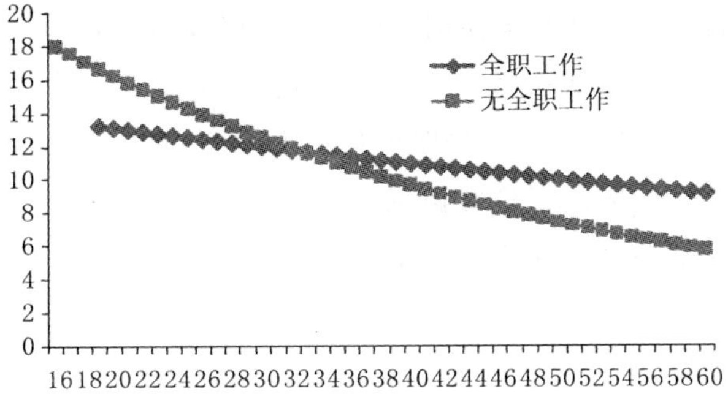

图 8　全职工作、年龄与手机上网时间(单位:分钟)

在低龄阶段(30 岁以前),非全职工作者每天手机上网的时间长于全职工作者;而在中老年人群中,全职工作者每天手机上网的时间长于非全职工作者。

从图 9 可以看出,文化程度和年龄变量共同影响了手机网民每天用手机上网的时间。

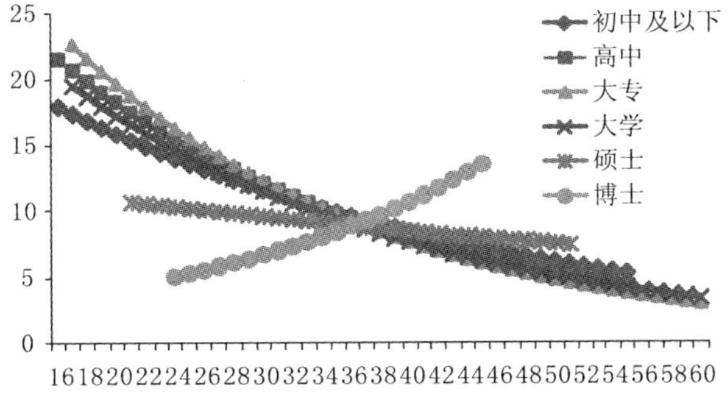

图 9　文化程度、年龄与手机上网时间(单位:分钟)

初中及以下、高中、大专和大学学历人群体现为年龄越小手机上网时间越长的特点,但是不同学历人群手机上网时间随年龄递减幅度不同,减幅由大到小依次为:大专、高中、大学和初中及以下。

在硕士人群中,年龄对每天上网时间的影响较小,年轻人群略高于中老年人群,但是二者差异较小。

在博士人群中,随着年龄的增长,手机网民每天上网时间呈现递增的趋势。

在低龄人群中,大专和高中学历人群每天使用手机上网时间最长,在中老年人群中,博士和硕士学历人群的手机上网时间更长。

研究表明,开始使用手机互联网的早晚对如何使用手机互联网也会产生影响。接入手机互联网较早的群体每天使用手机上网的时间也较长。

如图 10 所示,开始接触手机互联网越晚的人,其每天手机上网时间也越短。随着手机网龄的增加,每天手机上网时间也不断增加,并在手机网龄达 6 年时升至峰值,随后略有下降,但保持在相对稳定的水平。这表明,接入手机互联网较早的人群在使用手机互联网时会继续保持优势。

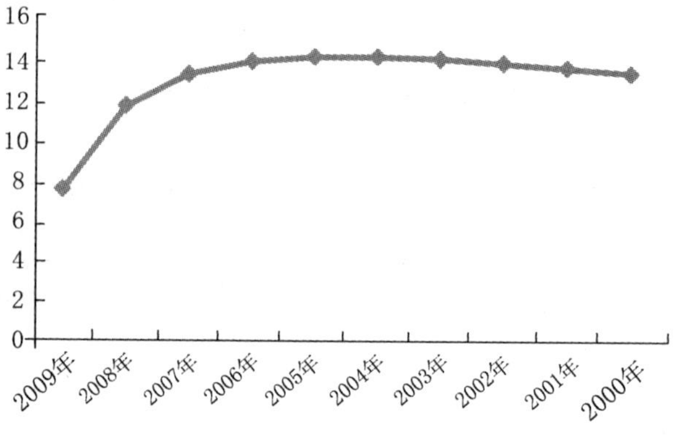

图 10　开始使用手机互联网的年份与每天手机上网时间(单位:分钟)

四、研究发现

男性接入手机互联网的比例显著高于女性,但是已经接入了手机互联网的网民在手机互联网的使用方面并不存在性别差异。男性性别在接入方面的优势并未沿袭到使用方面。

在学历方面，高学历者在接入手机互联网方面并不具备优势，初中以及以下群体的接入比例最高，博士和硕士学历人群虽然学历最高，但接入比例都偏低。但是具体到手机互联网的使用方面，低龄人群中，大专和高中学历人群每天使用手机上网时间最长，中老年人群中，博士和硕士学历人群手机上网时间更长。

在个人收入方面，收入越高，使用手机互联网的比例越低；同时，各个年龄点都呈现出独生子女使用手机互联网的比例高于非独生子女的特征。但是使用手机互联网时，个人收入越高，使用手机上网的时间越长。

在家庭收入方面，年龄和家庭月收入共同作用，影响人们是否接入手机互联网。各个年龄点都呈现出家庭月收入越高，手机上网比例越高的特点。使用手机互联网时，随着家庭月收入的增加，每天手机上网时间先不断减少，并在 4000～4999 元家庭月收入人群中跌至谷底，随后开始上升。

在年龄方面，年龄和其他变量共同作用影响人们接入和使用手机互联网。富裕家庭的低龄人群接入手机互联网的比例更高，低龄非独生子女、低龄无全职工作者、高中和大专学历的低龄人群使用手机互联网的时间更长。

可见，性别强化了接入沟的差异，对使用沟并不产生显著影响；个人月收入削弱了接入沟，强化了使用沟；家庭月收入则强化了接入沟；学历方面的优势并不必然地延伸到对手机互联网的接入和使用方面；而从总体上来说，年轻人群接入和使用手机互联网的比例都更高。从某种程度上说，论文中的假设 1 和假设 2 并不成立。这些传统的测量指标对接入沟和使用沟具有不同的影响，社会分化的标志在特定的信息技术中会有特定的表现形式，年龄鸿沟、性别鸿沟、收入鸿沟成为手机互联网领域社会分化的新标志。

同时，手机网龄较长的人每天使用手机互联网的时间也越长，假设 3 成立。因此，笔者认为，接入手机互联网的早晚对如何使用手机互联网会产生影响，接入的优势会强化使用的优势，接入沟会导致使用沟。

小结和讨论

不同人群接入和使用手机互联网时差异较大，年龄、性别、职业、文化程度、个人月收入和家庭月收入等某一方面的优势地位并不必然导致接入和使用手机互联网的优势，社会经济地位高者并不比低者更好地接入和使用手机互联网。性别鸿沟、收入鸿沟和年龄鸿沟成为手机互联网领域不同人群社会分化的新标志。此外,接入手机互联网较早的人每天手机上网的时间也更长,接入的优势会强化使用的优势。

本研究也存在一定的不足,它尚未考察手机互联网领域的“效果沟”,同时,只是单纯地采用手机上网时间来衡量使用手机互联网的差异。此外,任何一种信息技术都有一个创新扩散的过程,在技术推广的不同阶段其用户也具有不同的人口特征,其社会经济地位也不尽相同。这些都会影响研究者对数字鸿沟的判定,因此,进一步的研究可以采用纵向思维,通过跟踪手机互联网创新扩散的整个过程来综合衡量数字鸿沟是否存在。

注释:

① 金兼斌:《数字鸿沟的概念辨析》,《新闻与传播研究》2003 年第 1 期。

② 韦路、张明新:《第三道数字鸿沟:互联网上的知识沟》,《新闻与传播研究》2006 年第 4 期。

③ 金兼斌:《数字鸿沟的概念辨析》,《新闻与传播研究》2003 年第 1 期。

④ 前者是 2009 年 4 月采用在线调查收集的数据,是北京大学新闻与传播学院负责的一个学术课题;后者是 2009 年 12 月采用在线调查收集的数据,是一个专门针对手机上网而进行的研究项目。

⑤ 方程中高职位属于哑变量,1 代表职位为:高校教师、科研人员,国有集体企业负责人,外企、私企等企业负责人,国家机关、党群组织、企事业单位负责人;0 代表其余职业人群。

网络数字化中的有限、无限与好奇心*

◆ 朱德生 闵惠泉

闵：朱老师，关于有限与无限及其关系的问题，无论在哲学还是在科学上，都是一个“大问题”。大问题的一个特点或许是：永远存在、永远在解决，又永远没有解决；它看似很抽象、离现实生活很远，却又与人们息息相关。因此，以我有限的理解力去思考这种问题看来是太艰巨了，但是我还是占用您有限的宝贵时间，想听听您的见解并和您一起探讨。

朱：你提出要讨论网络数字化中的哲学问题，这本来是件好事，因为这是个很有现实意义的大事。可惜我对网络数字化等现代科技是外行，但经过反复考虑，我仍愿冒险来谈一点个人的想法，那是因为我国的理论存在着一种似是而非的看法，即认为科学能直接来补充和修正哲学。我认为不妥。哲学肯定要从科学的最新发展中汲取营养，但是，如果以为能直接补充和修正哲学，那哲学还有独立存在的必要吗？哲学与科学的一个差别是：科学只讨论实事判断，哲学则要讨论实事判断和价值判断的统一。科学认为只要符合必然性，在实践中能够转化为现实的认识便是正确的。哲学却认为符合必然性的、转化为现实的认识，虽然可以说它是正确的，但是从长远来看，这种实践的结果是不合理的，那还不能说真理已经掌握在手。

哲学不是对给予的有限世界的判断，而是对人自身的存在方式的反思。这种存在方式是一种二重化的存在方式，一般说来，人都生活在感官能直接把握到的实存世界中，但是却天天在追求超经验的理想。简单点说，这种二重化即理想与现实的矛盾统一。

---

* 原载于《现代传播》2011 年第 6 期。

现实的世界是一个有限的世界,即事实的世界,理想世界是个无限的价值世界,是思维原则的世界。后者根源于前者,却超越前者,并指导着对前者的改造。对前者的改造,同时也是对自身的改造。人类历史就是在理想与现实的相互中介、相互制约中不断前进的。

如上所说,要改造现实就得认识现实,便有了认识世界的思维活动。什么叫思维?黑格尔曾说,思维可以简称为"我"。因为在思维活动中,思维的主体以自身为对象。所以思维在形式上是独立的。思维的核心内容是自我意识。也就是说在我们感知外物(对象)时,同时我意识到我感知到了什么。没有这种自我意识,感知便不可能成为认识的内容。

不过这个"我"不是一般意义上的任何一个"我",而是正在感知什么的"我"。思维既以自身为对象,这便不是有限的活动,而是自己限制自己的无限的活动。这样思维便是可以交流、可以传达的普遍性的活动。

如果说,认识活动可以简化为由个别、有限到一般、无限转化的过程,那么实践活动则可以简化为由一般、无限向个别、有限转化的过程。所以有限与无限的关系十分重要。取消了有限与无限的关系,认识活动和实践活动都无从谈起。

不过,从历史发展中去看,有限与无限的关系在不同的阶段,其表现形式是有很大差别的,从实践发展水平角度,我们似乎经历了三个阶段。一是模仿自然的阶段,如农耕、渔猎阶段即是。在这个阶段,人们习惯于把自己的认识对象看成是现成的、给予的。这样自然也就把有限与无限对立了起来。似乎外界真实对象只能是有限的。不过从这种有限中总结出了无限。第二个阶段是破坏自然的阶段,相当于大工业开始以后的阶段。人类生产了大量自然没有的东西,不过由于这种生产越来越破坏着自然界原有的平衡,特别是人与自然之间的平衡,产生现在大家熟悉的所谓异化问题。因此,在人的认识活动中,有限与无限的关系也就复杂了起来。原来以为主体是被动的,现在看来恰恰相反。否则它怎么生产了许多自然界没有原型的产品呢?原来以为客观存在的只能是有限的东西,现在看来不是如此了。一般、无限不仅是思维的抽象物,它同时也可以是感官可以直接把握到的实存。如商品交换中的货币,可以说是一种纯一般、纯无限,却以个别、有限的形式直接实存着。凡此种种,使人们便不得不超出对立的思维方式,来认识和思考有限与无限、主体与客体的复杂关系。因此在这个阶段上产生了辩证法的理论。当代高科技的发展标志着人的认识和实践进入了重建人与自然和谐关系的第三阶段。不过这种和谐主要不是表现在各种自然保护区中，而是主要表现在克服把主体和客体、无限与有限等看成是绝对对立的思维方式中，主要表现在主体能动地设定和把握客体的实践活动中。

闵：在人们的常识中，无限是一个比有限更难以理解和把握的对象与概念。不过，我现在的问题是：在网络化、数字化时代，无限是不是增添了新的内容？比如从存在的角度看，套用卡尔·波普尔(Karl Popper)的表述，可以说，有三种无限：A. 物质世界的无限；B. 精神世界的无限；C. 物化的精神产品的无限。而现在又加上了虚拟世界数字内容与产品的无限。与人们过去面对的生存中的无限相比，今天一个新的无限，即一个持续增长的虚拟世界的无限，已经成为人们生存的一个重要组成部分，并深深地影响着我们。

朱：在人们的常识中，总以为无限比有限更难把握和理解，这是因为我们生活在经验世界中，习惯于以经验主义的思维方式思考问题。即总以为只有感觉能直接把握的才是真实的、具体的，一般是抽象的。因此便认为感官不可能直接把握的，便是难于理解的。

其实这是一种误解。康德就曾经提到，只有思想把握到的才是客观的。这是因为感官直接把握的是不可传达、不可交流的，仅仅是个人的体验；只有思想才能提供普遍必然性。但是，思想提供的普遍必然性，如果没有感觉经验的中介，便是一种没有任何现实性的空洞的纯概念。

至于说到有限、无限在网络化、数字化时代是不是有了新的内容，我想这是肯定的。问题是如何来理解这种新的内容。其实不仅无限有了新的内容，有限也有了新的内容；更重要的是，有限与无限的关系发生了重大变化。所以，人类认识自身和外部世界的方法与途径也大不同于以往了。例如，网络化、数字化等技术，它们既是认识的对象，又是认识的手段，既要从主体方面去分析它，又要以客体方面去分析它。这是不是反映出认识内容和认识方法、认识者和认识对象等都发生了巨变呢？它们既提高了人的认识能力，也增加了认识的难度。但是，正是这种难度的提高，才促进了人们认识能力的提高，而认识能力的提高又必然会促进认识难度的增加。这种相互制约、相互促进，便是认识和实践不断进步的辩证法。

人类文明前进的道路，永远是一条充满矛盾的道路。如果人们能够积极地来对待这些矛盾，那么，这些矛盾就将成为我们前进的动力。如果不能，便成为我们前进的阻力。所谓在新的历史条件下，其问题有了什么新的变化？实际上是要分析分析,怎么看待和解决这些问题,才能成为前进的动力而不是阻力。人既然是按自己的需要去改造外部世界的,那么外部世界便成了他的无机的组成部分。因此作为实践着的人,不仅使自己在逻辑上是有限与无限的统一,而且在实践上也是有限者与无限者的统一。同时也使自己的产物具有这种交错的双重品格。所以,人类的创造物不仅具有物质存在的实用性,而且具有超实用的价值性,正是这种双重性使人超越自然,走上了文明的道路。

所谓虚拟的世界,并不是人们任意构造的世界,恰恰相反,它不过是对给予世界的一种复述。并不是说只有给予世界才是唯一真实的。虚拟世界和真实世界都是一种借用语,它们不过是我们从不同的角度、在不同的关系中来认识外部世界而已。《民族画报》的李文龙在总结他拍摄 TV 影像图片的经验时说:“从现实实景到电视影像,本已是对世界的一次‘实→虚’转化;而从电视影像再到照片拍摄,是否是对已经虚拟过的世界再来一次实景转化?的确,在观念上如此——只有把 TV 影像当作实景,才能完成一次‘虚→实’的道路。”显然,这里所谓的由实到虚和由虚到实,绝没有“一个真的,一个是假的”这种意义。只不过是主体观察对象的角度的转换而已。

这里,不同视角的确立,对经验主义观点是一种有力的批判。即不要以为对外界对象的认识,只能有照相机式的一种版本,其他的都是假的。不是这样的。人们认识外部世界的视角,随着人们认识能力的提高,即随着人们改造外部世界的深化,会越来越多以至无穷。以往人们总是联系着时间和空间来理解无限性,其实更重要的是内容上的无限性、本质上的无限性。世界是可以认识的,但是它又是无法穷尽的。

闵:有限与无限总是相对的。比如中国国家图书馆现馆藏中外文图书 1000 多万册,数字化资源 46 万册,这当然是个有限的数目。但对一个读者来说就是相对无限的数量,是个“真正的无限”。因为就是他每天读一本书,读 100 年,不过是 36500 本。所以,人们不可能在这种无限中做学问,只能将目光与精力聚焦在十分有限的无限。这话说得有点绕,您看是不是这个理?

朱:有限与无限的相对性,不仅是一种量的关系,而且也是一种质的关系。量的关系基本上可以在直观中给定。质的关系则不然,要经过一番理论的即思辨的分析以后,才能把握。例如,在现实的认识活动中,肯定是一个有限的“我”。但是,作为一个认识者,恰恰又要突破这个“我”的有限性,而成了一个无限的我。在这里，这个我却由感官直接把握的“我”变成了思维中无限的“我”。

你提到的图书馆藏书量，在直观中，它肯定永远只能是一个有限量。现在藏有1000万册，再增加10倍、100倍，它仍然是个有限量。总之，它永远不可能达到无限量。但是，这个有限量同时也是无限的。即这个有限量的图书所包含的智慧却是无限的。例如，孔子的《论语》虽然从量上看，它是一个有限的存在物，但从内容上看情况便大变了。原来这本薄薄的小册子，即便把各篇中的孔子所说的话都加起来，也只有一万多字。但是人们对它的研究已经延续了两千年，但又有谁敢说已经穷尽了对它的研究，不可能再前进了？因此，就不难理解为什么马克思说：希腊的艺术有着永久的魅力。其实，历史上的经典著作也是如此，它们深刻的内容和内在价值都是不可穷尽的，也只有这样的经典才是真正的经典。

所以，无限不是在有限以外，恰恰相反，无限在有限中才能求得。平时我们常说，绝对真理是在相对真理的无限发展中。所以，脱离了有限来谈追求无限，实际上只是一种放弃行动的空谈。

正因为如此，我一贯主张一种读书方法，即少而精。这不是要排斥多而博，而是说没有少而精的前提，多而博便只能是一句空话。一个知识分子一定要精读几本与专业有关的经典，使我们大脑这个信息库真正能丰富起来；而不是夸夸其谈，似乎什么书都看过但是什么也说不明白。只有大脑这个信息库丰富了，这样才会使我们在进一步的学习与实践中形成新的联想，具有创新的能力。

闵：您上面讲得十分深刻、精彩。我感受最深的是在网络化、数字化时代，我们的大脑作为信息库，不能片面地追求量的扩张、“量的无限”，重要的是学会在有限中把握无限，特别是能够学会鉴别并把握住真正具有价值、具有质量即内在内容的那些有限。比如，您提到的经典以及那些人类思想的精华，从而真正提高作为大脑信息库的质量。追求学问与思想的生命力与魅力，有限的我、有限的思想，就有可能融入到真理的无限发展中与历史的记忆中。

朱：现在电脑、网络的作用很大，不必什么都靠自己死记硬背了。要用时到电脑、网络上一查就知道了。但是电脑与网络不可能代替与发现创造性的思想理论。如果我们自己提不出创造性问题，电脑与网络再多、再强大也是白搭。

资料重要不重要？当然重要。写东西、作报告一定要言之有据，否则便是废话、空话。言之有据，并不等于通篇都是引文拼接，更不是要把引文当作掩盖自己空虚和无知的法宝。

但是,书要怎样读才能使自己头脑这个信息库丰富起来呢?像古代儒家那样提倡死记硬背,我不赞成。这个办法过去或许可行,现在不行了。现在一本书经常是几十万字甚至上百万字,如何办呢?警句、箴言一定要背。我主张读完一本书,一定要能正确、系统地复述出本书的论点、论据来,不能做到这点,便不能说此书已经读过了。

所以当人们面对知识无限、个人的能力和精力有限的矛盾,不必悲观。恰恰相反,这个矛盾正好是提高个人、发展个人的大好机遇。问题在于选准方向、选好起步点。不要东一榔头、西一棒子。而是要不怕眼前的得失,埋头苦干,不达目的决不罢休。人们常问:为什么20世纪三四十年代的中国内外交困,却出了一批一代宗师式的学者,后来国内形势好转了,好景却没有能继续,为什么?我看最主要的一条便是为真理而献身的精神少了点。

闵:一个和前面有联系的问题是:尽管我们在现实与虚拟世界中都面对着无限的信息、知识等,但是人们却常常发现真正自己想要的信息、知识、智慧即那些有价值、创新性的东西仍然十分稀缺、十分有限,更何况还有无限的"垃圾信息"在干扰;此外,无限的、越来越多、越来越快的信息,对一个人来说并不一定有积极的意义,也并不等于为更好地理解有限的问题、进行有限与有效的思考和沟通创造了条件。

朱:无论信息或知识,人们直接需要的总是有限的。因为信息和知识都是相对于我们的特殊目的而言的。例如,我们到天安门广场上去找人,我注意的当然是"那个人",广场上别的景物我便不很注意了。有时往往会视而不见,即虽然看到了,但在我脑海中却没有留下任何印象。事后别人要追问我在广场上看到了什么,我苦苦地想,有的能够回忆起一点模糊印象,有的什么也想不起来。这就说明人们对信息的需求是有选择的,并不是盲目地有什么就接受什么。这种选择的余地因为网络的出现就大大增加了。正因为如此,选择的困难也加大了。这就是为什么科技越发展,人们对学习的要求就越高。因为没有充分的知识储备,你就很难明确自己的要求是什么,不知如何去选择有用的信息,如何去排除无用的甚至有害的信息。

不过善于使用杂乱信息的人,也可能从大量涌来的杂乱信息中捕捉事先没有估计到的新的启示,找到一点新的问题和解决这些新问题的新办法。至于说到有人怀有恶意目的,有意制造混乱,有的是认识问题,有的是社会问题,便不是我们这样的讨论能解决的了。本来人有能动性是好的,但是如果人们不能善用这种能动性，好事就有可能变成坏事。这就是目前新的社会问题。

我国近几十年的教育一直存在一个倾向，即重视理工、轻文史。由此造成的恶果是十分严重的。理工当然十分重要，一个国家、一个民族科学技术上不去、经济便上不去，便会成为世界潮流的落伍者、便会挨打。但是科学技术怎么能上去呢？就要有点精神。所谓精神者，即做人的根本道理，这就是我们要大力提倡“两弹一星精神”的原因。

这些可能说远了，总之，人应该支配电脑、网络，支配科技，而不是相反。千万不要以为科技的知识是高深的学问、最难学；而做人的学问是最容易的，不学便会。如果这样想、这样行，就是我们社会的悲哀。

闵：其实不论是东方还是西方，都有面对无限的智慧。庄子说过：“吾生也有涯，而知也无涯，以有涯随无涯，殆已。”黑格尔要人们学会“限制自己”。有意思的是现在网络化、数字化时代的专家们如美国《连线》杂志创始人凯文·凯利(Kevin Kelly)就认为“无限对世界是好的，它为每个人创造机会、选择和可能性。但无限对个人是坏事，它会耗尽你”。他的态度是“支持外部世界的无限化，但自己选择一种有限的生存方式”。时下最时髦的推特 CEO 埃文·威廉斯(Evan Williams)则发现最初设计用来处理有限信息的网络服务与工具，却面临着处理无限量的信息。所以他“希望推特成为无限信息量的矫正手段，而不是成为无限信息的组成部分”。我想这些考虑、担心与忠告都是值得深思的。

朱：庄子、黑格尔和凯文·凯利三个人的话，虽然有某种相通之处，但差别甚大。特别是黑格尔，他是用积极的态度来对待有限和无限的矛盾的。黑格尔是想劝人们不要想入非非，什么都想干，结果什么也学不好；一定要专于一门，才能触类旁通。庄子的说法悲观了点。其实，知也无涯，并不是生也有涯的消极阻力。相反地，它是推动“生也有涯”不断前进的积极动力。大家可以想想，如果人生一年或十年便能穷尽天下之所知，那生活还有什么意义呢？过去我曾开玩笑地跟学生说，人是最愚蠢的，他专给自己找麻烦。作为一种自然动物，自然直接提供他的足以维持自身的生存和发展了。但是，他不满足，他要自己来生产自然提供不了的生活必需品。结果把原来仅仅是有限的生理的需要变成了创造新的不满足的过程。从这种有涯走向无涯，恰恰是人所以能超越自然走向文明的关键之所在。

我认为凯文·凯特的说法包含着双重的错误。即他不仅把有限与无限对立起来，而且把外部世界和内部世界也对立了起来。

所谓外部世界的无限化,将会耗尽你一说,粗略地说,便会把外部世界和内部世界对立起来。细说起来,更是一团混乱了。外部世界的无限化,都是在人类"有限的生存方式"中建立起来的。一只猴子生活在原始森林中,饿了便摘树上的果子吃。它没有想过,在吃掉成熟的果子时,要把种子留下来,使它再生产出新的果树来,以便为它提供更多、更好吃的果实。它只看到今天,没有想到明天,所以它与外部世界打交道时,永远是个体与个体的关系。只有人的存在方式中,才发生了主体和客体的二重化,人才走上文明发展的道路。而且随着文明的发展,主体和客体的二重化越来越广泛深入。大家可以想想,网络化到来以后和以前,人对自身和外部世界的二重化到底是越来越广泛深入,还是相反呢?当然是广泛深入了。这是进步还是倒退呢?当然是进步。

人们往往习惯于按经验主义的思维方式来对待外部世界。他们以为外部世界是一个不变的"常数"。人类认识的最终目标就是要把握这个不变的常数。但是,这种看法是误解。第一,一切真实存在的东西都是在与他物的相互作用中存在的,即是在这种或那种关系中获得自己存在的规定性。绝对孤立没有任何关系的存在,即是没有任何规定性的存在,确切地说,便是不存在。第二,所谓先于认识的原貌,只是一种先验主义的幻想。我们怎么能认识外物在被我们认识以前是什么样的呢?现在通常的说法是实践能证明这点,即在实践中人们复制了原物,证明人的认识符合该物的原貌。其实,这种符合说只是说明我们已有的认识不完全是主观自生的,具有某种客观性。至于是不是该物在被认识以前的原貌,还有待于进一步去证明。例如人参的人工培植成功了,而且在实验中对它的化学分析,也表明与野人参的成分是一致的。但是在药物使用中,人们却发现两者的区别太大了。这说明我们对人参的认识始终是相对的,更重要的是:人类认识的本质不在于重复对象的原貌,而是要把握由旧物过渡到新物的可能性与必然性。但是,这种可能性和必然性何在?最初便来自于由感性到理性的过渡。例如从诸多个别中舍弃了它们各自的特点,汲取其共同之处。这样认识便由个别上升到了一般,从有限上升到无限。我认为,农耕和畜牧时代,指导人们实践的认识,大体上便如此。到了现代大工业时代,情况便不同了。人们对外部世界的认识深入了,改造也深入了。在古代,人工的生产物,不仅在外形上与原物差不多,而且在品格上也差不多,即种瓜得瓜,种豆得豆。但在大工业时代,情况便完全变了,人工的产品基本上是自然生产不了的,所以人的认识当然也远远超出了直观,理论的作用则越来越大。

至于说到今天这个网络化、数字化时代,除了宏观世界和微观世界外,人基本是在自己创造的世界打交道了。一贯以为“眼见为实”的经验主义思想方式不行了。不管我们愿意不愿意,我们都已生活在虚拟化、数字化的时代。虚拟化、数字化的技术,一方面把外部世界有限化,例如,在经验世界中,我们与纽约和北京的距离是完全不同的。但是,虚拟世界这种不同完全可以略而不计。你拿起电话来拨北京或纽约,感觉不到有什么差别,都是随拨随通,在网络上更是如此,原来很复杂的事,在虚拟的世界中,一切都是十分简单。反之,这一切简单的事,你真想具体了解,原来却十分复杂。在这个有限的时空中,包含了无限复杂的内容。

总之,我主张有限与无限、个别与一般等是不能分割的,它们是矛盾统一的。所以我不赞成凯文·凯利的提法。人从事什么职业,可能个人有点选择余地。但是人作为人的存在方式,个人没有选择的余地。人生为人,便只能走理想与现实、有限与无限矛盾统一体的道路,除非他放弃作为人的存在方式。个人的生活,从现实性上,永远是有限的活动。但正是这种有限的活动,他把自己提升成了无限的存在者。同时也使他的生产物成为无限的存在者。人正是从他的有限活动中不仅超越了自然,而且超越了他自身。

关于处理有限信息的网络,会不会面临无限信息的冲击?我看是必然的。但这类矛盾,从性质上看,它们可分为两类:一类由社会上道德失范所引起的,例如坑蒙拐骗、欺诈盗窃、淫秽色情等信息,都可能由网络的出现而泛滥起来。但这不是网络发展必然要出现的。另一类是由于网络功能的不断提高而必然要出现的。应分别对待,认真处理。

闵:我感觉在一个数字化、网络化的世界,当人们面对“无限”的信息、知识时,“好奇心”似乎也发生着微妙的变化:人们面对有限的好奇心(比如100种新书或新衣服),与面对无限的好奇心(比如几万、几百万种新书或新衣服)的感觉就是不一样的;另外,主动的好奇心与被动的好奇心也是有区别的。说得通俗一点,就是现在不仅引发人们好奇的东西层出不穷、数不胜数,而且你不想好奇的被动好奇也难以避免。举个最简单的例子,现在人一打开电脑、网页,噼里啪啦不知道要“弹出”“飞出”或“闪出”多少提示、广告以及让你体验的N多种东西。虽然举例不一定恰当,但是我想说明好奇心面对着新环境与新问题,不知道您是否同意这种看法。当然,我还是从常识与经验的角度提出问题的。

朱:好奇心在人类实践和认识的发展中占有很重要的地位。古希腊哲学家亚里士多德曾经说过:“不论现在,还是最初,人都是由于好奇心而开始哲学思考,开始时对身边所不懂得的东西感到奇怪,继而逐步前进,而对更重大的事情发生疑问。”但是,你在这里所提的问题,远远超出了认识论的范围,更多的是个社会问题。作为一个社会问题,其复杂性当然远远超过了认识问题。因为,这涉及社会的多个方面,而我们自己的生活圈子却很有限,有很多情况是我们没有能力说明的,只能说有待于我们今后去研究。所以,下面的讨论主要是从认识论的角度出发的。

亚里士多德在肯定好奇心在认识发展中的重要作用时,提出了一个十分重要的观点,即好奇心在认识发展中的重要性就在于它对知识的追求,不是为了某种实用的目的而求知,而是为了知而求知。“正如我们把一个为自己,并不为他人而存在的人称为自由人一样,在各种科学中唯有这种科学才是自由的,只有它才仅是为自身而存在”才是真正的智慧。

我认为亚里士多德的这个观点十分重要。人对外部世界的认识是从实用中发展起来的。但是认识之所以能够服务于实践又指导实践,恰恰就是因为人的认识有它超越实践的一面,即有其为知识而知识的一面。正是这种为知识而知识,为真理而真理的精神,使继承了希腊文明的欧洲科学长期处在世界科学发展的最前列。

但是,有相当长的一段时间我们把这种精神当作脱离实际的有害倾向,反复加以批判,其后果之一是使我国和世界先进水平的距离越拉越大。其实,为实用而求知与为知识而求知并不是对立的。没有为知识而求知,知识便不可能超越自身而指导实践。相反地,没有为实用而求知的成功,人们也不会有条件去追求为知而知的智慧。也就是说,为知而求知与为实用而求知,两者是矛盾统一的。两千年前的亚里士多德对此尚且有所觉悟,而今天的我们对此却一无所悟,岂不可笑、可怜?

确切点说,好奇心在认识的历史发展中,作用必然是一天比一天大。例如,在经验主义的思维方式中,人们相信凡是在思维中的,没有不是在经验中的。在这里好奇心还没有多少非常突出的地位。到了现代,科学越来越发达,往往一个理论上的突破,便能引起经验世界中的一系列巨变。所以,人们如果耐心地查一查当代一些科学巨匠的论著,一定会发现有很多关于好奇心的论述。由此可见,好奇心并不是一种天赋能力,而是历史发展的产物。

在数字化和网络化的世界,是不是引发了人们更多的好奇心?我想是的。理论上的原因就是上面所说的,理性思维越发达,好奇心在认识发展中的作用便越大。如果说传统的知识的发展是积累式的,那么现代知识的发展就是跳跃式的。

因为现代的知识发展似乎根本不必经由感性经验的积累，只要在纯思维的运算和综合中，我们便达到了对新世界的认识了。这是因为知识是对外部世界必然性的认识。所以只要我们对客观必然性的认识越充分，对客观世界的认识就越深刻。正因为如此，理性思维的发展提出的挑战性问题也就越来越多。这就是为什么引起人们好奇的问题越来越多。

闵：说到人们的好奇心，不知道您是否认同它在很大程度上是由眼睛引起的。亚里士多德就有“看之操心”的思想。不过海德格尔对人们的许多好奇心却评价不高，说它是“处处在，处处不在”。我理解他作为哲学家实际上是在批评人们的肤浅，批评一种仅仅停留在感觉层面而丧失了升华到理性思考与反思层面的好奇心。这种好奇心在当下是不是越来越普遍和突出了？

朱：我这里暂时不来分析海德格尔的看法。只想就好奇心问题再补充一点意见。好奇心之为好奇心，都不可能是感觉经验中的问题，而是理性思维中的问题。不过它们仍然可能有深有浅。所以上面我们提出，好奇心问题的出现要有一定的认识为基础和前提。或者说好奇心是思维在加工感性材料的过程中发展的问题。有的东西丢到水里便沉下去了，有的则浮在水面上。这是为什么呢？近看是方形的一根柱子，远看却是圆的，这又是为什么呢？从这些例子中都可以看到，离开了思维活动，便不会产生“为什么”。

历史上会有人认为视觉在产生好奇心中的作用特别大，这是因为传统的经验主义思维方式造成的错觉。以往有一种说法：眼见为实，耳听是虚。这无非是说眼睛和对象直接打交道了，所以一定可靠。听觉不一定是和对象直接打交道，所以不一定可靠，这是典型经验主义观点。它特别重视视觉在认识中的作用，亚里士多德便有类似的观点。他说：在所有感觉中，视觉最能帮助我们认识事物并揭示事物之间的差别。但是由此便断定视觉在好奇心的产生中作用特别大，是难以成立的。

至于说到海德格尔及现代社会生活中的追求新奇的问题，讨论的便不是认识论的问题，而是社会问题。不过我不想多谈了。我只想说一个结论：在社会生活中追求新奇，并不一定都是进步的表现，也许是堕落的表现。因为，这不能仅仅用事实判断的尺度来衡量，还要用价值判断的尺度来衡量。

闵：倒退十几年，我曾杞人忧天地担心过在无限的、信息的海洋中谁会为我们检索？但谷歌、百度一类的搜索引擎的出现，正在实现着智能化的、定制式的搜索。我发现面对海量信息、面对无限，技术在人的引导下，在不断地创造出新的解决办法。人们将获得像凯文·凯利希望的“低成本甚至无成本地持续获得自己喜欢的东西,获得自己都不知道自己会喜欢却通过某种机制获得了自己该喜欢的东西。”这话说得也有点绕,但我觉得这种愿景、这种正在或即将发生的现实,是具有革命性的。技术智能化与人性化的可能与边界,就像被追逐的地平线一样在不断地向前推移。当然它也在改变着人们面对有限与无限时的认识与实践。

朱:我和你一样,我也相信技术智能化和人性化的可能性与边界是不会穷尽的,一定会不断前进。而且这种进步一定会越来越快。人类必须树立这样的信心。例如,今天网络的发展产生了很多新的社会问题。欺骗、盗窃、贪污等手段比以往“高明”多了。但是,人们绝不会因为这些困难便停止不前了。恰恰相反,这些困难一定会激励人们更加努力,用更新的技术来解决这些困难。因为这些困难既然是在前进过程中产生出来的,那么,当然也就意味着克服这些困难的条件也正在形成和成熟。这便是人类在前进中所形成的困难与自然界自身发展中形成的困难之间的根本不同之所在。要发展,就不可能不遇到困难。我们甚至说过,人类永远只能在二律背反中前进。我十分赞赏狄德罗和恩格斯说过的一段类似的话语:思维是地球上最美丽的花朵。物质虽然在某个时候一定以铁的必然性在地球上毁灭自己最高的精华——思维着的精神,而在另外的某个地方和另外的某个时候,一定又会以同样的铁的必然性把它重新产生出来。

这次就说这些了,肯定有些问题没有说透,有些问题可能说错了。不管对错有多少,讨论总是有好处的。人们常说人类存在的最主要的特点是:他永远是其所不是,而不是其所是。这说明人是要不断改造、不断学习的。人生活一天,便得学习一天。为什么人会形成这样的特点呢?这是因为人与其他自然物不同,其生存和发展不是直接依赖于自然,主要是依赖于自己的生产。生产真正使由自然中走出来的人变成了人,并具有不同于自然动物的两个特点:第一,他使满足生理需要的有限需求,变成了社会需要的无限需求。在这方面最突出的例子如饮食。对自然动物而言那是为了活命的饮食,所以它的需求是有限的;人却把它变成一种社会礼仪文化,变成了没有最后满足的无限需求,同时这种无限性不仅表现在量上,而且表现在质上。第二,由此,他使满足需求的过程变成新的不满足的起点。所以,既然人永远在改造着自己,那么就必须使自己永远努力学习。谢谢你启发我想了一些问题。

闵:通过和您对话,我也联想起一个一直想发点议论的话题:哲学家有什么用?

看来，他的作用之一不仅在提供着某种“有价值的头脑训练”，而且在提供一种更加开阔、更加深入与辩证的思考和视野，一种历史观与逻辑。显然，在数字化、网络化时代，有限的我、有限的人生是越来越丰富多彩了。在某种意义上我们有限的认识与实践活动，不仅在数量上，而且在质量上都融入并“链接”着无限了。有限的人生可以无限精彩，有限的智慧也可以无限地传承。当然，我们自身学习与提升的空间显然是更大了，也更迫切了。

我没有想到提的几个并不怎么成熟与连贯的问题，却引发了您那么多思考，并阐发了很多深刻与精彩的思想。我觉得您对有限与无限问题的见解与阐释，包括对某些观点的批评，对我是很有教益的。因为它完全超出了经验主义与技术层面的理解与想象。由此我也感到，无论是面对现实的世界还是在虚拟世界的有限与无限，我们都更需要学会鉴别、选择和思考。作为学生，更需要得到优秀导师的点拨。当然，如果在网络虚拟环境中，通过技术的手段，也能涌现出某种智慧与良知兼备的“导师”，那么将使现实中有限的优质教师及智力资源得到补充。我想热心的读者一定会从您的论述中得到启示。谢谢您！

论虚拟人群的叛逆性行为*

◆ 顾理平

随着网络的快速扩张，虚拟人群正在呈现快速增长的态势。生存于网络世界的虚拟人群表现出了其与现实世界迥异的叛逆行为特点。而这种产生于虚拟世界的叛逆性，也会对现实世界带来深刻影响。

一、虚拟人群的形成

当网络刚刚出现在我们的生活中时，人们仅是把它视作一种信息传输的工具。确实，网络产生并迅速发展的重要原因，就是其在信息传输过程中体现出来的双向互动、即时快捷等这样一些传统媒体无法具备的信息传输优势。但是，这些并不是网络的全部。当"给力"这样的网络词语成了《人民日报》头版头条的标题用语；当"人肉搜索"令一个个贪腐的官员失去了往日威风；当来自网络的语言攻击令现实生活中的某人精神崩溃时……人们发现网络并不仅仅是传统意义上的简单的信息传输工具，而是一个虚拟的但又是丰富多彩的社会，而生存于这个社会中的虚拟人群，则通过其在虚拟社会中的言行，真切地干预着现实社会。

本文所指的虚拟人群，是指在网络环境中进行信息互动传输的人群。虚拟代表着这个人群的聚集样式是借助网络"分散而聚居着"。他们并没有像传统人群那样，借助可触可摸的形式聚集在一起。由于聚集方式是虚拟样式，因此这个人群呈现出散漫、密集、非理性等特点。其聚集需要借助网络完成，因此，这个人

---

* 原载于《现代传播》2011 年第 8 期。

群对现代信息技术有较强的使用能力。一般可以这样理解，一个个独立的网民因某种原因而聚集成为一个虚拟人群，当然，虚拟人群背后是由实体人群支撑的，只要时机成熟或出于某种需要，虚拟人群也可能变成实体人群，并且这种转变由于有之前组成虚拟人群时的交流沟通以及网络的即时召集特征呈现出更快的聚集速度。

就如现实生活中的人们需要借助相应的社区建立互动关系从而形成人群一样，虚拟人群也必须在网络上借助“社区”活动建立联系，传输信息，从而产生干涉现实世界的力量。我们暂且不去探讨具有哪些现实身份的人在网络上游荡，只是关心他们在哪些社区进行什么样的活动。在网络世界，容易形成虚拟人群的平台主要有 QQ 群、贴吧、BBS、天涯社区、猫扑网、人人网、各类新闻网站等，人们可以在这样一些私人或公开的平台上讨论问题、发表意见、传递信息，形成“活动的存在”。从网络社区本身的发展看，供虚拟人群活动的网络社区存在着从单功能到多功能、从影响力微不足道到一呼百应的发展过程。而在这种不同社区活动的人们，也基于共同的兴趣、爱好而聚居在一起议论风生甚至商讨国计民生。

在媒介融合的大背景下，人和媒体的融合程度也得到了极大的提升。许多具有较强“参政议政”能力的受众因为媒介融合而从仅对传统媒介关注，进而成为网民中的中坚力量。他们的加入，使虚拟人群不仅数量上有了较大拓展，而且干预生活的能力也有了较大的提升。

二、虚拟人群的叛逆性

也许是习惯了在传统媒体上看到的那种中规中矩的信息，当我们关注网络中的信息时，我们发现整个虚拟世界充满着叛逆的气息——尽管在某些时候某些社区，网络也会表现出与传统媒体并无二致的特征。正是这种叛逆性，使网络得到颇多诟病，换句话说，也许正是这种叛逆性，使网络具有特立独行的存在价值。

(一)舆论绑架

舆论绑架的最初动因，就是网民抓住报道对象极富争议的言行，诱导受众卷入讨论，进而将报道对象置于类似于“被绑架”的地步。在网络这个虚拟世界，话题永远是吸引人们关注的核心要素。有了话题,就有人围观,就有人参与话题,瞬间就会形成虚拟人群。而话题的敏感度则是吸引受众人数多寡的关键。在"为党讲话还是为百姓讲话""经济越发展河水就越黑"等话题引发的事件中,网民们关注的正是最容易引发议论的刺激性话语。一般认为,舆论绑架,始于网络媒体,随着传统媒体和新媒体的融合,前者也不可避免地介入到舆论绑架之中。在诸多的舆论绑架案件中,万科的"捐款门"是其中比较有代表性的一例。2008年"5·12汶川地震"发生当日,万科最早捐出220万善款。但这个数目不久便遭到网民质疑。网民认为万科仅在2007年销售额就超过523亿,净利超过48亿,220万的捐款显然过于"吝啬"。王石和万科的道德水准受到严重质疑。无奈之下,万科最终被迫再捐出1亿以平息事态。而最新的例子则无疑是"钱云会案"。2010年12月25日,浙江省温州市乐清市蒲岐镇发生一起交通事故,寨桥村前村主任钱云会被费良玉驾驶的一辆超载重型工程车压死。由于钱云会此前一直在代表村民与当地政府交涉补偿款,因此当地村民认为钱云会之死为有人(单位)在"买凶灭口"。此事经网络传播和传统媒体报道后,产生了极大的社会影响,网络上更是几乎一致地将讨伐对象指向当地政府,后在公安部门提供严密的证据,肇事司机获刑后,事件才得以平息。一起普通的交通事故之所以会引起如此大的反响,网络从一开始就"绑架舆论"显然是主要的触发因素。

舆论绑架不同于舆论监督。舆论监督是以社会主流的法律和道德标准为依据,将被监督对象的失范言行加以曝光,以期消除社会的丑恶现象,实现公平正义的社会目标。而舆论绑架也许在某些事件中也会有类似的效应,但在更多的时候,只是网民借助虚拟人群的强大舆论力量,采用类似断章取义的方式,将报道对象置于道德乃至法律的困境之中。

(二)人格伤害

也许没有哪一个途径比网络更容易对公民的人格造成快速的、严重的伤害了。网络的虚拟性,使众多的发言者在网络上表达意见时口无遮拦。即使那些在现实生活中彬彬有礼的正人君子,也免不了会在网上"撒一把野"。

从法律角度讲,人格权指公民享受权利和履行义务的资格,这主要包括公民的名誉权、隐私权、肖像权、姓名权等。中国公民的人格权曾经在相当长的时间内被忽视、被践踏,但是,人们也从来没有放弃对这种权利的保护。且不谈被中国人视若性命的“名誉”，即使是曾长期受冷遇的隐私，也因为人们自我意识的不断觉醒而备受人们的关注保护。与现实世界形成鲜明对照的是网络对公民人格权的肆意伤害。这些伤害，轻则令当事人饱受精神痛苦，重则构成违法犯罪，形成对法律规范的挑战。

虚拟人群对公民人格权的伤害主要表现为两种情况。一是侵害公民的名誉。主要通过污辱或诽谤行为来实现。污辱行为，即用语言或文字对当事人的名誉进行贬低或损害。由于网络传输信息时无人把关，因此，充满敌意的、低级庸俗的谩骂甚至诅咒行为在网络上随处可见。在许多时候，一些因某个网络事件而聚集在一起的网民在毫不知情或偏听偏信之后，便会以污辱性的言语来不加控制地表达自己的情绪。诽谤行为，即故意捏造或散布虚假的事实以毁损他人的名誉。不少网民觉得在网上发言无须承担什么责任，所以不惜捏造事实或仅凭道听途说就在网上发布信息、宣泄情绪，对当事人造成伤害。二是侵害公民的隐私。主要通过发布公民的隐私信息，造成对当事人的伤害。虚拟人群在这个过程中的最大问题是他们可以通过聚集的人群而使隐私快速传播，从而使对当事人侵害程度因知晓人数的不断增加而加深。隐私是指公民生活中不愿为他人所知晓的、纯属个人的信息。这些信息与社会公共利益无关，由当事人控制，受法律保护。但是，有一些网民基于各不相同的缘由，将其他公民隐私如生理特征、个人癖好、存款数目、手机号码、家庭住址等发布于网上，令当事人倍感痛苦或在现实生活中遭遇骚扰。与名誉侵权主要是散布虚假的贬低性信息不同，隐私侵权主要以散布真正的隐私信息为主要特征，所以隐私主体往往会倍感痛苦且无能为力。

(三)负面情绪

即使在现实生活中，人们也会时不时地受到负面情绪的伤害，更何况在缺少监控的网络世界。令人担忧的是，在网络世界，人们负面情绪的发泄已达到了无所顾忌的程度。这些负面情绪首先表现为对他人随心所欲的攻击伤害，具体的表现方式是网络暴力。在现实世界中，曾经多次发生过“流言杀人”的悲剧。如果说现实世界中流言的传播因为当事人有所忌惮而尚有收敛的话，虚拟的网络世界则处于完全失控的状态。现实世界中流言的传播虽然也需要借助人群，进行人际传播，但更多表现出的是个体色彩，即传播过程中个体的影响力更大。而在网络世界，网络暴力语言体现得更多的是“集团优势”，即借助虚拟人群的人多势众，在某个触发因素影响下,集中进行发泄,并且,这种发泄因为相互传染激发而不断极端化。面对素不相识的评论对象,一些网民一上来就破口大骂,无所不用其极,这些网络暴力语言严重的会侵犯如前所述的公民的人格权,更多的则严重污染网络环境。调查表明,青少年是网民群体中的主要组成部分,他们或者尚缺少良好的是非分辨能力,有的人生观价值观尚处于成长期,长期耳濡目染不良的网络语言,一定会在现实生活中产生不良影响,换句话说,网络中的非道德语言环境,不可避免地会在现实生活中产生非道德影响。

网络世界的负面情绪其次表现为非理性的厌世倾向。心理学的研究表明,人们的情绪是会受到彼此影响的。置身于欢庆队伍的行列中,很少有人会独立地表现出忧伤的情绪,与此相对应,在悲伤的场合,单个人快乐的情绪也无法长久。网民们叛逆性的行为特点注定了他们很少会与他人分享快乐——事实上,如果有快乐的事想同陌生的网民分享,获得的更多的是"拍砖"而不是共庆,只有忧愁才会在虚拟人群中获得更多的共鸣。而这种共鸣的结果,往往会令感伤弥漫散发,忧伤人群扩大,甚至会因为忧伤情绪的彼此传染而令厌世情绪产生并扩大。

网络的负面情绪还表现为反社会倾向,虽然说像新疆"7·5 事件"那样,通过网络联络具有反社会倾向的人在现实生活中从事反社会行为的极端事例还不多见,但在网络上传递反社会情绪的言行却并不少见。事实上基于各种原因聚集于网络的虚拟人群,一旦有反社会倾向产生,就很容易发酵,并在个别希望在人群中脱颖而出的人的刻意引导下,产生更大的现实影响,一些人为了达到轰动效应,会发表失实的反社会信息;一些人为了成为意见领袖,会发表反社会言论;一些人为了达到个人目的,会组织反社会行为。任何一个社会都会有不完善之处,都会有需要改进的地方,一个有社会责任感的人在面对非根本性、制度性的不足时,他所要做的不是扬弃,而是革新。一味的扬弃只会令社会陷于无尽的动荡,而社会进步中的革新却会令社会不断完善与进步。虚拟人群在虚拟世界中时不时地会表现出的极度的扬弃欲,是值得关注的。

三、虚拟人群叛逆性原因分析

对人群特征的分析是一件比较困难的事,这种困难首先表现在人群形成的复杂性上。人群形成可能是基于偶集的原因,也可能是基于某种明确的预期,如对某个突发事件的随机围观，为讨论某一问题而组织的集会或会议。且不说偶集人群，即便是基于某种预期形成的人群，也存在较大的变数，至于虚拟人群，其形成的原因更具有极大的偶然性，所以，对其特征分析就难于做到精确，但是，这不应该成为我们不讨论虚拟人群叛逆性特征的理由。

(一)宽松环境下的人性放纵

法国学者古斯塔夫·勒庞认为，一切精神结构都包含着各种性格的可能性，环境突变将使这种可能性表现出来。"群体在智力上总是低于孤立的个人，但是从感情及其激起的行动这个角度看，群体可以比个人表现得更好或更差，这全看环境如何。"由于环境的变迁，平时"举止温和的开明公民""结成一个群体时，都毫不犹豫地听命于最野蛮的提议"①。在网络世界活跃着的，绝大多数是现实生活中"举止温和的开明公民"，在现实世界中，慑于(或习惯于)道德或法律的约束，他们举止有礼，言谈得体，扮演着现代文明人的角色，而在网络世界，曾受到的约束忽然似乎不再存在，于是，某些潜存的劣根性便奔涌而出——尤其是当他们"结成一个群体时"。

网络的虚拟环境极易给人造成一种假象——这是一个极度自由的世界，在这个世界里，人们可以自由地、不受约束地做一切事。这样的环境变化，会让人对自我约束一下子放松下来。网络不仅虚拟了一个人群聚集的世界，也虚拟了一个法律和道德的真空。当一个人从处处该谨小慎微的现实世界进入可以无所顾忌的虚拟世界后，一切压抑都得以释放——毫无节制和原则的释放。

(二)偶集群体的非理性行为

人们都有这样的体验，个人独处时，非理性行为往往不太容易产生，因为孤独的个体面对其叛逆的任何对象，都不可避免地会产生势单力薄之感，这会抑制冲动行为的发生。而在人群聚集时，彼此的渲染、鼓劲、打气，会令人热血沸腾、信心爆棚，容易产生非理性行为。古斯塔夫·勒庞认为，"进入了群体的个人，在'集体潜意识'机制的作用下，在心理上会产生一种本质性的变化。就像'动物、痴呆、幼儿和原始人'一样，这样的个人会不由自主地失去自我意识，完全变成另一种智力水平十分低下的生物。"他们会表现出明显的从众心理，即古斯塔夫·勒庞称作的"群体精神统一性的心理学规律"。"这种精神统一性的倾向，造成了一些重要后果，如教条主义、偏执、人多势众不可战胜的感觉,以及责任意识的放弃。"[2]作为法国大革命的亲历者,他对发生在他身边的事件的观察体悟,加深了其人群理论的可信性。作为古斯塔夫·勒庞的忠实传承者,法国另一位学者塞奇·莫斯科维奇进一步发挥了勒庞的群体理论,他进一步认为"群体现象在世界各大洲正变得愈来愈明显",并且全球化的群氓时代正在到来。[3]当然,上述两位学者也认为对群体心理的认知和描述并没有反对民主。网络世界中虚拟人群的行为,正在佐证着两位法国学者的观点:群体聚集时,个体更容易失去自我,更容易将其身上非理性的动物性表现出来。美国学者则从另一个侧面提出了类似的观点"群仇未必就是暴力,但若面临的某些长期得不到解决的问题使人们趋于团结,若具体环境本身使得人们觉得使用暴力是一种合乎情理的反应,那么群仇就是孕育暴力的温床"[4]。而这里的"暴力",显然是非理性的集中表现。

现在我们需要关心的是,虚拟人群的非理性为何如此容易表达出来。经过对若干案例的分析我们认为,借助道德之名干预合法行为,是非理性行为得以肆意表达的主要原因。如前所述的舆论绑架、人格侵权等行为,无不是虚拟人群绑架着道德,干着非法的行为。但事实上,当道德不利于叛逆性情绪表达时,曾经的道德工具也是很快会被他们抛弃的。

(三)意见领袖的刻意推动

如果说在网络时代,我们还无法完全接受古斯塔夫·勒庞和塞奇·莫斯科维奇关于"群氓时代到来"的论断的话,另一个他们论述的人群——意见领袖却在网络时代产生着重要的影响。勒庞认为,"只要有一些生物聚集在一起,不管动物还是人,都会本能地让自己处在一个头领的统治之下",这个头领在人群中就是领袖。"当领袖们打算用理念和信念——例如利用现代的各种社会学说——影响群体的头脑时,他们借助的手段各有不同,其中三种手段最为重要,也十分明确,即断言法(做简洁有力的断言,不理睬任何推理和证据)、重复法(不断地重复断言并尽可能措辞不变)和传染法(重复的断言变成流行意见,启动传染过程)。"[5]这简直是对网络时代虚拟人群中意见领袖产生并发挥作用的绝妙预言。

任何一起重大的网络事件的产生,除了广大网民的踊跃参与外,意见领袖的推动功不可没。传统媒体时代意见领袖多由媒体精英承担,而网络时代的意见领袖更多体现的是非专业性、草根性的特点。他们对热点社会事务、公共话题、新推政策乃至社会现状的尖锐批评，对热点事件断章取义的关注，极易引发网络事件。他们推动事件的手法，无非也是断言法、重复法和传染法，而网络的特征性状又令这些意见领袖们自觉不自觉地将话题推向更加敏感，更加容易产生叛逆性的层面。在传播学界影响深远的议程设置理论也有类似的意思表达"通过日复一日的筛选与编排，编辑与新闻主管影响我们对当前什么是最重要的事件的认识。这种影响各种话题在公众议程上的显要性的能力被称作新闻媒介的议程设置作用"[⑥]。在网络世界，由于没有了编辑和新闻主管，那些意见领袖们就可以根据自己的需要，设置话题，引导舆论，产生网络事件。

结　语

虚拟人群的叛逆性行为特征，必然会给现实世界带来深刻的影响，任何对这种影响的轻视，都可能带来难于预计的后果。虚拟人群的叛逆性行为特征，与他们生存的现实世界密切相关，我们应该将探讨虚拟人群叛逆性问题的视野，放在现实世界和虚拟世界结合互动的层面，认真关注虚拟人群的形成及其行为特点，积极寻找化解他们叛逆性情绪行为的对策，为社会的健康发展创造更好的条件。

注释：

①②⑤　〔法〕古斯塔夫·勒庞：《乌合之众：大众心理研究》，冯克利译，中央编译出版社2004年版，第19、9—10、96—103页。

③　〔法〕塞奇·莫斯科维奇：《群氓的时代》，许列民等译，凤凰出版传媒集团，江苏人民出版社2006年版，第501—506页。

④　〔美〕杰克·D. 道格拉斯等：《越轨社会学概论》，张宁译，河北人民出版社1987年版，第275页。

⑥　〔美〕马克斯韦尔·麦库姆斯：《议程设置：大众媒介与舆论》，郭镇之、徐培喜译，北京大学出版社2008年版，第2页。

从平面化(2D)到立体化(3D)*

——对新媒体时代受众测量的思考

◆ 柯惠新 黄 可

受众与媒体的互动构成了传播活动存在的基础,因此,传播学研究和传媒实践常常从受众因素入手,来关注传播活动对人、对社会的影响。如何全面认识不同媒介形态的传播活动对文化、对社会的影响?如何精确测度媒体所覆盖的受众范围及其对受众产生的影响力?如何准确衡量受众对媒介信息的关注程度、使用情况及心理、行为的改变……受众研究的这些丰富命题形成了观照传播活动的多重视角。

今天,在媒介研究业界,对受众的关注及其衍生出的测量方法、规则和标准已成为维持媒介和广告市场良性运转的度量衡。相关研究多有两个层面的思路或切入角度:一是聚焦受众的媒介接触行为,包括媒介信息的覆盖范围,受众的关注程度、使用情况,媒介信息对受众认知、行为的影响等(如央视索福瑞、尼尔森等媒介市场研究公司的收视率和收听率调查);二是对受众群体结构性特征的关注,包括其人口统计特征、相关行为习惯等(如新生代的 CMMS 产品、IMI 的消费行为与生活形态调查)。前者从信息传播的起点出发,重点关注信息传播与受众之间的关系,而这种关系在不同媒体类型、传播方式影响下存在较大差异,直接影响到测量方法和指标的稳定性;后者则侧重对受众群体的描述,衡量指标相对简单和固定。

伴随信息技术的发展和人类传播活动的日益丰富,围绕受众研究的新话题、新观点层出不穷,相对而言,上述第二个层面的研究思路和方法相对稳定,而第一个层面则因媒介形态、受众心理、接触习惯等的差异存在许多值得关注的新议题。为此,本文将重点放在受众研究这一视角,探讨媒体形态差异对受众测量思路和指标

* 原载于《现代传播》2011 年第 10 期。

的影响,特别是以 Web2.0 为代表的新媒体技术给受众测量的思路、理念、方法和具体指标带来怎样的变化,从而为准确把握新媒体传播规律寻求最优路径。

一、传统媒介受众测量模式的特征及局限

精准有效地测量受众的媒介信息接收状况,既是传播学研究领域的重要议题,也是传媒业界关注的焦点之一。传播研究在 20 世纪 40—60 年代,提出了许多说明传播效果会受个人差异、社会范畴与人际关系等影响的研究结果[①],于是研究者开始将"受众"依据其性别、年龄、教育程度等区分成不同社会范畴,认为传播对不同群体的"受众"会产生不一致的效果。

实践当中也可以看到,以量化方式入手,探求受众群体的结构性规律、行为特征和社会文化内涵成为受众研究的基础和主要路径。

与此同时,受众测量理论及技术的先进程度成为体现媒介市场成熟度的重要标志,在媒介变迁当中,追求测量指标体系的规范化、权威化是业界不懈追求的目标。

三大传统媒体(电视、广播、报刊)经过多年的市场化发展,在受众测量方面积累了较丰富的经验,测量方法和技术也相对更为成熟,基本形成了一套业界认可的测量体系和运作机制。综合相关研究成果,本次研究将传统媒介类型主要测量指标整理比较如下:

表 1 传统媒体的主要受众测量指标

媒介类型	主要指标	指标含义
电视	到达率	一定时间段内的接触人数占覆盖总体的比例
	收视时长	一定时间段内人均收视时长
	收视率	平均单位时间的收视人数
广播	到达率	一定时间段内的接触人数占覆盖总体的比例
	收听时长	一定时间段内人均收听时长
	收听率	平均单位时间的收听人数
报刊	发行量	某期刊物的销售数量
	阅读率	某期阅读人数占覆盖总体的比例
	阅读时长	平均阅读时长

注:本表参考刘燕南、王兰柱、刘建鸣、郑维东、黄学平等研究者的相关成果[②]编制而成。

综析三大传统媒体的测量方法及指标可以看出,对于传统媒体的受众测量基本处于一个二维空间中,即由两个坐标轴(指标维度)限定了整体的测量范围,我们可以称之为平面化 2D 的测量模式(如图 1 所示)。2D 测量空间中的两个坐标轴(指标维度)分别为传播的“广度”和“深度”。其中,“广度”指媒介在潜在受众群中的影响范围,即媒介覆盖受众量的多寡,典型的测量指标为到达率、发行量、阅读率等。“深度”指受众接触媒介的程度,即受众接触媒介时间的长短,典型的测量指标为收看时长、收听时长,阅读时长等。

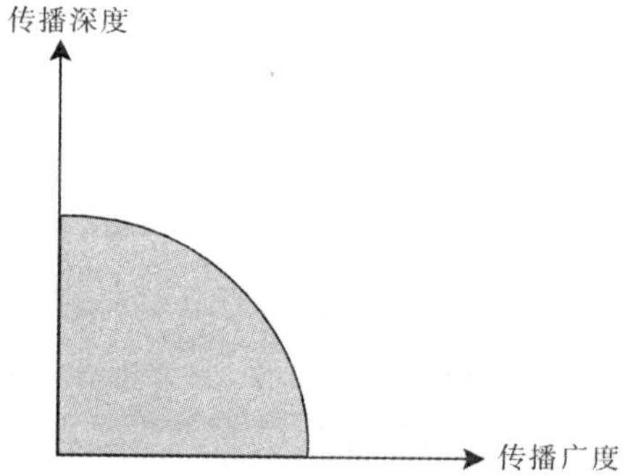

图 1　平面化 2D 测量模式

这样的指标能从两个维度提供关于受众特征的丰富信息,对媒介管理、传播策略、广告投放等有着重要价值。衡量某一媒体在媒介市场中的表现时,通常希望其覆盖到的受众越多越好,受众接触媒体的时间越长越好,即在 2D 测量空间中向纵深获得更大范围的扩张。

对于传统媒介市场影响更大的收视率、收听率等指标,其本质是指单位时间内所覆盖受众的范围,可以看作是传播广度和深度的综合体,如在单位时间内能覆盖到更多的受众就意味着更高的收视率和收听率。传统思路正是基于“受众接触越多对其影响就越大”的假设,在这样一个平面化的测量空间中评估媒体传播效果。所以,媒介市场往往可以使用一个综合性的指标(收听率、收视率)来评价节目和频道,更把其作为媒介市场的交换货币来使用。

步入新媒体时代,随着媒介形态的丰富、传播方式的创新,信息传播特征出现了颠覆性的变化,最突出的表现是传播中的“互动”得到强化,传受一体的趋势愈加明显,信息流通过程中的“去中心化”逐渐成为主流。在这样的发展趋势面前,应传统媒体传播方式而生的2D平面化受众测量模式也日益显得捉襟见肘和不合时宜，传统的衡量指标不仅难以全面有效地评估新媒体传播状况，对于媒体平台之间的比较研究也显得软弱无力。主要不足表现在：

（一）研究视野狭窄，在描摹新媒体传播的多变特征时有一定局限性

在传统媒体时代，通过衡量传播的深度和广度，2D的测量模式能较为全面地反映媒体传播状况，并通过收视率等综合性指标来导引媒介市场的竞争与进化。但对于新媒体而言，传播方式不再局限于“媒体传播、受众接受”的传统模式，而呈现出丰富、多变的特征，相应的测量方式更为复杂。特别是基于网络传播的多种传播形态，创造了多样的、复杂的信息流动模式，仅仅测量广度和深度已无法适应其特征。例如，SNS的网络化传播形态，不同于传统媒体的树状网络（如图2所示），信息传播网络的密度和张力实质上体现了传播者的社会资本，传受者之间的“关系”是信息流动建立的基础和效果达成的前提，因此如果在受众测量时缺少了对“关系”维度的衡量，必然无法做到精准，还可能带来较大的偏差。

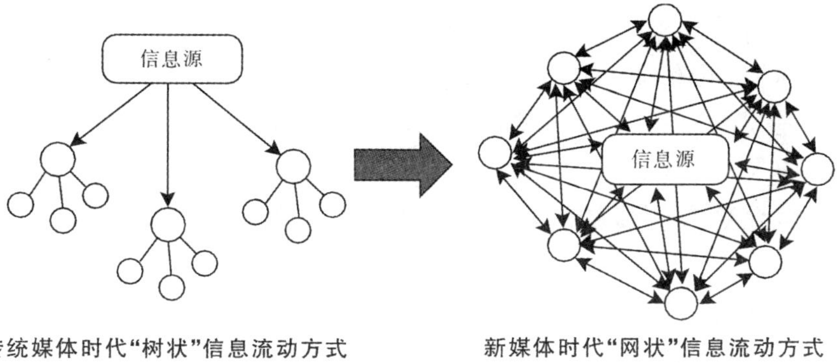

图2 新媒体时代信息流动方式的变化

（二）单向的测量模式，缺少对于“反馈”“互动”的观照

互动作为传播活动中参与者之间进行的意义交换与协商，其主要焦点在于符码与规则的制定者、使用者与建构者之间的传播与交换[③]。传统媒体的2D测量模式的建立并没有过多考虑受众的反馈环节，多为一种单向的受众测量模式。这样

的测量思路能适应传统媒体从媒体到受众的信息流动方式,但对于强调双向互动的新媒体传播则显得力不从心。例如,研究网络视频的传播时,不仅需要从传播的广度和深度分析视频节目的传播特征(即"点击量"和"观看时间"),也需要注意到受众的评论和转发等行为(即"评论数""评价得分"和"转发量"),来自网民的正面评论(或更高评分)往往是促进网络视频更广泛传播的动因之一,而好友之间的转帖推荐也能达到病毒式传播的效果。高度互动是新媒体传播的重要特征,恰恰也是 2D 测量模式较难适应的弱点之一。

(三)以简单描述传播行为替代效果研究,忽视了受众的能动性和差异性

传统媒体以"一对多"的方式进行传播,大众媒介被认为是信息传播过程中的主角,而"多、杂、散、匿"的受众常被看作是配角,所以信息由大众媒介流动至受众往往就被认为产生了传播效果。这既是 2D 测量模式的核心点,同时也是 2D 测量模式无法有效测量新媒体受众的根本原因所在。新媒体的传播形态赋予了受众更多的主动权,在一定条件下,受众可以以"自媒体"的角色,亲自操刀从采集、制作到传播的全过程,并有可能获得超越传统媒介机构的影响力。例如微博的传播,以粉丝量对比传统报刊的发行量,当个人获得成千上万名粉丝的关注时,微博在一定程度上就等同于一份有固定订户的杂志,并可以做到实时更新,其传播效力不可忽视。有鉴于此,新媒体环境下的受众测量必须将受众的能动性和差异性纳入测量体系。

二、媒介受众测量的思路转变:从平面化到立体化

当代媒体的一个重要特点是,传统媒体与新媒体之间的依存度和扩增性越来越强。类似语音视频上网这种媒体之间的协调关系成为新媒体市场范型和日益扩大化的全球化生产和营销生态的必要特征[④]。因此,传统媒体的 2D 受众测量模式在新媒体传播环境下已无法胜任,有必要在已有测量模式的基础上探索新的思路、方法和技术,以应对媒介市场发展带来的新挑战。就此,笔者提出建立一套立体化的媒介受众测量模式,称之为 3D 测量模式。如图 3 所示。

由 2D 模式到 3D 模式,最主要的是引入了一个新的测量维度——参与度。参与度主要用来衡量信息传播过程中受众的介入程度、与媒体的互动状况,以弥补研究媒体与受众关系时衡量信息双向传播程度的不足。二维空间中的传播广度和传

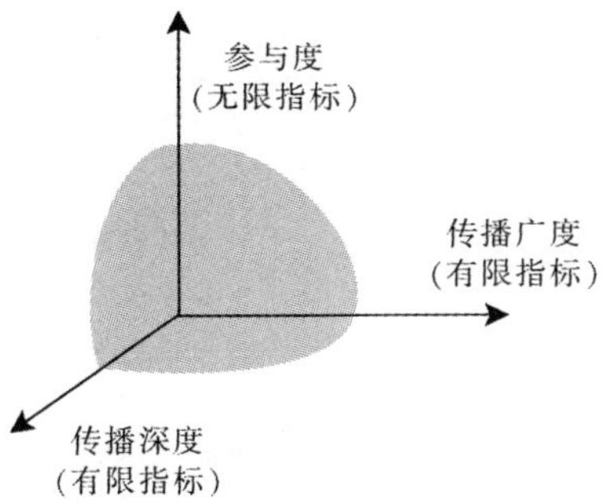

图3　立体化3D测量模式

播深度均是有限的测量维度,即指标对受众使用媒体程度的描述是有一定范围限定的,如传播广度的衡量区间为(0,媒体所有的潜在受众),传播深度的衡量区间为(0,测量期间涉及的时间段),相对而言,参与度却是无限的测量维度,不仅可以涵盖从态度、行为到心理等一系列子指标(具体内容因媒体类型的不同而存在差异),且具体指标的测量范围没有明确的界限,这样就使得整个3D测量模式具备了无限扩展的可能。

由2D测量模式过渡到3D模式,在媒介的受众测量内容和效能上将能获得较大的提升,具体表现在:

(一)测量维度增加、测量内容丰富,能够更贴切地刻画新媒体时代的媒介特征

由二维指标体系扩展到三维,将平面的测量模式立体化,大大扩展了测量空间,使受众测量可以容纳更丰富的内容,可以更全面地描述媒介、信息与受众之间的关系,特别是能适应新媒体传播类型多、变化快的特点。

以典型的媒介形态为例,可以为3D受众测量模式的指标体系做出构想。在传统媒介平台上,引入了更多受众反馈的内容;在以网络为代表的新媒体平台上,则从其传播特质出发,设定了更多指标(如表2所示)。

(二)在实践中具有良好的继承性与发展性

在3D测量模式中,2D模式中传播广度和深度的测量维度被保留,一方面,因为这两个维度体现了构成信息传播的最根本要素,也是媒介受众测量的基础;另一方面,保留以往的测量维度和指标有利于测量体系在发展中的平稳过渡,降低媒介

表 2 3D 受众测量模式的受众测量指标构想

媒介形态	3D 受众测量模式		
	传播广度	传播深度	参与度
电视	到达率	收视时长	针对频道或节目的电话/短信/邮件的互动量
广播	到达率	收听时长	针对频道或节目的电话/短信/邮件的互动量
报刊	发行量	阅读时长	针对板块或栏目的电话/短信/邮件的互动量
网络	浏览量	停留时间	发帖量、回复量、转发量、搜索量
手机	浏览量	停留时间	发帖量、回复量、转发量、搜索量
微博	浏览量	停留时间	评论量、转发量、粉丝数、搜索量
SNS	浏览量	停留时间	评论量、转发量、好友数、搜索量

市场切换测量指标体系时的成本。同时,3D 测量模式能兼顾传统媒体与新媒体的传播特性,更有利于跨媒体传播效果的对比评估。

(三)三维定位,综合评估更为精准,业界难题有望解决

2D 测量模式中传播的广度和深度是两个核心的衡量维度,而收视率/收听率则作为这两个维度的综合指标容纳了这两方面的信息。对于 3D 测量模式,不仅可以从三个主要维度分别对媒体进行测量和评估,同时也可以借助综合评价法、回归模型或路径分析等,构建类似于 2D 模式中的收视率/收听率之类的综合性指标,并作为新媒体市场中的交易通用货币。由于存在三个维度的限定和制约,这样的综合性指标包含了更丰富的内涵,能更精确地刻画媒体的状况,不仅可以有效地进行媒体间的对比,更在媒体定位、问题诊断和对策研究中起到积极的作用。这样,长期困扰业界的一个难题就有望得到解决:即,如何将传统数据(如收视率/收听率数据等)和网络数据(如网络视频数据等)对应并综合起来,得到新的通用货币,应用于新媒体环境下媒介市场和广告市场的测量。

三、总结

毫无疑问,在传统媒体的受众测量当中,收视率/收听率扮演了相当重要的角色,很大程度上促进了传统媒体市场和媒介行业的竞争与发展,但将这种能有效衡量传统媒体的综合性指标用于新媒体的测量时,却并没有取得预想的积极效果。许多尝试将收视率/收听率加之新媒体的做法常常无功而返,根本的原因就是这样

的移植往往是从传统媒体的测量出发，生搬硬套收视率的定义和公式，而忽视了新媒体的传播特性。所以，这也是有必要在新媒体大发展的背景之下建立一套新的媒体受众测量模式的根本原因所在。

当然，对于本文构想的媒介受众3D测量模式，目前仍停留在书面讨论和理论探索的阶段，距离实践应用和行业推广还有较长的一段距离，但这样的尝试却需要认真对待和积极推进，以配合新媒体的高速发展，支持媒介行业的良性运行。关于新媒体环境下媒介受众测量的研究，本文更多地是从模式框架的角度进行探索，后续研究应从具体媒介形态的3D指标应用、跨媒体平台的换算与对比等角度入手，此外，行业新标准的推广也是一个值得关注的话题。

注释：

① 〔美〕梅尔文·德弗勒、桑德拉·鲍尔·洛基奇：《大众传播学诸论》，杜力平译，新华出版社1990年版。

② 刘燕南：《电视收视率解析：调查、分析与应用》，北京广播学院出版社2000年版；刘建鸣、胡运芳：《收视率透视》，中国广播电视出版社2000年版；王兰柱、肖海峰、郑维东：《聚焦收视率》，北京广播学院出版社2002年版；郑维东：《电视节目市场评价方法研究》，《2003年中国电视收视年鉴》，北京广播学院出版社2003年版；王兰柱：《收视率调查应用手册》，中国传媒大学出版社2006年版；黄学平：《广播收听率：调查方法与应用》，中国传媒大学出版社2006年版；时统宇、申琳、吕强：《收视率导向研究》，四川出版集团2007年版。

③ 〔美〕费斯克等：《关键概念：传播与文化研究辞典(第二版)》，李彬译注，新华出版社2004年版，第141页。

④ 胡泳：《众声喧哗：网络时代的个人表达与公共讨论》，广西师范大学出版社2008年版，第78页。

论 IPTV 发展的传播学意义*

◆ 黄楚新

当今,以新一代数字技术、网络技术、信息技术为基础的 IPTV,作为世界高新技术发展的大趋势,正以锐不可当之势,给传播行业带来巨大而深刻的变革。传媒的根本性变革预示着新的社会结构,生活方式和文化价值的诞生,反过来又引起传媒自身的演变。

IPTV 在个人和社会生活中正起着日益重要的作用,并且正不断地改变我们的经济、政治组织和社会。正如让·鲍德里亚指出:“生活于一个伟大的变革中,这一变革也许和从封建主义向工业资本主义的变革一样重大,我们正忙于一个剧烈的转变过程——当我们进入这个媒介饱和的、电子计算机化了的、新技术和新话语的美好的新世界时,才刚刚开始了解这一转变过程。”① IPTV 这种新的传播媒体正从传播对象、传播特征等方面改变着传统的传播形态。

一、传播对象:由“观众”向“用户”的转变

IPTV 改变了受众的媒体消费习惯,颠覆了受众对特定媒介外形的固有印象,进一步扩大了受众权利,并影响受众的思维模式和生存方式,使媒体的接受对象由“观众”嬗变为“用户”。

技术是电视发展的重要推力。这种推动不仅仅是“物理的”,也是“化学的”。数字化时代带来的一个最大变化是媒介传统意义上服务对象的角色转变,即媒体

---

* 原载于《现代传播》2011 年第 11 期。

面对的不再是传统意义上的仅仅具有选择或者不选择权利的被动的受众，而是产生一种“用户型”(User)的全新受众模式。在传统电视结合网络而转变成 IPTV 的过程中，传播对象——观众，能根据自己的喜好、自己的时间来选择节目，主动权大大提升，从而从观众变为用户。所谓用户(user)就是信息消费上具有选择权、接近权、使用权，甚至表达权、创作权等一系列“权利”的人。

IPTV 的出现，改变了传播者与受众的地位，二者的角色正在融合。“用户”与“受众”的最大区别在于前者不再只是参与消费信息产品，他们还能够参与生产与传播信息。Web2.0 改变了媒介的生态环境，最重要的特点就是以用户为中心，充分激发用户的主动性，发挥用户的原创能力，并真正形成网上网下的互动。只要掌握了相关的技术，任何一个用户都可以让自己的接收终端成为一个小型的 IPTV 发送装置，向他人传播自己的节目。如果觉得有必要，用户可以把那些属于自己的“个人化信息”集中起来，编辑属于自己的个人电视频道。

IPTV 给用户带来一种全新的体验方式并提供了极大的需求服务。它不但打破了播出时间上的连续性，而且通过用户参与节目内容的安排和选择，改变了节目内容的线形传播特征。在延续共时性的基础上，能有效地突显用户个性化的特征，使用户的个性化体验和需求都得到满足。

二、传播特征：“传播者主导”嬗变为“用户主导”

为满足受众需求，大众传播从“广播”向“窄播”、从单向到互动、从“传者主导”向“受者主导”的方向发展。与此同时，传统电视一般以家庭为收看单位，对受众细分有限。当传统电视媒介还在努力挣脱原有传受关系惯性的影响时，IPTV 借助技术上的优势，以个性化、人际化的传播方式构筑了一种新的传受关系。

在目前的电视节目中，信息是在时间流程中被线性叙述出来的，它已被电视台模块式编排，观众无法打破这种模块，接受信息时仍然具有被动性；另外，这些信息在受众那里具有不可重复性或不可储存性的缺陷。而在 IPTV 的世界里，信息是一个巨大的数据储存库。在这个库中，旧的信息不被删除，新的信息即时加入，用户可以通过点击的方式，任意选择每一条自己需要的信息。用户可以根据自己的兴趣、爱好、时间对节目和内容进行选择，不受时间空间限制，并且能够及时反馈，双向互动。

IPTV是随着计算机技术和网络通讯技术的发展,综合了计算机、通讯技术、电视技术而迅速新兴的一种传播方式。"计算机技术的随机进入、随机互动交流可以不再是只能以线性结构方式强制性地指挥观众按部就班地去观看一个节目,依序去解读节目的内容,而是完全可以依照观众的兴趣,从其中的某个地方,突然终止节目主题内容(或节目情节主线)的发展,而旁敲侧击地先去观赏另一部分相关的内容。"[②] IPTV改变了以往大众传播的特点,更加适应受众需求的多样化和受众市场的细分化,信息接收的主动权越来越多地向用户方面转移。用户可以通过人机对话的方式,随时介入任何一个游戏和节目"现场",成为一个"在场"的参与者和对话者。

IPTV的技术带来一系列电视收视心理与行为的变革,改变电视收视传统,电视观众不再"坐等电视",而是通过"参与电视",最终实现由电视观众"主导电视"的新电视收视行为模式。IPTV使用户既是新闻信息的接受者,又是新闻信息的传播者。传统媒体的传播方式是"自上而下""点对面"的,而IPTV改变了"自上而下"的传播方式,是"面对面"的"自媒体"。对用户来说,网络技术最大的意义在于提高了他们在传播过程中的地位,他们由被动的接受者变成主动的参与者。

三、传播模式:由单向到互动

IPTV与传统电视在节目形态方面的最大区别就在于传播方式由单向到互动。IPTV解放了人们在观看电视节目时受播放时间的限制,在媒体提供者与媒体消费者之间能够有实质性的互动。

在新的传播时代,人们接受信息是能动的。互联网的发展以常人不可想象的创新力颠覆现实并推进着人类社会的发展,它呈现的特质是:"分散权力、全球化、追求和谐及赋予权力。"[③] 尤其是当Web2.0、P2P技术、宽带技术、流媒体技术、无线通信等一系列的技术日趋成熟并相互结合时,为个人与个人、媒体与媒体之间的信息交流和共享提供了可能。在网络新技术所缔结的信息传播结构中,"权力"的分散、"中心意义"的弱化,使得现代传媒"去中心化"的特点得到了充分的体现,传播者和受众的身份不再固定或明确,传播和接受信息几乎可以同时完成,每个人都是传者,每个人又都是受众。这种互动性赋予人们在传播过程中具有转换角色的自由,受众不再是被动地接受信息,而是主动地掌握和控制信息,参与信息的传播。

IPTV 具有的时移和回看功能融合了网络和电视的特性，颠覆了以往传统的传播模式，由单向传播向双向互动发展。IPTV 秉承互联网双向交互的优势，提供个性化业务，它摆脱了电视媒介线性传播模式，在自主选择和互动性上给了用户以前在电视媒介接收上最缺乏的东西。用户在网络媒介上接收流媒体内容时，既可以控制整个收视过程，又可以与传播方随时进行沟通交流，还可以任意调看与收视内容相关的资料讯息，由"我播你看"的线性传播模式转变为"自播自看"的互动传播模式，改变了以往在收看电视节目时不得不与电视播出保持同步的局面。IPTV 既有印刷媒体可以随时翻看的优点，又克服了时效性、缺乏分类和篇幅受限等缺点，成为稍纵即逝的电视节目的资料库和分类信息图书馆。同时，它又可以为电视节目的继续深入报道、受众评论提供一个无限的公共空间。

四、IPTV 推动内容平台多元发展

新技术的应用是推动电视业发展的动力之一，而内容制作的发展则是关键。频道资源的极大丰富，传输网络能力的不断提升，让付费频道、收费点播等新的电视服务形态成为可能。IPTV 的播出平台，对于内容的设计、规划、集成、包装自然就成为电视台的内容经营的重要领域。

(一)IPTV：真正"内容为王"的时代

IPTV 内容平台为内容创生环节提供了很大的机遇。从目前来看，在 IPTV 内容创生环节最具竞争力的仍是那些已经在传统电视领域拥有较广泛市场基础和较高品牌认知度的电视台及大型电视节目制作公司；但也给内容资源的重复利用、二次开发以及提供多样性的增值服务创造了更多的发展机会。据估计，全球每年的原创电视内容长达 30 多万小时，但是由于受到收看时间的限制，绝大多数高质量电视内容只能成为"一次性"产品，只有极少数电视节目会出售或制成 DVD 光碟在市场流通。随着 IPTV 的出现，这些"一次性"产品将重新焕发生命力，并且随着传播成本的降低和 IPTV 的普及，过去只能库存的东西将为版权所有者创造可观的利润。对那些受制于传统电视播出平台的内容提供商，如民营制片机构、国外制片机构以及潜在的新兴内容生产商来说，IPTV 为他们的发展提供了新的舞台。

(二)开辟新的内容“蓝海”市场,告别单纯的“收视率”

当前,各大电视台主要以收视率作为衡量评价节目的优劣,甚至是唯一的评判标准。但是,众所周知,影响节目收视率的因素是很多的。除了内容外,节目的编排也是影响收视率的重要因素之一。由于作息时间、兴趣爱好等的不同,不同的观众有不同的“黄金时间”。IPTV改变了人们传统意义上关于节目单的概念和关于“黄金时间”的定义,使电视节目内容的播出有了一片广阔的“蓝海洋”。

在蓝海战略中,企业最重要的基石是价值创新,而且价值与创新必须两者兼顾。那么,电视产业的蓝海究竟在哪里?上海文广新闻传媒集团在哈尔滨等地的IPTV用户中进行的一项调查显示,除了普遍受欢迎的电视剧、电影等节目外,“在IPTV业务中增长最快的恰恰是在传统电视节目中最受冷落或收视率不高的一些节目,如少儿节目、纪录片、科技类节目等,这类节目发展空间很大。”[4]这是IPTV给传统电视带来的新机遇,使传统电视中由于时段的安排造成收视率不高的节目创造和实现更大的价值。目前,广电部门还有大量电视剧等电视节目,由于频道等的限制,或者还不适合完全向公众不分区别地广播型放送,这些节目可以通过点播的方式让用户观看,也就是说,用户使用IPTV以后比使用原来的普通的电视接收方式上增加了更多的选择,提供给用户更多的价值,所以这个时候就创造出了新的商业模式,为内容的再开发、再利用提供了新的价值渠道。通过超越传统电视经营的战略思维,打破了单纯以收视率为目标的电视节目制作理念,重新构筑节目内容市场边界,可以开创新的内容经营蓝海,从巨大的“红色收视率”海洋中解脱出来,实现“绿色收视率”并提高用户满意度。

(三)从免费逐步到付费的收视模式

付费电视的出现是传统电视业发展到一定阶段的产物。从西方发达国家的电视经营实践看,传统电视经营大体沿着这样一种轨迹:免费(或部分免费)→广告→付费+广告。在世界上最早开办付费电视的美国,其付费电视用户已占观众总数的80%。付费电视告别原来单一的经营模式,延伸了原有的价值链,需要进行商业模式的创新和运作,这对大多数还处于原有模式中、尚未市场化的电视媒介而言是一个全新的领域。[5]

传统媒体的赢利模式一般以广告为支撑,与此不同,IPTV在本质上是付费电视的互联网应用，涉及内容生产与集成、网络、设备的提供等，涉及两个产业的融合。它集广播、点播、时移电视、信息服务、视频通信、互动游戏、音乐、远程教育、定制录像和互联网浏览等综合内容于一身，为电视机构的增值服务添加了许多新元素，成为未来综合信息娱乐融合的平台。

五、IPTV 开辟了文化传播的新渠道

人类文明的发展是与文化技术的发明紧密相连的。传播技术的进步使人们对社会的了解更加多渠道化。IPTV 是技术创新的产物，是来自受众真实需求的体现。IPTV 是新生事物，在发展过程中除了要考虑它的经济效益外，也要考虑它所能带来的社会效益。IPTV 的发展对带动文化、娱乐和信息通信产业，丰富人们文化精神生活等都具有重要的意义。充分利用 IPTV 的个性、互动、针对性强、内容丰富等优势，使其在文明传播、文化传播等方面发挥积极的作用。

（一）IPTV 使家庭信息化，有利于构建和谐社会

构建社会主义和谐社会，离不开信息化建设。从目前来看，在通信网络和音视频广播已经基本普及的情况下，发展 IPTV，建设基于音视频互动服务的、运营级的新一代互联网络，是中国实现信息化的紧迫任务。

IPTV 营造的网络与电视的互动表现在网络成为联系电视人与观众的情感纽带。网络互动具有的平等参与和言论民主的性质使得 IPTV 用户的主动地位得到了前所未有的提升，从而参与热情与兴趣甚至对内容的责任意识都会增强，达到节目的最大接受效果。最终电视和网络获得的不仅是一批观众或网民，更是朋友与智囊团。电视节目播出后，与网络的互动就是节目播出后，通过对网上内容浏览量和点击量的统计对节目进行评估。这样，从节目的策划、播出到节目评估的系列工作都可以在互联网上得到快捷、高效而又低成本的实现。IPTV 的互动性不光可以建设阳光政务，还能做到免费的互动化、视频化的阳光政务，使政府更加贴近老百姓。

“一种新媒介的长处，将导致一种新文明的产生。”[6] 特别是随着信息传播技术的迅速发展，舆论的作用越来越大，已经成为影响国家生活、群众情绪和社会稳定的重要因素。作为一种视听兼备、传播迅速、综合网络和电视特征的新媒体，IPTV

更是肩负着引导社会舆论、维护社会安定、促进社会协调发展的神圣使命。“任何组织之所以能够保持自身的内稳定性,是由于它具有取得、使用、保持和传递信息的办法。”⑦通过 IPTV 内容平台,加强与用户和社会的联系,促使公众自觉形成公共意识,缓和社会矛盾,成为解决社会各阶层冲突的平台,这样才能为创建社会主义和谐社会提供一个崭新的传播渠道。

(二)IPTV:社会主义新农村信息化建设的重要渠道

随着社会信息化在全球范围的快速推进,人们在信息占有上的巨大差距,已明显地导出一种新的社会分化,即信息分化或数字鸿沟。目前,信息分化现象已成为一种新的全球性社会问题,它已给世界各国,尤其是发展中国家的社会良性运行和协调发展造成了很大的负面影响。在我国,消除数字鸿沟,实现农村信息化已成为建设社会主义新农村的重要目标。

农村的现代化离不开信息化,而农村的信息化必须努力缩短城乡之间的“信息沟”,这对于社会主义新农村的建设具有重要的现实意义。在信息社会里,信息也是一种财富,是能够带来新的财富的一种手段。IPTV 适合农村的信息化改造工作,其建设成本低廉,操作简单易行,获取信息途径多样,能够有效地加快农村信息化进程。用户无须花钱添置电脑等大件网络设备,只需在电视上增加一个机顶盒便可完成用户终端的部署,非常符合农民的使用习惯。IPTV 可定制、可点播、想看什么就看什么的互动式传播方式也深受农民欢迎。这些优势使 IPTV 技术能较快普及,成为农村信息化建设不可或缺的重要力量。

建设社会主义新农村的主要战略之一就是要积极推进农村的信息化进程。要抓住社会信息化发展带来的机遇,加快发展和充分运用先进的信息技术和网络技术,积极推进我国的社会信息化进程才是真正的出路。河南的 IPTV 业务模式就体现了这一点。它主要开辟了农村市场,不是以单一追求经济效益为目标。以中组部农村党员干部现代运城教育项目的系统平台为依托,整合各部委其他面向社会主义新农村建设的行业应用项目。它针对农村经济的发展和农村实际需求,开发了很多适用于农村特色的业务,对农民来说具有很大的实用价值。根据用户调查显示,这些应用促进了农村经济的发展,也活跃了农村的文化生活,提高了农民素质,同时,也为中国 IPTV 的多元化规模发展提供了可供借鉴的宝贵经验。

综上所述,结合了互联网及电视优势的 IPTV 通过给予受众或用户较大的选择权、参与权和主动权，使传播主体及客体都发生了重要变化。同时，它解放了传播的内容平台，为内容的多元利用，为新的文化渠道的开辟等都带来了新的积极意义。

注释：

① 〔美〕道格拉斯・凯尔纳：《鲍德里亚：一个新麦克卢汉？》，李卫华译，传媒学术网 2007 年 4 月 9 日。

② 戴元光、吴信训主编：《新闻传播新视点》，学林出版社 2003 年版，第 103 页。

③ 〔美〕尼葛洛庞帝：《数字化生存》，胡泳等译，海南出版社 1996 年版，第 269 页。

④ 王丽：《传统电视冷落的节目却成为 IPTV 收视增长点》，新华网 2006 年 11 月 22 日。

⑤ 陶珠凤：《电信运营商 IPTV 业务发展探讨》，《2007 中国科协年会——通信与信息发展高层论坛论文集》。

⑥ 〔加〕哈罗德・伊尼斯：《传播的偏向》译者序言，何道宽译，中国人民大学出版社 2003 年版。

⑦ 〔美〕诺伯特・维纳：《控制论》，郝季仁译，科学出版社 1962 年版，第 160 页。

对新媒体未来的思考*

◆ 熊澄宇

北京时间2011年9月29日21时16分00秒,中国首个空间实验室天宫一号发射。中国乃至世界许多普通的老百姓通过电视、计算机、手机等各种可能的信息终端,与中国的最高领导人和现场的科学家们同步分享了这一具有历史意义的场景。这种信息感知方式我们称之为"遥在"。这就是我们今天的新媒体使用状态。

据联合国官方网站报道,在联合国大会第66届会议开幕之际,秘书长潘基文于纽约时间2011年9月13日上午11时15分首次现身社交媒体,通过全世界最有影响的三个微博客平台:Facebook、Twitter和新浪微博,与全球网友访谈互动。他在一个小时的提问过程中回答了世界和平、男女平等、粮食安全、巴以冲突、千年计划等各种问题,并且向网友介绍了个人的成长经历。这条消息进一步证明,以互联网为代表的新媒体,因其海量存储、实时交互、媒介融合、及时更新的特有优势,已成为当代社会政治、经济、文化和老百姓日常生活中不可或缺的信息平台。

我曾经用三句话定义过对新媒体的理解:1. 新媒体是一个相对的概念。广播相对报纸来说是新媒体,电视相对广播来说是新媒体,网络相对电视来说是新媒体。2. 新媒体是一个时间的概念。在一定时间段内,总有一种占主导地位的媒体形态。200年前的报纸、100年前的广播、50年前的电视和今天的计算机网络代表着不同时代的新媒体形态。3. 新媒体是一个发展的概念。它不会也不可能终止在某一固定的媒体形态上,新媒体将一直并永远处于发展的过程中。[①]

媒体形态的变化有着鲜明的时代特征。传媒业界对历史上美国总统和媒体之

* 原载于《现代传播》2011年第12期。

间的关系，曾经有过这样的表述：通过报纸赢得竞选的报纸总统克利夫兰；利用广播鼓动民众的广播总统罗斯福；在电视直播中开始和终结总统生涯的电视总统肯尼迪；运用网络和新媒体与选民沟通互动的网络总统奥巴马。这种称谓实际上反映了不同时代的社会生态与媒体形态的互动关系。新的媒体形态代表着新的社会生产力，把握了新的媒体形态，在一定程度上就把握了社会前进的方向。

从过去认识现在，从现在展望未来。我们今天可以清晰地发现：新媒体凝练技术成果，新媒体改变产业结构，新媒体影响传播方式，新媒体构建社会形态。新媒体的未来必定从这四个方面推动社会的进步与发展。

一、新媒体凝练技术成果

以计算机信息处理技术为基础，新媒体充分利用了最新的技术成果，融合文字、图片、音频、视频等多种信息传播功能为一体，以快速、便捷和易于携带的方式被用户所喜爱。目前世界上最流行的个人信息终端 iPhone 的出现就是明证。在苹果 CEO 史蒂夫·乔布斯(Steve Jobs)发布了第四代 iPhone 手机的短短一天时间内，60 万部 iPhone 即被预订一空。2010 年 6 月，摩根士丹利分析师凯蒂·休伯蒂(Katy Huberty)就曾预测，2011 年底全球 iPhone 手机用户数量有望达到 1 亿。

除信息终端外，从博客到 YouTube，从 Facebook 到 Twitter，新媒体传播方式的改变也是整合多种技术的结果。界面更友好，操作更简单，信息的传播更加便捷。微博客 Twitter 是一种异步整合的新型传播方式。它集博客和 IM 的特长于一身，信息发布简单快捷，既等同于 IM 的发布方式，在网络人际互通中又实现了短信息的异步即时呈现，它让信息的发布方和接受者处于平等的地位，都能全权处理收发的信息。据称 2011 年 4 月 Twitter 注册账号数量已达到两亿。[②]

移动互联网让人们处于“永不下线”的状态，如近一两年兴起的 LBS 服务，触屏的方兴未艾则充分调动了人们的触觉系统。新媒体技术延伸了人们的视觉、听觉、触觉，正成为人们不可或缺的工具，正如麦克卢汉所言，媒介是人的延伸，不仅是人感官的延伸，更是人中枢神经的延伸。所以，将来的媒体形态，必然凝练最新的科技成果，最大限度地满足人的需求。我个人判断，数字媒体之后，生物媒体将是未来最可能出现的新媒体形态，因为它更能满足人性化和个性化的需求。

二、新媒体改变产业结构

中国社会科学院2011年7月12日发布的《中国新媒体发展报告(2011)》指出,2010年中国互联网网民数超过4亿,年底达到4.57亿,超过三分之一的中国人成为网民,中国网民从2000年的2250万人增长了近20倍。此外,中国手机用户2010年突破8亿,2011年3月底达到8.9亿,是美国3.03亿手机用户的近3倍,成为名副其实的全球新媒体用户第一大国。

新媒体的发展让传统的产业结构发生了深刻变革。从规模上说,2010年中国传媒产业中,移动增值服务达到1853.0亿元,占了整个传媒产业的31.9%,网络服务648.6亿,占了11.2%,[③]以新媒体技术为支撑的移动增值服务和网络产业占到了40%多的规模,而传统的报纸、图书、电视等产业所占份额逐渐减小。

以电子书为代表的数字阅读催生了诸如iPad这样的新终端,加速了出版行业的重大变革[④];网络视频的发展,让网民可以随时、自由地选择内容,不再受电视频道的束缚,传统的电视行业受到较大影响。iPlayer是英国广播公司(BBC)推出的一项播客服务,可以让用户根据个人需求,点播过去七天里播出的电台电视台节目,内容时长达350小时,该服务推出之后在英国网民中大受欢迎。目前,有线运营商维珍传媒宣布将在其有线电视网中推出更为人性化的BBC播客服务。用户不需要支付任何费用,在观看BBC直播的频道时,只需要按下遥控器的一个红色按钮,就可以观看过往视频。

人性、个性和快捷是新媒体发展的直接动因。可以想象,在不远的未来,以发布新闻内容为主的媒体生产模式将转变为综合性信息内容生产并提供即时信息服务的全媒体形态,代表先进生产力方向的新媒体产业将真正成为国民经济的支柱产业。

三、新媒体影响传播方式

媒体传播方式的发展经历了人际传播、大众传播、分众传播、交互传播到遥在和沉浸的发展历程。目前以互联网为代表的新媒体形态是交互传播的典型。

互联网的出现使人与人之间的沟通摆脱了时间和地域的限制,信息的传播更加便捷和高效。Web2.0 的兴起使原来的人机互动变成了人与人之间的交互传播，复合型的传播模式代替了单一的传播路径和平台，以互动性、即时性为特点的微博等开放型信息传播平台的出现颠覆了信息传播的传统路径。

在结构上，微博是“所有人面向所有人”的多元非线性结构，这有利于用户之间的互动式表达。在传播方式上，它糅合了传统的人际传播、群体传播、组织传播和大众传播等多种传播模式，并通过用户之间的关注、评论、转发等功能实现交互传播，相互影响。微博在中国已经成了几千万人获取信息和人际交往的主要平台。人们通过微博传递、关注最新的社会事件，表达、交流自己的观点和意见，并根据兴趣点构成和变换不同的社交群体。除个人用户外，在新浪的“媒体汇”里，约有 500 家新闻机构开通了新浪微博，其中包括报纸、杂志、电视台和电台等不同类型。

随着交互式媒体的发展，移动媒体出现，以及未来物联网的革新，我们将沉浸在一个媒体萦绕的环境下，新媒体技术越来越成为人们不可或缺的工具，一种新型的传播方式——虚拟遥在和沉浸式传播将随之到来。以移动互联网络为通信基础，具有更长电池续航时间和清晰的显示技术及影像还原技术的便携式终端会成为未来媒介终端的发展方向。无处不在、无时不有、无所不能的传播平台将从理论变为现实。

四、新媒体构建社会形态

美国《连线》杂志对新媒体的定义是“所有人对所有人的传播”，如此，我们可以认为，新媒体使人与人之间的传播更加便捷和高效，人与人之间相互沟通、影响，从而推动着社会形态的改变和完善。

在自媒体时代，每个人都是信息的接收者和发布者，并且可以让自己的声音传达出去，这在很大程度上满足了网民的自我期望。美国学者梅罗维茨认为，电子媒介倾向于打破隔离，融合社会场景，从而模糊角色，消解权威。互联网以其多点状分布带来的高度表达自由在很大程度上瓦解了权威和经典，而式样更多样的建立在互联网基础上的新媒体更是提高了使用者的自由度，由此带来的个体意识的增强是社会良性发展的前提。

在新媒体技术推动下，社会群体已经由“大众”向“分众”过渡。报刊的种类、电视频道数量、每年电影产量、图书出版数量、互联网社区数都有了几何级数的迅速增加。媒介早已开始区分不同的受众群体,开始有目的地投放内容。另一方面,社会个体经济、教育水平的差别与兴趣爱好的不同,也自发地分为不同的社会群体,新媒体的出现,正好满足了"分众"的需求,促进了社会的多元化发展。

以SNS为代表的网络技术,通过人与人之间的相互关系构筑了一个虚拟的社会网络,一些在现阶段难以实现的现实需求,可以通过这个虚拟的社会探索和实践,为现实社会的变革和发展提供实验空间。互联网的精髓是自由、开放、合作,新媒体推进了整个社会的信息开放,打破了社会的金字塔结构,向着扁平化的社会结构发展。它培育的公民意识,将我们所期望的民主、平等、自由等理念带到现实社会中来,推动了公民社会的发展成熟。新媒体在一定程度上能够帮助人们在虚拟社会中探索建构理想社会的可能性。

我们说,民主社会、市场经济、大众传媒是现代社会的三大支柱。人类社会对新媒体的未来充满着期待。在2003年联合国信息社会世界高峰会议一致通过的《原则宣言》中,对信息社会的未来有这样一段表述:"在此信息社会中,人人可以创造、获取、使用和分享信息和知识,使个人、社区和各国人民均能充分发挥各自的潜力,促进实现可持续发展并提高生活质量。"[⑤]我想,这就是我们对新媒体未来的基本思考。

2008年北京奥运的口号是"同一个城市,同一个梦想",表述的是求同的愿望;2012年伦敦奥运的口号是"一个城市就是一个世界",表述的是存异的思考。新媒体就是在社会求同存异的双向推动下不断地向前发展。让我们踏着坚实的脚步,伸开双臂,像迎接明天的太阳一样,迎接新媒体的未来。

注释:

① 熊澄宇:《新媒体百科全书》,清华大学出版社2007年版,第500页。

② 《Twitter称其注册账号数量已超2亿》,艾瑞网,http://web2.iresearch.cn/87/20110430/138469.shtml。

③ 崔保国:《2011年中国传媒产业发展报告》,社会科学文献出版社2011年版,第6页。

④ 2011年9月28日,亚马逊发布了其首款平板电脑产品Kindle Fire,7英寸显示屏,199美元的售价不到iPad的一半。

⑤ 《原则宣言》建设信息社会:新千年的全球性挑战,http://www.runsky.com/homepage/mobile/union/trends/userobject1ai-399665.html。

眼睛是心灵的窗口*

——基于眼动追踪技术的网页可用性测试

◆ 葛 岩 郑雪梅

一、背景和问题

20世纪中叶,研究者开始尝试使用眼动追踪的方法,通过捕捉视觉信息搜索过程来推测处理信息的心理活动。20世纪后半期到21世纪初,得益于计算机技术的不断发展,这项技术被逐步应用于人机互动、工业设计和传播效果等多个研究领域。①

传播研究关注的核心之一是不同信息对人类态度、行为和观念的影响方式和力度。通过操纵不同的信息,获得被试者的反馈,以判断信息的影响是最为常见的研究范式。然而,该范式自有其弱点,因为许多时候,它无法确定受众是否真的接受到给定信息,进而也无法确定人们的事后反应是否确实与给定信息有关。例如,我们无法确定受众究竟在电视广告中看到了什么,仅能靠收视率来推测广告信息的递达率;我们无法确定在信息繁芜的网页上,浏览者究竟关注些什么,仅能靠点击率来推测网页信息对注意力的吸引。通过精确记录视觉注意力的分布和视觉信息搜索的轨迹,眼动追踪技术则能够显示我们看到了什么、忽视了什么,从而更加客观地建立起外部信息与受众信息搜索、关注、记忆和态度之间的联系,为理解信息传播过程和效果提供更为坚实的基础。

在这样的背景下,通过对被试使用某省中国移动和中国联通网站(见图1)时的眼动追踪,我们试图回答网页可用性(web page usability)测试中最为常见的问题:就信息搜索的效率而言,被测的网页设计是否令使用者满意?

* 原载于《现代传播》2012年第2期。

图 1　测试网页

二、研究思路与方法

欲回答本研究的问题，首先有必要厘清效率和满意两个基本概念及其测量方法。效率有其客观标准。在本研究中，效率定义为完成给定信息搜索任务的时间长度，可通过仪器记录、测量。相对于效率，满意指对信息搜索过程体验的主观评价，可通过使用者自我报告获得。二者间是有联系的。例如，当被试登入网站并有着明确的任务（如获得特定服务的价格），效率便很可能与满意评价有某种因果关系。[②]但当任务不明确时，这种因果关系或不存在。如因无聊而在网上漫游时，对网站的美学感受的权重便可能高于信息搜索效率。

基于这样的理解，在实验中，我们规定被试信息搜索任务（特定套餐、手机报信息），通过眼动仪记录完成任务的时间以测量搜索效率。测试后，我们采用问卷方法获得被试对搜索过程体验的评价。此外，据认知研究者发现，在加工信息过程中，大脑通常遵循省力原则（less effort），即人自然倾向于使用最少的心理资源来完成给定的认知和判断任务。[③]依此，有理由相信，被试对于节省认知努力的信息搜索过程应有较正面体验。反之，耗费努力的过程更可能带来负面的体验。通过采集完成任务的所需时间、鼠标点击数量、视觉凝视点数量和链接网页数量这些信息搜索努力的指标，将之与被试体验评价相联系，应能帮助更为深入地解释效率、努力与满意体验之间的关系(见表 1)。

表 1　测试任务和数据采集

任务	操作网站	任务	采集数据
套餐信息查询	移动网站	查询“动感地带 15 元网聊套餐”	任务完成时间;链接网页、凝视点和鼠标点击的数量;首页热点图
	联通网站	查询“新势力 15 元网聊套餐”	
手机报信息查询	移动网站	查询手机报服务信息	任务完成时间;链接网页、凝视点和鼠标点击的数量;首页热点图
	联通网站		
问卷	被试体验反馈问卷	填写	对两网站首页的整体印象、信息搜索困难程度等问题作出的评价

23 名被试通过校园 BBS 招募,均为视力正常或矫正视力达到正常的上海交通大学在校学生或教师。[④]其中男性 10 人,女性 13 人,年龄分布在 20 岁至 40 岁之间,均为手机和网络频繁使用者。2010 年 12 月和 2011 年 10 月,测试在上海交大一个实验室室内实施,使用 Tobii 1750 眼动追踪仪和网速测量专用软件。

三、测试发现

发现一:在移动、联通网页上搜索指定套餐信息,效率无显著差别

第一个测试任务是在移动和联通两个网站搜索给定套餐信息。在最优状态下,在两个网站上这一任务均可通过两次链接,三次鼠标点击完成。二者的信息搜索过程具备可比性。

测试发现,被试在移动网站上完成本任务的时间均值低于联通网站。但检验显示,二者差别并不显著(见表 2)。需要指出的是,有两位被试未能在联通网站上完成任务,最终放弃。而所有被试均在移动网站上完成任务。

表 2　套餐:信息搜索完成时间检验[⑤]

	均值	标准差	标准误差	t	自由度	显著性(双侧)
移动套餐信息搜索时间	74.45142	64.9641	14.90379	−1.443	34	.158
联通套餐信息搜索时间	125.2554	137.4552	33.33778			

发现二:在移动和联通网页上搜索指定套餐信息的认知和行为努力无显著差别

测试发现,完成移动任务的页面链接、鼠标点击数目均少于完成联通任务;完成移动任务时在首页的凝视点多于完成联通任务。但检验显示,这些差别的统计意义均不显著(见表3),说明在两个网站上完成套餐搜索过程付出的认知(凝视点)和行为(链接、点击)努力相仿。

表3 套餐:鼠标点击数、凝视点数和链接页面数检验

		均值	标准差	标准误差	t	自由度	显著性(双侧)
链接页面数	移动	5.526316	4.046513	0.928334	−1.365	34	.181
	联通	7.882353	6.193569	1.502161			
鼠标点击次数	移动	14.05263	15.56875	3.571716	−.998	34	.325
	联通	20.51588	22.96368	5.56951			
首页凝视点数	移动	17.68421	13.5033	3.09787	.545	34	.588
	联通	15.70588	6.631032	1.608262			

发现三:在移动网页上搜索手机报信息时效率较高

第二个任务是搜索给定手机报信息。在最优状态下,在两个网站上该任务均可通过两次链接,三次鼠标点击完成。二者的信息搜索过程具备可比性。测试发现,在移动网站完成任务的时间均值低于联通网站,且二者差别十分显著(见表4)。

表4 手机报:信息搜索完成时间检验

	均值	标准差	标准误差	t	自由度	显著性(双侧)
移动手机报信息搜索时间	42.6786	18.874	4.220355	−3.061	37	.004
联通手机报信息搜索时间	72.56716	39.15872	8.983627			

发现四:在移动和联通网页上搜索手机报信息的认知和行为努力差别显著

测试表明,被试在移动网站上的鼠标点击数量和链接页面数均少于联通网站,说明在移动网站被试付出较少的行为努力。但移动首页留下了更多的凝视点,说明为发现正确链接,被试在移动网站上付出了较多的认知努力。检验显示,三指标差别均达到显著或边际显著(见表5)。

表 5　手机报：鼠标点击数、凝视点数和链接页面数检验

		均值	标准差	标准误差	t	自由度	显著性(双侧)
链接页面数	移动	3.5	1.357242	0.303488	−2.616	37	.013
	联通	5.578947	3.271354	0.7505			
鼠标点击次数	移动	5.65	3.731445	0.834377	−1.990	37	.054
	联通	8.421053	4.913878	1.127321			
首页凝视点数	移动	28.55	12.20214	2.72848	2.517	37	.016
	联通	19.15789	11.03662	2.531975			

发现五：在移动和联通网页完成两项任务的效率和认知行为努力差别显著

合并完成套餐和手机报信息搜索两项任务的数据，移动和联通网站的 4 项数据指标之间差别均有显著统计差别。其中，移动在 3 项指标上优于联通(见表 6)。可以认为，就整体而言，移动网站比联通网站提供了更高效信息搜索的服务，但在首页寻找正确链接时，移动用户需付出较多的认知努力。[6]

表 6　两网站完成套餐、手机报信息搜索任务 4 指标综合检验

		均值	标准差	标准误差	t	自由度	显著性(双侧)
完成任务时间	移动	50.85271	32.4445	5.263194	−2.183	71	.032
	联通	96.28869	123.8194	20.92929			
链接页面数	移动	3.921053	1.633791	0.265036	−2.941	71	.004
	联通	6.4	4.91217	0.830308			
鼠标点击次数	移动	7.342105	5.600561	0.908531	−2.093	71	.040
	联通	12.90771	15.32999	2.591242			
首页凝视点数	移动	23.60526	14.20419	2.304223	2.131	71	.037
	联通	17.54286	9.397568	1.588479			

发现六：移动网页上搜索信息时的凝视点较为分散

移动首页上凝视点分散于搜索栏和搜索栏旁的关键词、首页广告、导航栏上的品牌和产品两个分类目录的较大区域。在联通网页上，凝视点沿着导航栏，左侧信息分类栏，中部信息区呈直块状分布，较为集中。依据 Cowen 等人的发现，集中于较小区域的凝视点意味较高效搜索，反之，则意味低效搜索。[7] 在这种意义上，移动

网页上凝视点较多,分布范围大是低效表征,当是由移动首页信息复杂、分类较多、广告面积很大所致。相比之下,联通首页面积小,信息也相对单一。

热点图还显示,就目前两首页的设计而言,横向的导航栏,左侧边栏是被试在不同任务条件下都会关注的区域。依据 Pool 等人的研究,凝视点聚集区或意味着被试的兴趣所在,或透露出某种设计惯例造成的用户信息搜索习惯,[8] 提示设计者应将最重要的搜索信息放置在这些区位。

发现七:移动网速明显优于联通

众所周知,网页打开速度通常会影响使用体验,在有任务需要完成时尤其如此。在 120 分钟的时间段中,使用专用网速测试软件 GetInput,我们对两网站首页从点击地址到页面完全显示的时间各做 10 次采集。数据显示,移动首页呈现速度快于联通,二者差别边际显著(见表 8)。数据还显示,联通首页速度极不稳定(见图 2)。

表 7　两网站首页网速差别检验

	均值	标准差	标准误差	t	自由度	显著性(双侧)
移动首页网速	5.5000	1.71594	.54263	−2.086	9	.067
联通首页网速	17.1000	17.13638	5.41900			

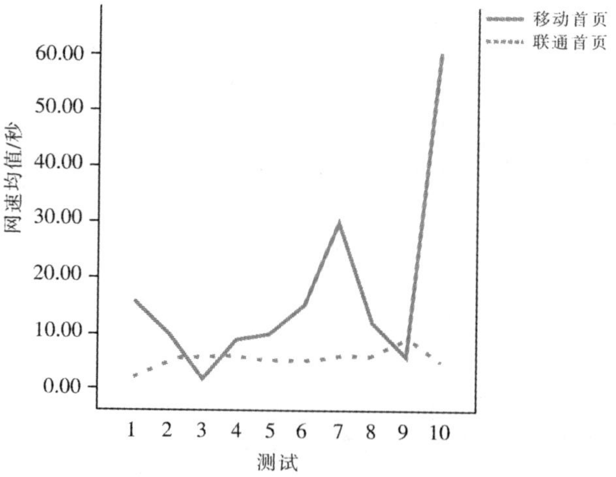

图 2　两网站首页网速观测

表 8 被试体验反馈

样本	性别	套餐		手机报		体验/感受		对测试网页测前熟悉程度⑨	
		移动	联通	移动	联通	移动	联通	移动	联通
1	女	没有困难	没有困难	没有困难	没有困难	网速快，设计可以，搜索方便，整体上还好	网速嫌慢，设计还行，信息搜索不方便，感觉一般	5	2
2	男	没有困难	有些难	没有困难	有些难	网速比较快，设计合理，信息搜索的方面算中上，整体感觉也是中上	网速很慢，设计一般，信息搜索不很方便，整体上一般	1	1
3	女	有困难	没有困难	没有困难	没有困难	移动套餐搜索有困难，联通套餐没有困难，手机报都没有困难。移动的网速慢，设计不错，信息搜索和整体感觉还行	联通网速一般，设计和信息搜索还行，整体感觉不错	4	2
4	女	有困难，收费状况不明晰	没困难	有困难，手机报名称不明显	有困难，手机报在首页上没有分类	网速比较快，设计杂乱，信息搜索方便程度一般，整体上觉得内容很多，信息量大，搜索引擎不方便	网速慢，设计简洁明了，没有找到搜索引擎，整体感觉简约	3	1
5	男	没有困难	有困难，网页缓慢		没有困难	网速快，设计好，信息搜索方便，整体感觉好	网速慢，设计一般，信息搜索方便度一般，整体感觉较好	5	1
6	男	没有困难	有困难，不明显	没有困难	没有困难	网速迅速，设计清晰，信息搜索快，整体感觉不错	网速、设计、搜索、整体感都一般	5	
7	女	没有困难	没有困难	没有困难	没有困难	网速、信息搜索都快，设计，整体感觉都好	网速慢，设计不清楚，信息搜索慢，整体感觉还可以	2	1
8	女	没有困难，但可选套餐太多	有困难	没有困难	没有困难	网速还行，设计不错，信息搜索好，整体感觉挺好	网速偏慢，设计、信息搜索均一般，整体感觉还行	4	1
9	男	没有困难	有困难	没有困难	有困难，打开网页后没有任何关于手机报的提示	网速可以，设计板块清晰，信息查询比较方便，整体感觉还可以	网速可以，设计乱，信息搜索很麻烦，整体感觉很差	3	
10	男	没有困难	没有困难	没有困难	没有困难	网速快。设计好，信息搜索方便，整体感觉良好	各个方面都一般	4	

发现八:移动网站体验优于联通网站

测试后,我们抽取被试 10 人,使用问卷获得对体验满意程度反馈(见表 8),并将反馈加以量化[信息搜索困难程度(1=困难;2=无困难);网速(1=慢;2=一般,还行;3=快);设计(1=差;2=一般,还行;3=不错,好);信息搜索方便度(1=差,不方便,乱;2=一般,还行;3=方便,便捷);整体感受(1=差;2=还行;3=不错,好)]。从中得知,除套餐信息搜索困难程度和整体印象之外,被试在其他方面的移动体验均优于其联通体验,差别达到十分显著,显著或边际显著(见表 9)。整体上,移动体验优于联通。

表 9　被试反馈检验

	均值	标准差	均值的标准误	t	df	显著性(双侧)
移动套餐搜索困难度	1.80	.422	.133	1.152	9	.279
联通套餐搜索困难度	1.50	.527	.167			
移动手机报搜索困难度	1.90	.316	.100	1.964	9	.081
联通手机报搜索困难度	1.60	.516	.163			
移动网速	2.70	.675	.213	3.161	9	.012
联通网速	1.60	.699	.221			
移动设计	2.70	.675	.213	3.250	9	.010
联通设计	1.80	.422	.133			
移动信息查询	2.80	.422	.133	3.354	9	.008
联通信息查询	1.80	.632	.200			
移动整体印象	2.60	.516	.163	1.500	9	.168
联通整体印象	2.20	.632	.200			

四、讨论与建议

测试表明,以任务完成时间为信息搜索效率的指标,移动网站显著优于联通网站(发现三、五);以鼠标点击,凝视点和链接页面数量为认知和行为努力的指标,移动网站在行为努力上具有优势(发现五),但首页上的凝视点数多于联通首页,要求付出较多的认知努力(发现四、五);眼动热点图显示,比之联通首页,移动首页上的视觉注意力较为分散,透露出较多的认知努力付出可能与移动首页的信息结构有关(发现六);比较两者的网速,移动明显优于联通(发现七);就主观体验而言,移动网站优于联通网站(发现八)。

在绝大部分指标上,移动网站均优于联通网站,其获得更为正面的体验评价在情理之中。有意思的问题是:为什么被试在移动网页上搜索信息时留下了更多的凝视点(发现四、五)? 结合眼动热点图和网页设计分析可以看出:移动首页的面积远大于联通首页;移动首页内容远多于联通首页,且有大量广告和营销信息(见图1)。这样的首页信息结构应是造成更多凝视点,认知努力较高的基本原因。[10] 同时,这反映出网页——特别是首页设计中一个普遍存在的困境:把尽可能多的信息放在首页上与减少信息以追求搜索效率两种愿望之间的冲突。据 J. Nielsen 和 K. Pernice 的研究,这种冲突可能来自于设计者考虑不周,也可能来自于企业或机构不同部门、外部客户的压力——谁都想要和自己相关的信息出现在重要位置。[11]

基于上述发现,网站管理者需要解决如下问题:

对于移动而言,要进一步明确网站功能的定位:首先,以服务为主,如主要是为了提供服务选择、充值、查询通话记录等;其次,以产品推销为主,如主要推介新产品;第三,要做到二者均衡。如果选择以服务为主,可以考虑减少营销信息,缩小页面面积,使用户能够在更为简洁明了的网页结构中发现所需信息,减少认知和行为努力。如选择以推介产品为主,需要考虑把服务信息查询功能放置在更为集中和醒目的特定区域。换言之,能够将需要使用信息查询服务的被试的注意力收缩在尽可能小的分布区内。如果追求二者均衡,可考虑采用动态生成网页的技术。具体言之,首页热点图显示,一旦有信息搜索任务,网页上部的菜单区是主要关注点。设计者或可根据访问记录,发现最为常见的服务项目,将之集中在最引人注目的区域。当用户注册登入网站(通常这意味着需要使用特定服务),网站可生成强调服务内容,以服务项目菜单为重心的网页,以减少用户努力,提高用户体验。在无任务条件下,用户浏览时习惯于首先关注网页上部的中间—纵向区域。[12] 网站可生成强化营销信息的网页,并将重要信息放置在该区间内,以此兼顾网站的双重功能定位。

对联通而言,网速是提高用户满意程度最显著的挑战(见表 8、图 2)。一旦网速提高且稳定,效率应获得显著改善。此外,信息搜索所需路径不够清晰也是联通网站存在的问题,这在执行手机报任务时更为明显:联通网站所需的链接页数,鼠标点击数和凝视点三个指标上均多于移动(见表5),说明信息结构、文字标识等因素不符合用户认知习惯,以致其无法迅速找到必要的链接。重新规划网页的信息结构,通过测试改善链接结构和标识,以符合用户认知习惯。从市场竞争的角度去看,联通网站在用户可用性方面处于明显劣势,应尽快实施改善措施。

五、结语

虽然测试采用的数据局限于两个任务过程,尚不可能对被测网站作出全面评价,本研究表明,通过客观记录行为数据,眼动追踪技术可以在描述网络行为和分析用户心理两方面提供更为可靠的数据,为网站设计者提供对网络使用者心理和行为的洞察,为网站管理提供更为坚实的科学基础。随着相关设备价格的降低,随着研究者对于眼脑协调性关系的(eye-brain consistency)理解的深化,结合眼动追踪和传统的受众自我报告的混合方法,应会对网络传播研究产生积极影响。

注释:

① Schiessl, M., Dudam S., Tholke, A., Fisher, R., *Eye Tracking and Its Application in Usability and Media Research*, http://www.mmi — interaktiv.de/uploads/media/MMI — Interaktiv 0303_SchiesslDudaThoelkeFischer.pdf. 2011—10—5 访问,2003。

② Goldberg, H. J., Kotval, X. P., "Computer Interface Evaluation Using Eye Movements: Methods and Constructs", *International Journal of Industrial Ergonomics*, Vol. 24, 1999, pp. 631—645.

③ Payne, J. W., "Contingent Decision. Behavior", *Psychological Bulletin*, Vol. 92(2), 1982, pp. 382—402. Wyer, R., Scull, T., "Human Cognation in Its Social Context", *Psychological Review*, Vol. 93(3), 1986, pp. 322—359.

④ 依据用户体验研究惯例,除非有特殊要求,被试通常在8—12人,亦有使用6—8人者,本研究被试数量超过这一标准。

⑤ 统计处理时,删除了未完成任务被试的数据,同时删除了高于均值两个标准方差以上的异常值。

⑥ Goldberg, H. J., Kotval, X. P., "Computer Interface Evaluation Using Eye Movements: Methods and Constructs", *International Journal of Industrial Ergonomics*, Vol. 24, 1999, pp. 631—645.

⑦ Cowen, L., Ball, L. J., Delin, J., "An Eye-movement Analysis of Web-page Usability" in X. Faulkner, J. Finlay, & F. Détienne (Eds.), *People and Computers XVI—Memorable Yet Invisible*: *Proceedings of HCI* 2002, *London*: *Springer-Verlag Ltd.*, 2002, pp. 317—335..

⑧ Poole, A., Ball, L. J., Phillips, P., "In Search of Salience: A Response Time and Eye Movement Analysis of Bookmark Recognition" in S. Fincher, P. Markopolous, D. Moore, & R. Ruddle (Eds.), *People and Computers XVIII — Design for Life*: *Proceedings of HCI* 2004, London: Springer—

Verlag Ltd. ,2004,pp. 365－378.

⑨ 测试前熟悉程度分为:1＝完全没有使用过,2＝试过一两次,3＝偶尔用过,4＝使用过,5＝经常使用。使用移动网站均值为 3.43,联通为 1.29,二者差别十分显著(p＜0.01)。但相关性检验显示,测试前熟悉程度与其他变量均无显著相关性。据此可以认为,测试反馈好坏与网站熟悉程度无显著联系。

⑩ Alex Poole, Linden J Ball & Peter Phillips, "In Search of Salience: A Response-time and Eye-movement Analysis of Bookmark Recognition", *People and Computers XVIII — Design for Life*, 2005, pp. 363－378.

⑪ 〔美〕Jakob Nielsen, Kara Pernice:《用眼动追踪提升网站可用性》(*Eyetracking Web Usability*),冉令华、张欣、刘太杰译,电子工业出版社 2011 年版,第 79 页。

⑫ 由于篇幅限制,本文没有提供无任务时首页浏览热点图。

论“电子大字报”的传播特点、社会危害及应对之策*

◆ 廖祥忠

近年来,我国互联网使用人数不断激增,甚至超过了西方发达国家,网民在社会生活中扮演着越来越重要的角色。然而,一些网站的许多页面上却充斥着大量造谣、侮辱和谩骂的帖子,有的甚至还有图片和视频。网络本来是一个人们互相表达不同观点、相互交流的公共场所,这些帖子的存在,就好像一座干净整洁、环境幽雅的公园,因为乱倒的垃圾不断累积,而变成了一个臭气熏天的垃圾场。读罢这些帖子,如同让人食蚊吞蝇,大倒胃口。在此,笔者将这种帖子统一定义为“电子大字报”。所谓“电子大字报”是指利用数字媒体技术平台,以胡乱捏造、讽刺恶搞和诋毁谩骂为主要内容和目的,通过电脑、移动多媒体终端向用户传播的文字、图像、音/视频等信息。

现代网络在数字技术的推进下得以高速发展,基于社交服务的各种网络在线产品也高度普及,包括论坛、博客、播客、SNS社交网站、视频网站和微博在内的电子网络领域呈现出一派欣欣向荣之景。与此同时,互联网时代的个人化传播崭露头角,自媒体特色得到鲜明体现。这些给现代人搭建了信息交流的无障碍平台,也在一定程度上维护了社会的公平正义。但是,如果这种网络交流演变成侮辱谩骂、人身攻击等恶意发言行为,就不仅逾越了道德和文明的底线,还为现代法律所不容。

据媒体报道,上海某幼儿园园长刘某在某知名网站论坛发现自己被指名道姓地写入“幼儿园全体教职员工要求集体罢免腐败、变态园长事件”“幼儿园园长可谓

---

* 原载于《现代传播》2012年第3期。

罪孽深重”“幼儿园惊人事件”的帖子，特别是被冠以“罪孽深重”“腐败”“变态”等字眼。这让刘某的工作和生活受到了严重的影响，刘某一怒之下向发布帖子的网站投诉要求删帖，并向法院提起了名誉权侵权诉讼。更有甚者，目前网络游戏里有一群人打着“专业代骂”的旗号，到处招揽生意，只要你支付一定数量的虚拟货币，指定要骂的人，他们就会 24 小时在线不停地谩骂，语言肮脏，直到把这个人在网游社区的名声搞臭，而且此“生意”还十分兴隆。

这些事件的发生，值得我们深思和反省。网络技术的发达，虽然在一定程度上为人们的社会生活带来便利，有时却可能充当了助纣为虐的角色，导致没有底线的情感伤害，也引发了社会的诚信危机。

一、“文字大字报”与“电子大字报”

“文革”中出现的“文字大字报”就是以文字作为传播内容主体、以纸张作为传播介质，粘贴在大街小巷的墙壁之上，形式上类似于今天的海报。作为“大鸣、大放、大字报、大辩论”的“四大”之一，“文字大字报”是特殊年代里的一种政治表达，也是当时阶级斗争的一种特定形式。自从北京大学的聂元梓等人贴出所谓的“第一张马列主义大字报”开始，大字报的狂飙在“文革”期间席卷全国。“横扫一切牛鬼蛇神”“我们要文攻武卫”“东风吹，战鼓擂，现在世界上究竟谁怕谁？不是人民怕美帝，而是美帝怕人民”“宁要社会主义的草，不要资本主义的苗”……诸如此类的“文字大字报”用口号性、标语性甚至带有暴力色彩的语言引发了现实世界里的街头围观，形成了街谈巷议，发动群众的传播效果呈现出初期的区域化、行业化的局部性的特点，一部分有影响力的也会传至全国，形成全局性的整体表达。这种大字报的传播内容以政治性为主，进行派别性的划分和批判，后来从揭露隐私开始，深挖历史问题，成为政治斗争的工具。一些扭曲事实、颠倒黑白的大字报，动辄就上纲上线，漠视法制和道德，故意诽谤栽赃，搞打击报复，给社会生活带来了十分恶劣的负面效应。

“文革”中的“文字大字报”制造出了一个又一个悲剧、一桩又一桩冤案，包括国家主席刘少奇在内的许多人都被大字报诬陷为“叛徒”“特务”“走资派”“反动学术权威”等，他们一个个被打倒在地，弄得妻离子散、家破人亡。2012 年“两会”期间，开国元勋贺龙将军之女、原中国军事科学院军事百科研究部部长、77 岁的贺捷生在政协小组的讨论会上以亲身经历讲述了网络帖子冒充自己写父亲贺龙的大字报的事情,贺老在发言的最后哽咽坦言:"我已经成了老人,再也不愿意沉默下去。我敢以人格担保,那张所谓的大字报,完全是在伪造!"贺老认为,这些大字报颠倒黑白、祸国殃民,能引起新的恐慌,造成情感伤害,令人深恶痛绝。[①]

"文革"中的"文字大字报"是一个灾难深重的历史教训,其释放出的巨大的消极和破坏作用让国家和人民付出了惨痛的代价。正因为此,"文革"之后,党和国家也对此作出深刻的历史反思。1980年1月中旬,在中共中央召集的干部会议上,邓小平同志指出:这个"四大"的做法,作为一个整体来看,从来没有产生过积极的作用。随后,根据大多数干部和群众的意见,党中央提请人大常委会和全国人大审议,取消了其在《宪法》中的有关规定,"文字大字报"遂退出历史舞台,成为历史的遗迹。

如果说,在"文革"中盛行一时的"大字报"主要依赖于文字主体的纸质传播,那么"电子大字报"却是利用论坛和微博等工具进行全息化的电子信息发布。进入到视听综合的电子传播阶段,信息发布从内容、途径到形式都发生了质变,传播内容不再仅仅使用文字语言,图像、声音与文字三位一体的电子内容仿佛插上了数字化的双翼,特别是在三网融合的大势驱动之下,电子媒介以及各种网络应用产品以无限的可能性,成为信息社会中最有力的传播工具。在这样的情况下,一个相对于现实世界的数字化世界便"真实"地展现在我们面前。信息的量态呈现,一方面更为迅捷、生动和丰富,另一方面也更为繁杂、模糊和混乱。一些流行的网络语言,如"发帖""跟帖""灌水""拍砖""沙发""飘过""人肉""围观""水军"等,对此作了绝好的注脚。

"电子大字报"与"文革"中的"文字大字报"并无直接关联,但从实际现象上看,其诋毁性质、暴力色彩和社会危害甚至更胜于后者。人们不禁感叹,网络谩骂是一种社会悲哀,"电子大字报"的存在使网络变得野蛮起来,污染了现今的网络环境,使网络应该体现出来的公平与文明变味。在这里要特别指出的是,网络技术的跃进在揭露社会问题、反对官场腐败等方面是屡有建树的,也是新形势下民意诉求的一种有效载体,但是不能因此就可以忽视"电子大字报"的网络密集现象。如何正确认识和对待"电子大字报",应该引起有关部门和公众的足够重视。"电子大字报"与其他网络产品一样,其草根性、平民化的特点,尤其是匿名性的网络发布形式,给网络安全带来了极大的隐患是一个不争的事实。在互联网各大网站、社区、论坛以及博客、微博上，我们常常看到网民的大量围观形成“一边倒”的舆论潮流。很多网络信息缺乏实证，用所谓的“标题党”蛊惑人心、博取眼球，很多网民在某个信息点的刺激下，失去理性思考，冲动而盲从，大量地转帖发帖，使得“电子大字报”得以快速流行，产生了背离人心、完全负面的影响。

二、“电子大字报”的传播特点与社会危害

“电子大字报”有别于真正体现民意诉求、揭露社会问题的那些网帖，释放出的完全是负面消极的传播效应。尼葛洛庞帝就曾经这样描述虚拟世界：“虚拟世界能使人造事物像真事物一样逼真，甚至比真实事物还要逼真。”[②]数字世界的过度传播，已经引发了一系列的问题。不论“电子大字报”的传播形态和传播方式发生什么样的变化，其实质仍然是一种公众舆论。既然为公众舆论，就有一定的原则和责任。著名的传播学者麦奎尔曾指出：“这种框架意味着媒介组织也是社会机构。在不同程度的自愿和明确承诺下，这种社会机构履行着直接赢利目标之外的特定重要公共任务。无论媒介有没有承认这点，在开放社会中的民意通常都会期待（整体）媒介在信息、宣传与文化上为公共利益服务。”[③]显而易见，违背了社会公共利益，挑战道德良知与民主法制的底线，将为任何社会所不容。当前，“电子大字报”进行负面传播，所引发的社会危害不容忽视。

（一）传播的聚变与盲从

随着个人化的人际传播的加强，“电子大字报”的自媒体力量显示了出来。个人化发布，几乎没有门槛设限，通常文字粗糙松散，随意性比较大。“电子大字报”可以使公众在网络上持续围观，将现实生活中人们的街谈巷议纳入网络空间，集聚性强，传播迅捷，火力很猛。2003 年的“非典”事件已经过去将近十年了，然而在 2012 年 2 月，河北保定的刘某在完全不了解保定市某医院救助病人发热情况的情况下，为了提高自己网站的点击量，提高自己网站在群众中的知名度，凭借着自己的小聪明和臆想就将病人发热归类于“非典”，并且在自己的网站上公布。结果该信息被许多门户网站、知名人士和普通网民转载围观，混淆了广大群众的视听，给社会带来了很严重的不良后果，极大地影响了社会公众的正常生活。刘某随后受到了保定市公安部门的严厉查处，被依法劳动教养 2 年。类似这样的例子不胜枚

举,比如还有一些关于地震等灾难的传言。

出于恶意的“电子大字报”往往以博“眼球”的姿态,将事件变小为大,引爆事态发展突变而非渐进,所以又被称为“病毒式传播”。这种核聚变式的“病毒式传播”大大推动了“电子大字报”的快速流行,迎合了图像转型年代里受众的特点,只要有一个所谓的“外部事件”,就势如破竹、一触即发。论坛的发帖、转帖、评帖与微博的层层转发就像一个雪球越滚越大,信息量无与伦比。由于网络匿名的特点和网络传播的自由化,“电子大字报”的盲目性不言而喻。

(二)信息的泛滥与失真

“电子大字报”对内容的要求是要呈现出一定的惊爆点——私密性的泄漏,俗称“爆料”,这便有了噱头和卖点。为了制造噱头,不惜以“标题党”自居,耸人听闻、重度刺激,制造出乱花渐欲迷人眼的假相。信息发布方式的简单便捷,使某些人的宣泄情绪和表达欲望强烈,大量虚假的、浮躁的、重复性的、低级趣味的垃圾信息泛滥,同时也湮没了许多有效信息。自媒体的自由传播状态,欠缺“把关人”的筛选与核实,让公众真假莫辨。就像20世纪初期“黄色新闻业”的兴起一样,信息报道的准确性不被尊重,一些用户缺乏独立思考,不负责任地转发信息,又再次加剧了其负面影响。

与传统的报纸、广播、电视等媒体不同,“电子大字报”所置身的这个“网络空间好比是一个不需要护照、没有边防检查站的‘数字化王国’,这种自由使语言这把双刃剑的两面都得到了扩展:在增强人类收集和利用信息能力的同时,也为编辑、传播、操纵虚假信息提供了更先进的工具、更隐蔽的手段”[④]。信息的泛滥和失真都带来了“信息的不可知论”,与整个社会的发展、文明的进步恰恰背道而驰。

(三)道德的削弱与变异

在虚拟的数字化世界里,匿名虽然建构了某种自身的民主和自由,但往往也在这种名义之下,解构了他者的民主和自由。对他者的牺牲,成就了自我,道德沦丧与落空,实乃以一种倾向掩盖了另一种倾向。“在电子大字报上也大量充斥着‘文革式’的谩骂、侮辱、诋毁和造谣,这些非理性的言论往往具有偏激性、夸大性、煽动性、攻击性,混淆视听,让人真假难辨。”[⑤]有些网帖还善于利用人们的同情心和美好善良的人性,以弱者心态在网络上大搅浑水。凡是与“宝马女”“官二代”等关键词沾边的事件都容易刺激大众的神经，从而引发关注。与“电子大字报”的勃兴不同，这几年基层官员们的日子不太好过，如果稍有不慎，他们便会沦为攻击的“靶心”，被别有用心地泼上污水，如果没有适当的规范和引导，政府的公信力就会受到严重冲击。

让人诧异的是，有人出于非道德目的地发帖，却也有人轻易被欺骗利用，成为恶性传播的帮凶。在“郭美美微博炫富”事件中，事主郭美美杜撰了“中国红十字会商业总经理”的身份发表微博，网友的转发跟进、大量围观，字里行间充斥嫉妒、羡慕或谩骂，每转发一次就为事主增加了人气和知名度，使其知名度大大提升，引发了一场一发不可收拾的闹剧。自此之后，中国红十字会的各级部门就处于舆论的风口浪尖，连正常工作的开展都受到了很大的影响。更有甚者，2011 年浙江杭州的一位男性编辑以失足少女的身份开设微博，揭秘个人隐私，受到杭州警方的查处。同样是在 2011 年，“广州一母亲跪地爬行乞讨救子事件”在某论坛上获大肆炒作，事后证明竟是一起人为策划事件。“电子大字报”的道德水准如果像这样失去了最后的底线，那么整个社会的公信力都会受到质疑。

(四)思考的断层与消解

“电子大字报”以一种先验的姿态介入受众的视野，具有快餐式和碎片化的接受特征与消费特征，只需人们作出直接的浅层反应和快速的更新，拒绝和阻碍人脑作连续、流畅、深度的思考，长此以往，它将使我们感情淡漠、思想消解。著名相声演员马季去世后，网上还有许多人骂他是应声虫，说他破坏了相声，还有人说他“文革”期间曾打过侯宝林，经事后澄清，这些都是以讹传讹的“莫须有”事件，但很多不知情的网友却在那里骂得热火朝天。

根据媒介系统依赖理论的说法，“认为一个人越依赖于通过使用媒介来满足需求，媒介在这个人生活中所扮演的角色就越重要，因此媒介对这个人的影响力就越大”[6]。媒介对人的影响是通过内容来实现的，不管何种形式的“电子大字报”，经过灌输和放大，都容易让人进入游戏般的颠覆和娱乐般的消解，快感之上、行动之下，人的心灵大为异化，从而成为扁平的和单向度的人。2012 年新年前后，发生了一场“韩方大战”的跨年事件，“打假斗士”方舟子质疑韩寒的文章涉及代笔，并有幕后团队包装运作，双方互掷证据，不可开交。两方的粉丝团加入网络群殴，相互谩骂，在网络追杀令下完全失去思考的理性，很少有人去质疑和论证事件本身的真伪。2011 年 3 月，日本海啸发生之后，中国的许多网民通过邮件、QQ 和微博等收到了一张据说来自于 BBC 的核辐射扩散图片，图片显示中国的许多地方将遭受辐射，网友疯狂转发，引起了大面积的恐慌，引发了极为荒唐的“抢盐潮”。事后经证实，这张图片完全是子虚乌有，但是却给社会带来了极大的危害。网络缺乏规范和监管，使得“电子大字报”几乎没有发布的成本可言，可引发的结果却总让人难以买单。

三、“电子大字报”的应对之策

广东省委书记汪洋在同网友进行在线交流时曾说：“网络，应该是网民参政议政的重要场所、享受幸福生活的‘虚拟家园’，而不是谩骂攻击的‘角斗场’。批评要有批评的制度，揭露要有揭露的规则。在网上无端欺负弱者、恶意侮辱他人，不是文明进步的表现，也不会享受到真正的幸福快乐。”[⑦]“电子大字报”的传播往往伴随着情绪的宣泄和过度的放大，非理性的一面非常明显。古人讲凡事要“三思而后行”，其实我们在生活中，为人处世的方方面面尚需谨慎，更何况在虚拟的网络世界中呢？有人说，“电子大字报”的盛行预示着社会文化的解体，是文化低迷的重要表征。如果公众继续缺乏理性对待，网络继续监管缺位，那么上述说法将不再是耸人听闻的言论了。世易时移，对“电子大字报”必须从以下四个层面进行合理的监督和管理，才能营造出一个绿色清新的网络世界。

（一）政府

面对网络上异常肆虐的“电子大字报”，政府的文化、广电等相关部门要加强监管，抑制其高发和密集的态势。美国新闻评论家李普曼在《公众舆论》中这样提到：“如果没有某种形式的审查制度，这个世界就不可能存在严格意义上的宣传。为了进行某种宣传，就必须在公众与事件之间设置某些屏障。”[⑧]对于政府来说，这种“屏障”就是一种安全防护盾牌，把假、大、空甚至是低俗的负面元素从公众视野中隔离出去，使数字空间获得净化。另外，政府要针对实际情况，积极寻求法律途径规范“电子大字报”的发布和使用，强制其进入法制化轨道。要对现有的电子信息发布法规进行梳理和整合，尽快建立健全符合实际情况的法律法规，并做到有法可依、有法必依。对此，行业主管部门与执法部门应该大力协作，实现对“电子大字报”现象的纠错能力、追责能力的双提升。

(二)行业

传媒行业,尤其是互联网行业,应该以高度负责的态度进一步加强行业自律,采取必要的管理措施和技术措施,肩负起为青少年和全社会提供安全健康的网络环境的历史使命。在传播的链条上,各类网站是最有力的传播者和传播载体,拥有着极大的便利性和极高的渗透力。对互联网企业来说,在拥有相当权利的同时,也必须承担相应的义务,否则就是危险的特权。“电子大字报”的发布媒介,要充分发挥“把关人”和“议程设置”的作用,对恶劣信息进行筛除和屏蔽,对非法首发用户进行限制,对恶意发布信息的 IP 地址建立黑名单制度。在网络发言的个体可以拥有心理和情绪上的自由,但网站则必须站在一个客观理性的立场上,充当政府进行审核的一把“尺子”,充分发挥“第一线”的作用。传媒行业要在保证信息准确和快速的基础上,尽量避免信息的过于消极和过度放大,要化解矛盾而不是激化矛盾,万万不可煽风点火,作出误导。

(三)发布者

网络的进步与发达及自媒体时代的来临,使我们每一个人都有参与网络的机会。这对于信息的发布者来讲,说到底还是一个道德问题。没有基本的道德衡量,虚拟空间里大量充斥着网络黑客、网络暴民以及所谓的“水军”,就没有任何诚信和责任可言。加强道德修养,是每一个公民恒其一生的课题。面对现实世界是这样,面对网络世界也如此。我们每一个人在享受着网络便利和自由的同时,不应该放下自我的道德律令。网络技术与网络文明是相辅相成的,二者缺一不可,而网络文明又建构在个人文明的基础上。面对数字化的网络世界,我们每一个人都应该捡起一块现实世界里的“遮羞布”,力争不乱说、不胡说,“电子大字报”就无处躲藏。遨游在网络世界里,如果每一位现代公民都能做到“有没有交通警察,都能红灯停、绿灯行”,那网络文明的时代就真正来临了。

(四)受众

“谣言止于智者”,谎言并非坚不可破。“电子大字报”是谁发布的、在什么情况下发布的、是如何发布的、怎样去还原真相,这些都是受众需要思考的问题。从现代传播的视角来看,对“电子大字报”的接受体现着一种高度的媒介自觉和媒介素养。媒介素养的概念起源于近代西方传播学的研究成果,一般是指人们面对各种媒介信息时所应具备的选择能力、理解能力、质疑能力、评估能力、创造能力、生产能力以及思辨的反应能力,而媒介素养的最高目标则是指向这样的层次:能够充分利用媒介资源以完善和鞭策自我,积极参与和推动社会进步。数字化技术所构建的网络空间发展迅速,人们对它的适应和驾驭还有一个过程。“由于大众传播的普及、信息传播技术的飞速发展,现代人的认识能力即‘虚拟环境’大大扩张……然而,与此同时,现代人对这种‘虚拟环境’的验证能力则(相对地)大大缩小了。”[9]因此,提高受众的媒介素养,是应对“电子大字报”负面传播的万全之策。不造谣、不信谣、不传谣,理性发帖、转帖,远离污蔑和谩骂,只有这样,我们才能有效地在具体实际中创造、传播和接受信息,并正确地判断和评估出其意义和作用,促进社会的进步与发展。

注释:

① 《贺龙之女呼吁彻查网络大字报 曾遭诬陷》,新华网,http://news.xinhuanet.com/politics/2012-03/10/c_122816242.htm。

② 〔美〕尼葛洛庞帝:《数字化生存》,胡泳等译,海南出版社1996年版,第140页。

③ 〔荷〕丹尼斯·麦奎尔:《麦奎尔大众传播理论》,崔保国等译,清华大学出版社2006年版,第155页。

④⑤ 易重华:《“电子大字报”同样是脆弱的》,湖北理论信息网,http://www.hbllxx.com/typenews.asp?id=3555.

⑥ 〔美〕斯坦利·巴兰、丹尼斯·戴维斯:《大众传播理论:基础、争鸣和未来》,曹书乐译,清华大学出版社2004年版,第315页。

⑦ 《汪洋:网络不是谩骂攻击的“角斗场” 批评要有批评的制度》,http://cpc.people.com.cn/GB/64093/64094/15072629.html。

⑧ 〔美〕沃尔特·李普曼:《公众舆论》,阎克文等译,上海世纪出版集团2006年版,第32页。

⑨ 张国良:《传播学原理》,复旦大学出版社2004年版,第51页。

九〇后大学生的网络认知定势对其微博应用的影响*

◆ 黄京华 赵晓初 钟活灵

一、研究缘起

认知定势是人们在认识活动中的一种主体能力，包括世界观、经验、知识和需要意识、价值观念及意志、情绪等诸方面的因素。认识论领域中的认知定势，是积淀于主体生理和意识之中的一种认知势能。[①]就网络应用而言，不置可否，经济水平的不平衡从根本上决定了网络用户可占有的社会网络资源、知识资源、使用技能的不均衡性，但以上因素并非完全直接作用于网络使用者的行为层面，而是首先沉淀为态度、情感和心理因素，进而再影响其使用形态。基于此影响机制，美国学者Joo-young Jung 和他的同事于 2001 年共同提出了因特网联系指标（Internet Connectedness Index，ICI）。这一指标纳入了传统的时间、历史和环境尺度，并超越这些尺度，增添了上网目的、网络活动和网络在生活中的中心性等尺度……通过这一新的指标，他们试图弄清人们在获得因特网接入之后，与因特网之间关系的多维属性。[②]国内学者曾凡斌也提出“对互联网的态度及自我效能感”等情感因素会对使用沟，即网络使用行为差异产生影响。[③]若以认识论中的认知定势来解释上述观点，即网民在网络使用过程中累积形成的对网络的认知，将影响其后续的网络应用。

九〇后大学生作为“第一代互联网原住民”自然是微博用户中不可忽视的重要

* 原载于《现代传播》2012 年第 4 期。

群体。基于此,笔者利用九〇后大学生对网络的认知态度和依赖心理测量变量的调查数据,采用探索性因子分析的方法建构不同指向的网络认知指标,并据此应用聚类分析的方法细分九〇后大学生,进而研究不同类型的九〇后大学生在使用微博时的差异化行为,以说明九〇后大学生的网络认知定势对其微博应用所存在的影响与表现。

二、研究方法

(一)调查样本情况

本次研究覆盖了国内有代表性的八座一线和二线城市,包括北京、上海、广州、武汉、成都、沈阳、西安和郑州。采用面访、问卷调查的方式,共调查了涉及 33 所高校在内的 1600 名大学生(每城市 200 人),并对其中 50 名学生进行了面对面深度访谈。调查对象是 1990 年以后出生的在校大学生。调查执行时间是 2011 年 6 月 14 日至 2011 年 7 月 10 日。

问卷调查的 1600 名受访学生中,男女生所占比例分别为 48.9%和 51.1%;年龄最小的 17 岁,年龄最大的 21 岁,年龄为 21 岁和 20 岁的学生所占比例为 67.2%。本科生和专科生分别占 87.6%和 12.4%。生源地是城市的占 68.1%,农村的占 31.9%;其中独生子女所占比例为 48.9%,非独生子女所占比例是 51.1%。

需要注意的是,由于调查数据中有些变量存在缺失的情况,在后文的分析中,有效样本量通常少于 1600 人,对此不再一一赘述。

(二)网络接触行为的测量

对九〇后大学生网络接触行为的测量,包括关于互联网接触时间长短和目前使用程度的测量。调查问卷中相应的问题分别是:"请问你是什么时候开始接触互联网的?""请问你比较频繁(一周有 3 天及以上)地上网大概有多长时间了?""请问你目前的上网频率?"

数据分析结果显示,无论是对互联网接触时间的长短还是目前的使用程度,九〇后大学生之间都存在着一定的差异。1600 名受访学生中,接触互联网的时间始于小学或者更早的占 26.1%,始于初中的占 46.1%,始于高中的占 23.2%,大学才开始接触互联网的仅占4.6%。受访学生比较频繁地上网(一周有3天及以上时间上网)持续1—2年的所占比例最高,为38.1%;3—4年的比例是22.7%;不到1年的是21.8%;5年及以上的是12.9%;仅有4.6%的人表示目前还没有比较频繁地上网。受访学生中,每天上网的比例最高为61.7%;其次是一周3天及以上时间上网,比例为21.4%;一周1—2天上网的比例是12.6%;半个月中有1天上网或更少的比例是2.6%;还有1.8%的人表示记不清了。

(三)用探索性因子分析建构网络认知指标

由于互联网的快速发展与九〇后大学生认知能力的形成几乎处于同一时期,九〇后大学生对网络的依赖心理几乎是与生俱来的。但是,个体间差异的存在导致他们对网络的评价和看法必定会有不同的走向。如表1所示,对所列举的12道关于网络认知态度和依赖心理的五级量表题目,进行探索性因子分析以建构网络认知指标,所得到的三个因子表明了九〇后大学生网络认知的三种指向,分别命名为:情感指向、社交指向和工具指向。

表1　网络认知态度和依赖心理量表的因子分析结果

因子及命名	题目	因子负荷	方差贡献率(%)	累计方差贡献率(%)
因子1:情感指向	我上网是因为网络带给我很大的归属感	0.800	22.710	22.710
	对我来说,上网比上课更重要	0.760		
	没有网络,我将无法生活	0.749		
	网络带给我强烈的满足感	0.669		
因子2:社交指向	互联网加强了我与朋友的联系	0.709	16.579	39.289
	上网以后,我比以前更加关注社会事件	0.657		
	互联网是我发表意见的主要渠道	0.643		
	通过互联网我认识了很多新朋友	0.629		
因子3:工具指向	互联网是我获取信息的最重要途径	0.754	15.679	54.968
	通过网络,我查阅了大量专业资料,有助于学习	0.712		
	遇到问题时,我首先会去网上找答案	0.573		
	没有互联网,我的娱乐生活会很单调	0.537		

从量表题目的指涉来看,在三个因子中,情感指向的含义在于,视网络为生活中不可或缺的一部分,上网不仅是为了实现具体的目的,同时也是一种习惯性行为,是获得归属感和满足感的重要途径;而工具指向意味着带有十分明确的目的使用网络,不侧重于情感上的需要,意在解决实际的问题,如获取信息或是娱乐放松;社交指向则更倾向于利用网络实现自身与家人、朋友、社会的互动,使用行为更多是为了满足其作为社会人的心理需求,社交指向因子涉及的情感因素介于情感指向因子和工具指向因子之间。

统计结果显示,三个因子的累计方差贡献率是54.968%。计算内部一致性信度,12个题目总体内部一致性信度为0.780,3个因子内题目的内部一致性信度依次为0.780、0.625和0.625,都在0.6以上,表明因子内部各个题目之间高度一致。

三、不同类型网络使用人群的划分及其特征

本研究尝试用网络认知的情感指向、社交指向和工具指向三个不同的维度细分网络使用者。不同指向所预设的网络认知定势代表了不同使用者对互联网的经验积累和知识判断,而它最终会转化为不同形态的使用行为。但是,这种内在差异的外化过程会经历一种心理情感的沉淀机制,首先形成使用者对互联网的不同依赖形态,依赖形态是九〇后大学生对互联网的不同指向的认知定势在心理情感层面的一种体现。在这一层面上,通过聚类分析的方法,九〇后大学生可被细分为四种类型的网络使用人群:工具依赖型人群(353人)、弱依赖型人群(432人)、社交依赖型人群(429人)和强依赖型人群(353人)。从表2中可以看到,工具依赖型人群在工具指向因子上得分最高,弱依赖型人群在三个指向因子上得分都为负值,社交依赖型人群在社交指向因子上得分最高,强依赖型人群在三个指向因子上得分都为正值,且在情感指向因子上得分最高。

表2 四种类型的网络使用人群的因子得分均值

总有效样本(N=1567)	工具依赖型人群(N=353)	弱依赖型人群(N=432)	社交依赖型人群(N=429)	强依赖型人群(N=353)
情感指向因子	−.30992	−.14387	−.65482	1.28178
社交指向因子	−.95514	−.35598	.87854	.32310
工具指向因子	.83082	−1.09413	.21745	.24391

对不同类型网络使用人群特征的描述从人口统计特征和网络接触程度两个层面展开。解读表3中数据可以归纳出四种人群的特点。

(一) 强依赖型人群

强依赖型人群属于全面型使用者。对于此类型人群,网络既是一种情感归属,又是一种社交手段,同时,也扮演着重要的工具角色。从人口特征角度看,强依赖型人群中有77.1%的成员来自城市,独生子女比例达62.9%,均高于其他三种类型人群。可见,城市人口和独生子女是强依赖型人群较突出的人口特征。而从接触互联网的行为来看,强依赖型人群小学或更早接触互联网(36.0%)、频繁上网3年及以上(50.7%)和目前每天上网(75.4%)的比例均高于其他三种人群,强依赖型人群的互联网接触行为表现出鲜明的特点,即时间早、层次深、频率高。

(二) 工具依赖型人群

工具依赖型人群属于理性的互联网使用者,其网络使用行为多为借助互联网工作以达到特定目的,他们的使用行为属信息导向型,较少带有感情因素。与强依赖型人群相似,工具依赖型人群中也存在城乡不均的情况,该群体中来自城市人口比重高达75.1%。与强依赖型人群不同的是,工具依赖型人群没有明显的独生子女倾向或是非独生子女倾向,其独生子女和非独生子女两种情况的比例与有效样本中相应的比例接近。工具依赖型人群网络使用深度不及强依赖型人群,但小学或更早接触互联网(27.2%)、频繁上网3年及以上(36.3%)和目前每天上网(62%)三项比重均高于社交依赖型人群和弱依赖型人群。

(三) 社交依赖型人群

英国学者Livingstone和Helsper(2007)发现,娱乐和沟通类的应用(往往处在网络应用金字塔的底端)是通向那些最具社会价值应用(处在金字塔的顶端)的必经之路。[④]社交依赖型人群则是一个处于网络应用金字塔相对底端的群体,它是工具依赖型人群之外,介于强依赖型与弱依赖型两个极端之间的另一种使用形态。相比强依赖型人群和工具依赖型人群,该群体成员的城乡比例差距略小,其中62.7%的成员来自城市,37.3%来自农村。而其独生子女和非独生子女的分布也相对均衡,比例分别为45.6%(独生子女)和54.4%(非独生子女),与有效样本中相应比例差距不大。社交依赖型人群属于初级的互联网使用者,因此频繁、深度使用者的比例也低于前两种人群,小学或更早开始接触互联网、频繁上网3年及以上和目前每天上网的成员比例分别为24.2%、32.7%和60.3%。

(四)弱依赖型人群

弱依赖型人群属于使用层次最低的一种网络使用者,不管是情感层面,还是工具和社交层面,他们对互联网的依赖度都较低,处于一种极端状态,尚未形成深层次的使用习惯和使用理性。该类型使用者的人口特征和互联网接触行为也具有鲜明的特点。从人口特征的角度看,弱依赖型人群中农村人口和非独生子女的比例最高,分别为38.2%和60%。从互联网接触行为看,四种人群中弱依赖型人群接触互联网时间晚且使用频率低,小学或更早开始接触互联网(19%)、频繁上网3年及以上(26.2%)和目前每天上网(51.6%)的比例均为最低。

表3 四种人群的人口特征和互联网接触程度

使用者类型	工具依赖型人群(N=353)		弱依赖型人群(N=432)		社交依赖型人群(N=429)		强依赖型人群(N=353)		有效样本合计(N=1567)		卡方值	概值
	人数(人)	百分比(%)	人数(人)	百分比(%)	人数(人)	百分比(%)	人数(人)	百分比(%)	人数(人)	百分比(%)		
生源地												
城市	265	75.1	267	61.8	269	62.7	272	77.1	1073	68.5	34.670	.000
农村	88	24.9	165	38.2	160	37.3	81	22.9	494	31.5		
独生子女												
是	175	49.6	173	40.0	195	45.6	222	62.9	765	48.9	43.174	.000
否	178	50.4	259	60.0	233	54.4	131	37.1	801	51.5		
接触互联网程度												
小学或更早接触互联网	96	27.2	82	19.0	104	24.2	127	36.0	409	26.1	37.701	.000
频繁上网3年及以上	128	36.3	113	26.2	140	32.7	179	50.7	560	35.7	76.404	.000
目前每天上网	219	62.0	223	51.6	258	60.3	266	75.4	966	61.7	60.535	.000

注:社交依赖型人群中,分别有1人未回答是否为独生子女,1人未回答目前上网情况,故相应问题的百分比计算均以428人为基数,对应的有效样本合计均为1566人。

四、不同类型网络使用人群微博应用比较

认知定势可以成为主体接收新信息、发展新认识的重要能力，也可以成为限制主体认识的阻力。据此可以假设，九〇后大学生的网络认知定势必然形成某种惯性，为其新的网络应用行为预设方向和轨道。

（一）微博的使用

对于这样一个兼具社交属性和媒体属性的新型开放交流平台，四种人群的采纳和使用各有特点。四种人群与其微博使用频率的卡方检验结果中，卡方值为87.550，概值P＝0.000＜0.05，表明四种人群在微博使用频率上存在显著差异。如表4所示，对网络依赖程度越高、网络依赖倾向性与微博的传播特性越一致的人，就越容易采纳微博，使用频率也越高。强依赖型人群由于对网络各个方面的情感依赖度最高，微博的参与度和卷入度比其他三种人群明显要高，“没有微博”的比例是最低的，“一天发3次及以上”的比例是最高的，是典型的“微博控”。社交依赖型人群更倾向于在网络上展现和表达自我来形成良好的社交关系，这与微博的社交属性较为一致，因此他们采纳和使用微博的频率也较高。相反，工具依赖型人群主动用网络来获取信息和解决实际问题，侧重工具性使用，较少在网上暴露自己。眼下微博虽火，但在其使用价值充分呈现之前，他们对这项新应用持较为保守观望的态度，“没有微博”的比例是最高的，“一天发3次及以上”的比例是最低的。

表4 四种人群和他们微博使用频率的交互分析

使用者类型	工具依赖型人群（N＝352）		弱依赖型人群（N＝428）		社交依赖型人群（N＝428）		强依赖型人群（N＝352）		有效样本合计（N＝1560）	
	人数（人）	百分比（%）	人数（人）	百分比（%）	人数（人）	百分比（%）	人数（人）	百分比（%）	人数（人）	百分比（%）
微博使用频率										
一天发3次及以上	12	3.4	24	5.6	24	5.6	57	16.2	117	7.5
一天发1—2次	21	6.0	37	8.6	54	12.6	42	11.9	154	9.9
两天发1次或更少	117	33.2	113	26.4	142	33.2	87	24.7	459	29.4
记不清	57	16.2	87	20.3	78	18.2	77	21.9	299	19.2
没有微博	145	41.2	167	39.0	130	30.4	89	25.3	531	34.0

弱依赖型人群的情况较为相似。他们平素对网络的各个方面热度不高,即便是新晋的微博也不例外,“没有微博”和“两天发 1 次或更少”的比例分别为 39.0%和 26.4%。

(二)微博注册网站

尽管使用微博的九〇后大学生主要集中注册在新浪和腾讯,但由于这两家网站推出微博的起始时间和自身的资源优势不同,四种人群在平台选择上也呈现出差异性。强依赖型人群是全面型的网络使用者,会非常积极主动地跟进各种网络应用。而新浪又是国内最早提供微博服务的门户网站,在名人效应的带动下迅速掀起了微博热,这群网络先行者就更不会错过这个人气最旺的微博平台。从表 5 中数据可以看出,他们的微博注册在新浪的比例是四种人群中最高的。弱依赖型人群的情况则恰恰相反。他们在新浪的比例是最低的,在腾讯的比例却是最高的。腾讯将其微博捆绑在成熟的 QQ 客户端进行推广,原有的 QQ 用户便直接转变为微博用户。如此看来,在网络使用上较为被动的这群人很有可能是“被腾讯微博”的。工具依赖型人群把网络看作是获取信息的重要工具,其对微博的使用也是信息导向型的,因而更倾向于选择做新闻出身并拥有新闻和信息处理经验优势的新浪平台。社交依赖型人群把网络看作是重要的社交场合,只要是能拓展和维系社交圈子的平台都能吸引他们的目光:新浪将原有的明星、名人博客资源直接转变成明星、名人微博,使关系网有无限延展的可能;腾讯微博与 QQ 绑定,也是原有关系网的延续。社交依赖型人群在这两个网站的注册率都较高,其中,新浪为 68.1%,腾讯为 55.3%。

(三)关注的微博类型

在微博平台上,人与人之间的关系是通过“关注”来实现的。用户所有的关注构成了他的微博关系网。所谓微博关系网,既包括了“周围同学或朋友的”及“久未见面的同学或朋友的”等熟人圈子的微博,又涵盖了“明星”“名人”“媒体”和“企业”等陌生人圈子的微博。四种人群中,强依赖型和社交依赖型人群由于是网络社交的活跃分子,他们关注微博的热情普遍要高一些(详见表 5)。但从不同的微博类型来看,四种人群又各有侧重。强依赖型人群较为看重网络带给他们情感层面上的满足,因而在微博上也是重点关注与他们能进行情感交流的微博类型,如“周围同学或朋友的”“久未见面的同学或朋友的”这类熟人的微博以及能近距离实时接触明星的“明星微博”,他们对这些微博的关注度都是四种人群中最高的。社交依赖型人群由于对网络社交有很高的热情,微博无需认证的单向认证机制极大地方便了他们去拓展各种社交圈子,无论是自己认识的熟人还是平日不容易接触到的明星和名人,而且对社交的高需求也驱使他们保持对各种信息的高敏感度和高响应率,因而他们对“媒体微博”和“企业微博”的关注比例是四种人群中最高的。相比社交依赖型人群关注微博的面面俱到,弱依赖型人群则是一种截然相反的情况。他们本来对网络就没有什么热情和依赖,因此其各类微博的关注度在四种人群中均偏低。工具依赖型人群在网络使用上较为成熟和理性,偏重网络工具的实用性。在微博的信息洪流中,那些平日在别的信息渠道接触不到的、可以帮助解决实际问题的有用信息才是他们最需要的。因此,他们对各类微博的关注度基本上都低于整体平均水平,唯独特别关注“名人微博”,比例是四种人群中最高的。

(四)微博使用动机

DCCI 互联网数据中心发布的《2010 年中国互联网微博与社区调查研究报告》指出,微博成为即时的自媒体信息平台,用户使用微博的主要动机是记录自己的心情。这在本次研究中也得到了验证。如表 5 中数据显示,九〇后大学生使用微博的动机主要是“发表感想”“直播自己的某种经历”“发泄情绪”和“想让别人了解我”。这些动机都涉及“自我暴露”。这个术语是由美国心理学家西尼・朱拉德提出的,是指个体与他人交往时自愿在他人面前真实地展示自己的行为,倾诉自己的思想[⑤]。四种人群在微博平台上自我暴露动机的程度不一。社交依赖型人群倚重网络维系社交关系,而“良好的人际关系是在人们自我暴露逐渐增加的过程中形成的”[⑥],因此他们有自我暴露的强烈意愿。他们“发表感想”和“直播自己的某种经历”的比例是四种人群中最高的,“发泄情绪”和“想让别人了解我”也高于整体平均水平。强依赖型人群则稍稍有点不同,他们更倾向于利用网络来获得情感共鸣,“发泄情绪”和“想让别人了解我”的比例是四种人群中最高的。相形之下,由于工具依赖型人群倾向于通过网络来解决实际问题,弱依赖型人群对网络也没有社交和情感的依赖,两者都较为低调,自我暴露动机的比例均低于整体平均水平。此外,有小部分九〇后大学生基于微博具有即时分享的速度优势,喜欢用它来“爆料新闻”;有些人对微博并没有特别的兴趣,是因为“别人写,我也写”;还有部分是想要

表 5　四种人群的微博使用情况

使用者类型	工具依赖型人群		弱依赖型人群		社交依赖型人群		强依赖型人群		有效样本合计	
	人数（人）	百分比（%）	人数（人）	百分比（%）	人数（人）	百分比（%）	人数（人）	百分比（%）	人数（人）	百分比（%）
微博注册网站										
新浪	142	69.3	147	57.2	201	68.1	189	73.8	679	67.0
腾讯	97	47.3	149	58.0	163	55.3	106	41.4	515	50.8
样本量(人)	205		257		295		256		1013	
关注的微博类型										
周围同学或朋友的	149	71.6	188	71.8	223	74.8	204	77.3	764	74.0
久未见面的同学或朋友的	39	18.8	63	24.0	68	22.8	67	25.4	237	23.0
明星微博	91	43.8	92	35.1	149	50.0	138	52.3	470	45.5
名人微博	125	60.1	132	50.4	171	57.4	132	50.0	560	54.3
媒体微博	32	15.4	57	21.8	84	28.2	73	27.7	246	23.8
企业微博	27	13.0	34	13.0	64	21.5	31	11.7	156	15.1
样本量(人)	208		262		298		264		1032	
微博使用动机										
发表感想	158	76.7	196	76.0	248	83.2	193	73.1	795	77.5
直播自己的某种经历	56	27.2	74	28.7	120	40.3	89	33.7	339	33.0
发泄情绪	66	32.0	72	27.9	100	33.6	96	36.4	334	32.6
想让别人了解我	14	6.8	23	8.9	29	9.7	26	9.8	92	9.0
爆料新闻	10	4.9	13	5.0	19	6.4	22	8.3	64	6.2
别人写,我也写	5	2.4	9	3.5	10	3.4	17	6.4	41	4.0
吸引粉丝	2	1.0	6	2.3	9	3.0	19	7.2	36	3.5
样本量(人)	206		258		298		264		1026	

注:表中所列项目均为多选题,所以合计百分比超过 100%;微博注册网站中其他网站的选择比例较低,表中未予列出;关注的微博类型中其他类型的微博和都不关注的选择比例较低,表中未予列出。

要引起关注,为了“吸引粉丝”。强依赖型人群在这三项动机的选择比例都远高于其他三种人群,皆因他们对网络有极高的依赖度:一方面会很容易被网络牵着鼻子走,迅速跟进流行的微博;另一方面又很期待在网络上得到呼应,为了“爆料新闻”和“吸引粉丝”而发微博。而工具依赖型人群则恰好相反,这三项动机的比例远低于其他三种人群,可见他们在网络使用上更为成熟和理性,在虚拟世界里不容易迷失自己。

由以上的分析可知，在微博应用的诸多方面，四种人群有各自明显的倾向性。强依赖型人群侧重用微博来满足对网络的情感交流需求，社交依赖型人群侧重用微博来满足对网络的社会交往需求，工具依赖型人群侧重用微博来满足对网络的信息获取需求，弱依赖型人群使用微博的热情普遍比较低。这再一次印证了传播学里的“使用与满足”理论。人们接触媒介的活动是基于特定的“需求”动机，从而使自己的特定需求得到“满足”。[⑦] 但这些“需求”从何而来？本次研究证实了前文所提出的假设，九〇后大学生在网络应用的过程中形成了不同的网络认知定势，这些定势反映出他们对网络应用的倾向性需求，这些需求进而影响其是否采纳以及如何使用一项新的网络应用。

结　语

“自由”是互联网与生俱来的一种属性，也是它区别于传统媒体的重要特质，有学者认为，互联网不可比拟的海量信息资源及其自由获取信息的特性有助于缩小数字鸿沟，而本次研究发现，事实并非如此乐观。微博是在“自由选择”和“自由发表”的机制下应运而生的一种新型网络应用，即便如此，九〇后大学生仍呈现出差异化的微博使用行为，不同的使用者对“看什么内容”“在哪里看”以及“为什么而看”都有不同的回答。研究发现，九〇后大学生多模态的网络使用行为体现了这一群体内部对互联网存有多指向的认知定势，其观念和行为的差异均是多重影响机制共同作用的结果。首先，人口特征和接入沟的双重差异作用于使用者的认知和心理层面，在本文中，笔者便将网络认知态度和情感依赖的因素引入其中，探索九〇后大学生对网络的使用心理差异；其次，不同的网络认知态度影响了九〇后大学生如何看待互联网和使用时的心理情感，这些认知和情感因素会进一步体现在多模态的使用行为之中。从这个作用体系中可以看出，使用行为和使用心理之间存在一种相互强化、累积作用的关系。接入行为首先影响使用心理，形成特定指向的认知定势，进而影响未来的使用行为，因此，九〇后大学生目前在微博应用上所体现的差异性会继续沉淀到使用者对互联网的认知和情感当中，笔者认为，随着互联网技术的加速发展，不同使用者的行为差异将会更加明显。

注释:

① 金炳华主编:《马克思主义哲学大辞典》,上海辞书出版社 2003 年版,第 214—215 页。

② 韦路、张明新:《第三道数字鸿沟:互联网上的知识沟》,《新闻与传播研究》2006 年第 4 期。

③ 曾凡斌:《第二道数字鸿沟的影响因素研究——基于对大学生实证分析》,《江淮论坛》2011 年第 1 期。

④ 韦路、余璐、方莉琳:《"网络一代"的数字不均:大学生多模态网络使用、政治知识和社会参与》,《中国地质大学学报》(社会科学版)2011 年第 5 期。

⑤⑥ 邱蕾:《人际关系中的自我暴露》,《社会心理科学》2009 年第 3 期。

⑦ 胡正荣、段鹏、张磊:《传播学总论(第二版)》,清华大学出版社 2008 年版,第 226 页。

中国微博发展与社会对话新机制的形成*

◆ 方兴东 张笑容 张 静

作为一种新的沟通方式，微博平台加强了政府、社会组织和公众之间的内外部交互对话，使资讯信息和突发事件能够在第一时间被传播和了解，在没有机会当面接触的人之间建立沟通渠道、形成对话机制，从而在一定程度上提高了解决、处理问题的效率。微博社会对话时代的到来赋予管理者新的思考方向。如何构建适应多元化社会群体参与的治理模式，如何提升微博服务社会的能力，如何实现微博社会良性运行、和谐发展等都是亟待解决的问题。

一、微博社会对话的发展基础

(一)参与基础广泛

1. 民众广泛参与

中国微博用户规模增长迅速。截至 2011 年 12 月底，中国微博用户数量达到 3.2 亿，较 2011 年 1 月增长了 68.42%。从整体来看，自 1 月到 12 月，微博用户数量基本保持增长态势。其中最高月度增长率为 15.38%。

根据互联网实验室调查，微博用户前五位行为是：写微博、发表自己观点或情绪占 72.1%，浏览关注的人的动态和观点的占 65.4%，随便看看大家的讨论、了解热点话题的占 57.8%，参与热点话题讨论的占 45.7%，查看自己或者某人口碑评

---

* 原载于《现代传播》2012 年第 6 期。

价的占 18.9%。

2. 政府积极参与

2011 年，政务微博已从局部尝试走向全面应用，微博问政从理念变为现实。2011 年中国的政务微博快速发展，呈现出“井喷”的增长态势，具有个人特色、职能特色和地域特色的政务微博如“雨后春笋”层出不穷，这一年被称为“政务微博元年”。经新浪认证的政府机构微博和公务人员微博总数已从年初的 5000 多个增至目前约 2.04 万个，覆盖内地所有省级行政区域。其中政府机构微博数量约 1.14 万个，公务人员微博达 9000 个。

在腾讯开通的政务微博已达 1.85 万个，其中副厅级以上官员机构已经达到 266 个，政府机构微博 11420 个，公务人员微博 7580 个。考虑到新浪、腾讯两个平台的政务微博有较大的重合率，故可以认为当前政务微博总数在 21000 个以上。

3. 社会组织积极参与

微博的出现极大地促进了社会组织对自媒体的重视，重点体现在商业组织与非营利组织两大类机构的应用中。在微博出现之前，企业往往偏重于投资付费媒体；微博出现后，企业开始学习自媒体运营，并与付费媒体进行整合。截至 2011 年 12 月底，新浪日均微博量已突破 7500 万条，超过 6.9 万家企业入驻。

微博不仅仅是用户获取资讯信息的媒介、沟通交流的工具，也成为企业不断尝试利用微博平台进行营销和其他商业应用的平台。除企业之外，公益组织微博是微博平台上营销活跃的社会组织。根据互联网实验室数据，截至 2012 年 1 月 15 日，在新浪微博平台注册的公益组织微博约有 535 个。其中绿色环保 41 个，占 7.66%；支教助学 49 个，占 9.16%；扶贫支农 13 个，占 2.43%；动物保护 40 个，占 7.48%；医疗卫生 56 个，占 10.47%；扶孤助残 44 个，占 8.22%；灾难救助 15 个，占 2.80%；社区义工 44 个，占 8.22%；法律维权 9 个，占 0.18%；综合类 165 个，占 30.84%；其他 59 个，占 11.04%。

（二）微博社会对话平台

微博是当前最热门的互联网应用之一。当前最受关注的微博网站是新浪微博和腾讯微博。研究发现，当前至少有 126 家网站提供微博服务，有 96 家依附于其他网站，占比 76.19%，有 30 家属于独立网站，占比 23.81%。同时，有 30 家独立微博存在也显示微博网站有向个性化方向发展的趋势，部分微博开始专注于某些细分领域。据不完全统计，截至2011年12月底，提供微博服务的网站有126家，包括新浪微博、腾讯微博等知名微博，以及和讯微博、搜房微博等细分领域微博。与2010年底的30家相比，微博网站数量增幅高达320%。

传统门户网站竞相开通微博业务。截至2011年12月底，52家互联网上市公司中，提供微博服务的网站有12家，占比23.08%。未提供微博业务的网站40家，占比76.92%。

互联网TOP100强中提供微博服务的网站目前共有21家，占比已达五分之一，以新闻类网站为主，显示传统门户网站试图突破已有模式，寻找新的流量增长点的意图。

微博网站呈本地化倾向。微博网站大体可以分为四类：全国性综合类微博网站、全国性专业类微博网站、地区性综合类微博网站、地区性专业类微博网站。

从数量上看，地区性综合类数量最多，这显示微博有本地化倾向。全国性综合类微博网站的份额已被新浪、腾讯占据，其他企业很难打开局面，本地化或许是个思路。专业类网站数量也很大，显示微博发展也有专业化倾向。但本地化、专业化微博能否聚集人气，在新浪微博、腾讯微博的夹击下获得生存发展，有待于进一步观察。

（三）微博社会对话平台发展趋势

1. 微博社交属性增强

目前，虽然微博以社交媒体的形式在中国略胜一筹，但是SNS仍具有广阔的商业前景和强大的互联网辐射能力，从而不断吸引微博平台增加社交网络元素。作为社会化媒体，微博面对的用户习惯了免费的模式，是最不愿意付费的一族，微博面临着用户关系浅层游离，缺乏赢利模式的窘境。互联网实验室认为，只有成为社交平台，才能沉淀用户关系链，只有保证用户黏度和活跃度，平台的商业价值才能彰显。

2011年，新浪持续在产品方面发力以增加社交网络元素。2011年10月17日，新浪新版微博正式上线，增加了即时通讯、社交游戏和相册等应用，进一步强化微博的SNS(社交网络)属性。新版微博采用三栏宽版显示外加单层统一导航的页面布局，将网友的各类社区信息分类展示，布局类似Facebook、人人网、开心网等SNS网站。

与此同时，腾讯则采取双管齐下的发展模式，社交网站（腾讯朋友）和社交媒体（腾讯微博）协同发展、互为补充。腾讯QQ空间上已有超过50款应用，腾讯朋友作为QQ空间应用的产品线和试验台，已拥有超过600种应用。腾讯微博用户数量庞大,但是由于其是在短时间内吸引来的,用户注册加入微博平台后,需要一段时间来熟悉,其活跃度亟须进一步提高。

2. 平台经营加强商业化属性

微博的六大潜在赢利模式:互动精准营销、实时搜索、社交游戏、无线增值服务、电子商务平台以及数字内容收费彰显微博的商业嫁接能力之强。微博平台在不断地探索和推动赢利模式的过程中正在展开一系列商业化布局。

未来,微博平台将在桌面互联网和移动互联网两大领域内,围绕六大潜在的赢利模式,在开放平台策略以及 SoLoMo[①] (Social＋Local＋Mobile)模式下,深度拓展商业布局,达到赢利的目的。

3. 平台竞争差异化

新浪、腾讯、搜狐、网易四大微博平台用户已初具规模,结合自身特色进行市场定位是未来在"差异化"竞争中胜出的关键步骤。例如,新浪微博大力加入社交网站元素,新浪微博已经陆续推出新版微群、新版活动、企业版微博、魔法版微博以及 PC 桌面客户端"微博桌面"等多种应用。搜狐微博定位社交化媒体,突出媒体属性,与新浪微博、腾讯微博形成差异化竞争态势,并依托搜狐微博快速传播的特性,将整个搜狐平台微博化。

二、微博传播影响力与机制运行情况

微博社会对话平台的形成来源于政府、社会组织机构和公众这三者之间的相互作用,同时也包括这三者内部的运行机制。微博问政体现了政府与公众之间的相互沟通与影响;微博营销和微博公益体现了社会组织和公众之间的相互沟通与影响;政府办事机构通过微博申报处理企业咨询体现了政府与社会组织之间的相互沟通与影响。微博提供了一个维护与优化政府、社会组织和公众关系的媒介平台。

(一)类型话题的传播度各异

互联网实验室通过选取 20 位名人对 10 类热点事件发布微博后的粉丝的转发评论数量,以及用户针对热点事件的发帖数量建立微博影响力模型(见图 1),测算出新浪、腾讯、搜狐、网易的传播度和覆盖人群。

新浪微博平台的整体传播度最高,大约为腾讯微博的 1.8 倍、搜狐微博的 24

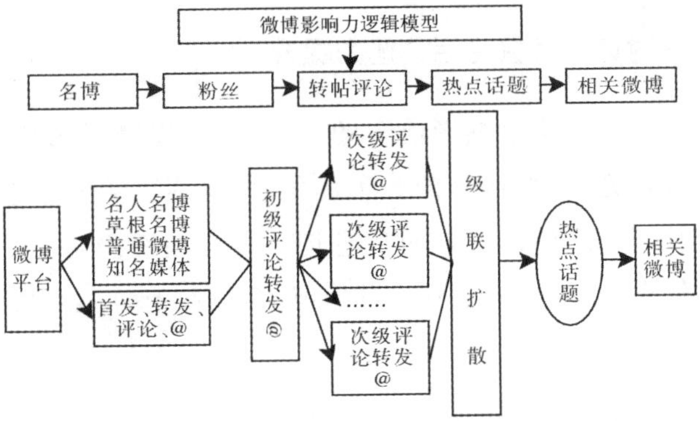

图 1　微博传播影响力逻辑模型

倍、网易微博的 91 倍。新浪微博、腾讯微博、搜狐微博和网易微博的传播力对比结果约为 240∶133∶11∶2.6。

互联网实验室测算数据显示，2011 年新浪微博十类热点话题传播覆盖人数高达 2214 万人，腾讯则为 1521 万人。十类话题中，除灾害事故、公共权力监督和社会民生这三个话题外，新浪微博的传播覆盖人数均高于腾讯微博。其中，新浪国际时事话题覆盖人数最多，为 1004 万人；腾讯灾害事故话题覆盖人数最多，达到 898 万人。新浪文艺娱乐话题覆盖人数为 366 万人，是腾讯微博的 2.5 倍。而在公共权力监督话题方面，腾讯微博覆盖人数达 274 万人，是新浪微博的 1.1 倍。在社会民生话题方面，腾讯微博的传播覆盖人数为 28 万人，是新浪微博的 1.2 倍(见表 1)。

表 1　2011 年四大微博平台各类热点话题传播力对比

序号	话题类型	新浪∶腾讯∶搜狐∶网易
1	国际时事	1533∶98∶1∶1
2	国内时事	898∶126∶2∶2
3	灾害事故	97∶222∶3∶3
4	公共权力监督	73∶66∶4∶2
5	文艺娱乐	4874∶1564∶5∶4
6	社会民生	93∶87∶6∶2
7	公共道德	170∶78∶7∶2
8	赛事体育	579∶114∶8∶1
9	公民权利保护	54∶5∶9∶7
10	社会公益	59∶37∶10∶1
11	所有话题	240∶133∶11∶3

数据来源：互联网实验室，2011 年 12 月

(二)微博平台对话对社会生活影响力提升

随着网络话题对社会生活的影响力的快速提升,以微博为代表的网络媒体成为传统媒体的有益补充,并形成新的分工局面:微博成为第一信息源,从各个角度广泛评论,进行细节补充,传统媒体对信息进行深度追踪报道。从 2011 年微博推动的公共舆论事件来看,微博通过强大的影响力,从政府、商业、民生等各个层面推动社会变革。

(三)微博社会政务机构运行情况

影响力大的政务微博也是我们关注的重点。影响力由活跃度、传播力和覆盖度三大指标构成,其中,活跃度代表每天主动发博、转发、评论的有效条数;传播力与微博被转发、被评论的有效条数和有效人数相关;覆盖度的高低则取决于微博的活跃粉丝数的多少。

活跃度方面的统计显示,我国政务微博活跃度总体不均衡。新浪平台上,"平安北京""成都发布"等在微博数、粉丝数、传播力等方面排名前 10 位的政务机构微博总粉丝量超过 1700 万,撰写微博条数超过 4.8 万条;目前新浪微博已有 23 家政府机构粉丝数超过百万。腾讯微博上粉丝过百万的政务微博有 32 个(见表 2)。同时,还有很多部门的微博信息更新不及时,对网民吸引力小,微博粉丝很少,急需改进。

表 2 新浪、腾讯政务微博影响力 TOP10 发送微博和粉丝数量情况

微博平台	TOP10 发送微博数总和	平均	TOP10 粉丝数总和	平均
新浪政务微博	48209	4820.9	17692836	176.9 万
腾讯政务微博	64714	6471.4	29239389	292.4 万

数据来源:互联网实验室,2011 年 12 月

由于微博具有用户广泛、关注度高、传播迅速等特点,政务微博首先是公共信息的发布平台,应及时将公众所需的信息发布并传播、扩散。这也是目前政务微博最典型的服务功能。但是单向的信息发布平台需要转型为政府与民众的沟通平台,才能提高政务微博的影响力,发挥微博服务于社会的强大作用力,立足于方便地解决群众问题,力避信息不对称造成的各种矛盾,提升政府形象,融洽干群关系,

促进社会和谐。

总体来看，2011 年，党政机构对微博重要性的认识大大加深，在微博领域的作为也日益深化。同时，也存在很大改进空间。

(四)微博社会媒体机构运行情况

微博已经成为各路媒体的聚集地。当前已经注册微博的媒体包括报纸(机关报、都市报、专业报)，杂志(时政、体育、财经、旅游等)，新媒体(数字、手机、移动)，媒体网站，通讯社等。数量上以报纸、杂志微博为主。

媒体微博内容较为丰富，一般都会发布本媒体制作的新闻，通过对精华内容以 140 字浓缩，吸引网友阅读或收看，达到广告营销和品牌树立的目标。同时，媒体微博会穿插很多人生感悟之类的文字，容易引起网友共鸣，从而亲近用户群。另外，媒体微博拥有天然资源优势，经常在博文后附上精彩图片或视频，评论和转发率一般比较高。

微博已经成为当前最重要的媒体之一，用户广、传播迅速，只要关注到足够的用户，就可以轻松获得最新资讯，这给传统媒体带来巨大挑战；从另一角度看，微博也可以为传统媒体所用，帮助传统媒体应对自媒体[②]时代的挑战——微博世界不断地产生新闻，为传统媒体提供素材，传统媒体也可以利用微博传播快的特点，丰富自己的传播手段，提升自身品牌价值。

三、微博社会对话主题分析

(一)社会热点主题

微博大大地扩张了公民参与社会生活的渠道和空间。年度热门话题是衡量社会热点事件的标准之一，某事件话题的微博帖子数量能够在一定程度上反映该事件的热度。2011 年微博社会热点话题主要包括社会民生问题、公共权力监督、国际时政、灾害事故、国内时政、公民权利保护、公共道德、体育娱乐、社会公益等领域。

1. 热点主题分布

本部分研究选取了 50 件在新浪微博、腾讯微博、搜狐微博、网易微博四家微博网站上话题总数超过 20 万的热门大事件来考察 2011 年微博社会热点主题特点。

从话题数量来看,社会民生问题占比达到 26.00%,是微博网友最关注的热点领域。公共权力监督领域紧随其后,热点事件数量占比 16.00%(见图 2)。

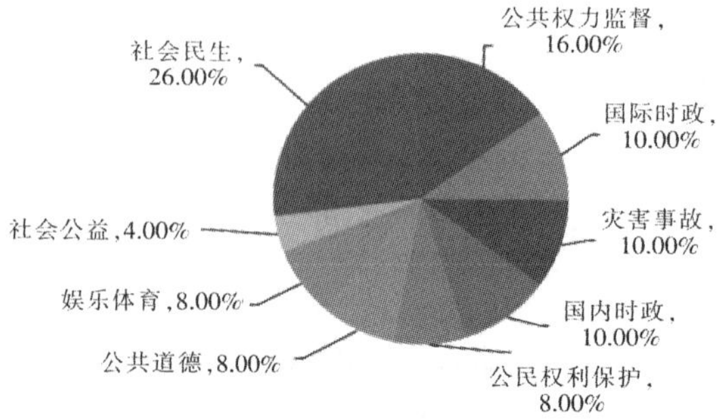

图 2　2011 年微博社会热点主题分布

数据来源:互联网实验室,2011 年 12 月

2. 事件参与程度

微博发帖数量可以衡量微博网友在该事件当中的参与程度。从话题的微博发帖数量来看,国际时政、娱乐体育、灾害事故是微博网友参与度最高的热点类型。

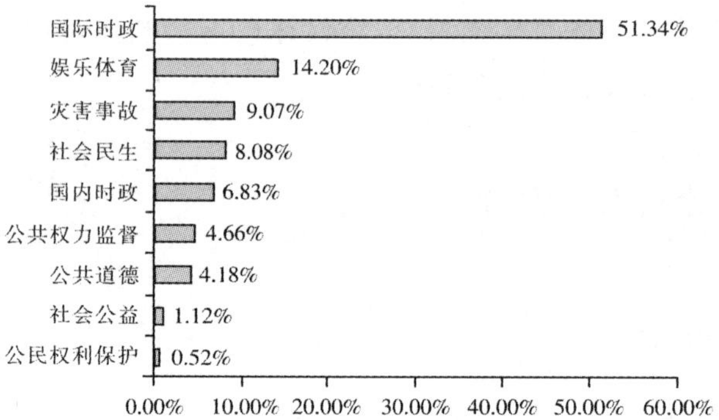

图 3　2011 年微博社会主题参与度

数据来源:互联网实验室,2011 年 12 月

(二)对话参与主体分析

1. 参与主体的多元化

2011 年,微博主题参与主体呈现多元化的特征,网民、媒体、政府、非政府组织

机构都广泛参与，并通过线上线下产生了一系列联动反应，各方力量协同形成集体行动力，推动了社会管理创新。以微博打拐为例，“微博打拐”是民间力量参与社会建设的一块试金石，证明了社会力量可以帮助政府作为，民间行动可以助推制度完善。当大众力量通过与专业机构协作，通过与政府部门进行良性互动，可以发展成为一种社会润滑剂，以其智慧与理性来形成强大合力，对社会建设起到重要作用。

2. 维护自身权益的新职能

2011 年，网民将微博植入更多的社会民生领域，使微博担负起更多的社会职能，网民通过微博申诉自身权益，其中最突出的是担当维权平台新职能。

在微博成为帮助网民进行维权服务的平台之后，出现了通过注册微博账号来申诉自己被侵害的利益或者举报违法行为等的维权申诉人。维权的类型包括强拆、消费者维权、农民工讨薪、揭发贪腐违纪行为等。

3. 沟通路径：论坛、博客、微博联动

在事件的传播路径中，论坛、博客、微博之间实现联动，网民以微博为信息接口和枢纽，将爆料挖掘类信息和分析评论等长篇内容保存在博客、论坛之中，又通过微博的裂变式传播形成更大的扩散效应。

由于字数限制，微博用户必须集中编辑的最简洁信息，因此其只能传达核心信息，而关于信息的其他细节描述能力比较缺乏。而论坛和博客刚好可以弥补这缺陷，可以充分地补充事件细节，说明事件的缘由并发表观点、意见，并且可以采取在微博上贴出博客链接的方式，将完整的观点、意见通过博客发布出去，实现微博、博客两大平台的有效结合。另外，论坛的公共参与性可以使不同用户的不同言论汇总在一起，使不同的观点、事实的多面性得以不断地补充，让事件最终还原真相，呈献给读者。同时，微博的裂变式传播又可以源源不断地将论坛中更新的内容再次广泛传播。

四、对话平台的治理与问题

（一）对话平台的问题

客观地说，政府在对微博的治理和应用的过程中仍存在诸多的不适应，导致微博平台在发挥其社会管理新工具的职能以及公共监督等职能时仍有局限性。主要表现在如下两方面：

1. 管理手段不适应技术发展

一般来说，技术高速发展与管理规范相对滞后，两者之间的差距长期存在。就微博来说，技术与管理这两者之间的差距比其他领域小了许多，但是，矛盾依然存在。常规的管理经验在应付微博上的突发事件时往往捉襟见肘。

一方面，微博传播特性造成的信息冗余增大了信息过滤的难度以及多样化的发布渠道导致传播过程中的控制环节增加等管理局限性问题还没有得到完善的解决，同时微博产品还在不断地进行创新、技术更迭，对信息监管提出了更高的挑战。另外，常规使用的技术管理、内容传播管理和法律法规管理往往跟不上技术发展的速度，客观形势要求有关部门必须进一步解放思想，引入新的管理思维方式。

另一方面，随着微博的快速发展、产品的不断创新、对社会管理植入程度的深入，法律法规却滞后于微博技术的发展。微博管理立法或者相关规定的出台也必须跟踪微博发展进程，及时修订和完善相关的法律法规。既要避免因法律法规过于宽松而导致网络有害信息泛滥，又要避免因法律法规过于严厉而影响微博网络文化发展的活力。

2. 政务微博运营有待成熟

目前，政务微博在思想观念、开博认证、运营维护、语言文风、机制建设方面都存在一定的问题。主要表现在群众工作上的服务意识差；在官民沟通方面沿用传统的宣传思维，互动性不足；对网民诉求敷衍，对于负面言论采取封堵、拉黑甚至威胁恐吓的手段，严重挫伤公信力。决策者重视程度不够、部门利益冲突推卸责任、部门联动机制不畅通、投入不足、人才匮乏、运行制度不规范。这些都是政务微博发挥积极作用的主要障碍。只有坦诚面对网民的质疑和批评、慎重处理网民对现实问题的诉求、积极面对网络举报才能充分发挥微博服务社会的能力。

从行业自律来看，微博网站通过设立自律专员以及官方辟谣来清除不良信息，净化微博环境。设立微博自律专员举报是微博主动接受公共监督的重要体现。各大微博网站在 2011 年继续推行自律专员监督体系，时刻巡查微博并举报违法不良信息，成为行业监督净化微博环境的重要体现方式。除了自律专员之外，各平台还开设官方微博辟谣账号，新浪微博、搜狐微博、网易微博、凤凰网微博等均开辟了官方辟谣微博账号，向广大用户发送对不实消息的澄清和更正，以官方新闻的形式阻止各类谣言的进一步传播和扩散。

(二)对话平台的治理

尽管微博平台上具有信息纠错机制,但是一小部分"谣言"的存在,产生了"辟谣"要求,由此也应运而生了网友自发的微博辟谣组织:"辟谣联盟""谣言粉碎机""科学松鼠会"等。微博意见领袖仍然掌握着微博的主要话语权,意见领袖的引导对净化微博环境、提升微博网友的自律意识起到了重要作用。客观来说,辟谣应该中立地针对所有信息进行"打假",其范围包括而不限于各种民间的不实信息和各种机构发布的不确凿消息。由于微博具有自纠错机制,在一定程度上能辨别虚假信息、弱化不良信息传播。微博上最有效的消灭虚假消息的方式仍是全民参与,通过鼓励和发展来自社会力量的微博自律机制,调动广大用户的力量,建设并完善透明的信息机制,让权力运行在阳光下。

微博对话促进"网络问政"创新探索。有鉴于微博服务在反映民意、汇聚民智、传播信息、服务社会等方面具有积极作用,北京市网管办主任佟力强在国内率先提出了政务微博建设理念,并进行大力推广,此举促进了2011年政务微博的勃兴。善用微博客的同时规范微博客的有序发展成为加强和创新社会管理的重要创新形式,利用微博平台打造网络发言新渠道成为微博行使社会管理职能的创新之举。

各级政府正在积极探索利用微博客收集社情民意,通过政务微博构建密切联系群众、反映群众意见诉求的重要渠道。但是,在微博客中也出现了传播谣言和虚假信息、买卖"粉丝"、利用网络进行欺诈等突出问题,损害了公共利益和公众利益,引发一系列社会问题。2011年12月16日,为了进一步规范微博客传播秩序,促进互联网新媒体健康发展,保障微博客更好地服务社会,北京市人民政府新闻办公室、北京市公安局、北京市通信管理局、北京市互联网信息办公室制定了《北京市微博客发展管理若干规定》(以下简称《规定》)。《规定》明确提出,要坚持积极利用、科学发展、依法管理、确保安全的原则,加强微博客的建设、运用,发挥微博客服务社会的积极作用。

五、构建微博社会对话机制的对策建议

微博对话平台或可能成为一个能够使政府、社会组织机构、公众协商对话的重要渠道。然而,实践中往往会出现一些不尽如人意的问题,比如由于言论管制引起

的删帖、隐藏发帖内容、封杀账号等,引起用户不满。另外网站平台利用某些手法致使公众性人物离去,为微博对话的平等性增加了负面阴影。要构建并完善微博社会对话机制,应促成以下条件的实现:

(一)确保社会广泛参与,促成有效的社会管理

利益表达、社会协商、公众参与是形成完善、有效的公共治理的目标。为此,新阶段创新社会管理,应当规范发展多种形式的社会参与。例如:健全信息公开、听证、检举等公共参与制度,建立各类群体与政府、公共领域的沟通渠道,使之成为各利益主体进行利益协调的主渠道。吸收不同群体代表加入各类公共组织,在公共政策的制定和执行中,保证其话语权和参与权。在这个问题上,还需要适应发展趋势,进一步解放思想。应该建立社会心理预测、预警机制和社会情绪疏导机制,培育多元并存、理性平和、开放包容的社会心态。

在进行微博治理时,要考虑保留微博上意见表达的均衡性和多元化特性,由过去封闭式的、自上而下的管理转变成开放式、对话协商式管理,从依靠政府行政指令变为社会自治,使社会公众及各种非政府的组织机构共同参与协作管理。

(二)鼓励公众积极参与,确保权力在阳光下运行

全球化、信息化是微博对话平台的重要特点。任何一国的突发事件都往往带有国际化特点,任何的重大信息都会在短时间内披露。在这个大背景下,建立比较完善的社会协商对话制度,有利于应对各类突发事件,有利于社会监督,有利于提高中国开放社会的国际形象。微博对话机制的建设应该积极邀请公民参与,确保权力在阳光下运行,及时主动回应互联网民意表达,确保公开、透明的执政理念。

(三)倡导创新包容的对话思维

如何降低人们接受错误信息的风险呢?最显而易见、最标准的答案是:设立言论自由的机制,把人们置于均衡的信息中,让人们接收到知情者发布的更正信息。

我们需要倡导创新包容的对话氛围,营造符合微博发展规律的平等、民主、自由、共享的网络文化,充分发挥微博的高效互动功能。微博平台上的信息传播具有自纠错机制,可以在信息的自由流通中自我净化。如果人为地阻碍这种信息的自由流通,公众的情绪难以适时地消解,则容易形成谣言滋生的温床,反而给社会治

理带来负面影响。

积极构建开放包容的对话氛围，推动微博成为公众沟通交流的重要平台，成为利益表达的畅通渠道，保障公众的知情权、参与权、监督权，形成及时开放、信息自由流通的对话机制，这才是有效的微博治理之道。

（四）鼓励并规范微博对话的有序发展

当前，微博正扮演着一个为公众、社会组织和政府三方提供交互对话平台的角色。微博平台的对话作用主要体现在政务对话、商业对话和媒体对话三个层面。

从政务对话的角度来看，政府机构和公务人员善用微博进行宣传发布、互动交流，推动政务信息的公开化、透明化，敦促政府提高办事效率。可在以下几方面进行提升：(1)微博平台为政府新闻发言人制度创新带来新的契机，构建政府网络发言人团队，充分利用优势微博客平台，扩大网上服务项目的范围，征集民意，出台涉及社会公众的政策措施时通过微博征询意见，赋予民众参与权和话语权，促进科学决策。(2)利用微博平台帮助民众解决问题，及时回应民众诉求，保证网民在微博上的利益表达渠道畅通有效。(3)加强突发公共事件中的信息传播及沟通交流，形成较为固定的应急模式，第一时间予以回应、辟谣、澄清，甚至问责，尊重公众的知情权。(4)微博极大地提升了整个社会的信息透明度，这就要求政府部门利用微博实现自身透明化管理，接受微博的社会监督。(5)政务微博虽发源于北京，但是全国各地打造具有地方特色的区域性政务微博，能够有效地鼓励民众参与地方政务的监督和管理。

从商业对话的角度来看，支持保护企业的微博营销，约束商业对话参与者，从而打造微博平台公平公正、平等自愿的良性竞争环境。倡导和维护用户个性化信息的隐私保护与企业信息挖掘的商业利益和谐均衡发展。

从媒体对话的角度来看，媒体机构与媒体从业者需加强行业自律，遵循新闻传播价值规律，不仅要确保自身的微博发言真实、准确，还要担负起辨别微博谣言、微博假新闻的职责。对于微博的信息传播过程不仅要制定自律公约，建议对媒体机构以及从业者使用微博等社会化媒体制定管理规范和操作流程，完善符合社会发展与媒体发展的职业守则。

注释：

① “So”代表着社交网络；“Lo”则代表着以 LBS（Location Based Service）为基础的各种定位和签到；“Mo”则是智能手机平台上各种移动互联网应用。

② 自媒体是普通大众经由数字科技强化、与全球知识体系相连之后，一种开始理解普通大众如何提供与分享他们本身的事实、他们本身的新闻的途径。自媒体为个体提供信息生产、积累、共享、传播内容兼具私密性和公开性的信息传播方式。

官员个人微博：一种政府公共关系角度的考察*

——以三个政府官员个人微博为中心

◆ 张 宁

一、研究背景

截至2011年6月底，我国网民规模已达到4.85亿。互联网拓宽了国内的传播环境，同时随着我国民主政治体制改革，人们的参政、议政意识日益增强，政府的职能也在转变。截至2011年12月20日，在新浪网、腾讯网、人民网、新华网四家微博网站上认证的政务微博总数为50561个[①]。

本文试图从政府公共关系的角度去分析探讨官员微博的传播作用。政府公共关系的根本目的是加强政府和公众之间的沟通，亲密官民关系，更好地管理社会，促进社会平稳发展。这就需要一个在政府和民众之间有着良好口碑的沟通渠道。政府公共关系也包含着政府官员个人的社会传播和沟通行为。在新媒体环境中，政府官员的个人微博也不失为政府公共关系建设的渠道之一。本研究将以三例政府官员的微博为例，通过对微博内容的具体分析，考察其微博的主题、个性、互动和效果四个方面的作用，分析微博这种社交媒体的传播平台给当今政府公共关系建设带来的挑战和影响。本研究关注的中心问题有：

1. 官员微博的传播定位和传播内容构成如何？
2. 官员微博发挥了哪些政府公共关系建设方面的作用？
3. 如何让官员微博更好地促进政府公共关系建设？

---

* 原载于《现代传播》2012年第7期。

二、文献综述

有关政务微博的研究成果可以分为以下三个方面。

(一)微博的特点与传播模式

对于微博,学者们主要关注其表现方式和社会效果。学者们注意到微博对传统传播学理论如"把关人""沉默的螺旋"等的冲击[②],微博具有碎片化、快速化、多样化、融合化的传播特点[③],其传播方式主要是"裂变传播"和"多级传播"[④],这些观点已经得到普遍认同。由于普遍认同微博传播方式对社会舆论具有较大影响,也有学者们关注并研究微博对社会舆论的引导作用[⑤]。

(二)微博与政府传播

学者们既看到微博促进民主化建设的积极作用,强调微博在民主监督、民意表达、官民沟通等方面的功能[⑥],也指出"微博问政"存在的问题,如作秀、搞形式、官腔等状况,并提出相应的解决措施[⑦]。例如《中国政务微博研究报告》[⑧]对整体把握政务微博的现状进行概括和分析。有学者对"微博两会""公安微博热"等具体现象进行探讨[⑨];也有学者从政府公共关系管理的角度考虑政府微博发展的制约面和对策[⑩]。

(三)官员微博

相关文献多为评论性文章,学者认同官员微博是政务公开渠道的补充,同时指出主要问题点:多为政绩工程、更新少且内容老旧、角色定位迷惑等[⑪]。还有研究是通过访谈的形式,从官员自身的角度去探讨官员微博现象,认为应该肯定这种官民沟通的新方式[⑫]。

综上所述,在目前的研究中,对"微博与传播"的研究较多,而政府作为社会中重要的信息传播主体,对"微博与政治"的研究有一定数量。与之相比,对官员个人微博的研究不多且篇幅较短,多为热点讨论,较少系统研究;多为宏观观察,缺少个案论证。

三、研究框架

本研究以内容分析法为主，考察官员微博在传播者定位、传播内容偏向、与受众的互动以及传播效果等方面的表现和特点，分别设置分析指标，如下：

1. 微博发布概况：通过微博的基本传播行为分析博主对其微博的经营情况；

2. 微博主题内容：通过“传播频率”和“主题”分别对微博的数据特征和主题进行考察；

3. 微博互动频率：通过微博粉丝数以及互动情况，了解官员微博对其粉丝的影响；

4. 特定事件：通过微博上的特定事件探讨官员博主在焦点事件传播中的作用。

需要说明的是，各个指标所能反映的内容并不是单一的，比如“特定事件”中既能看出传播效果，也能体现传播行为。

本研究选取了三个较为典型的政府官员的新浪微博作为研究对象：廖新波（@医生哥波子）、伍皓（@伍皓红河微语）、朱永新（@朱永新）。在选择确定分析对象的时候，考虑到被选者的政府职务级别、部门领域、任职地区、微博发布频率和粉丝数等因素，务求让研究更有代表性和参考意义。分析样本是采用抽样的方式获得，分析时间是2010年12月至2011年11月之间，从每个官员微博中抽取6个月的微博内容作为分析样本，进行内容编码分析[13]。

四、研究结果

（一）基本概况

表1通过对微博开设时间、微博发布总量、平均发布量，是否原创和微博表现形式来考察官员微博的基本情况。

从表1看，三位官员的微博开博时间较早，发布量较多，体现微博博主有较强的主动传播意识。廖新波和朱永新的微博比较重视原创信息发布，伍皓注重评论转发微博。三者的微博都能自觉主动发布信息。从形式上看，廖新波在发布微博时,较多附上文章链接以加深读者理解;伍皓注重营造视听观赏性,时时会有视频链接;朱永新注重博文的观点组织和论述。虽同为官员微博,但是由于三位博主主管的领域和面向的粉丝类型不同,其微博的内容形式也会有较大差异。

表 1　官员微博的基本传播概况

		@医生哥波子	@伍皓红河微语	@朱永新
基本情况	开博日期	2009 年 9 月 4 日	2009 年 11 月 21 日	2010 年 2 月 23 日
	微博总量(条)	1106	2527	982
	日平均发布量	6.1	14.0	5.5
性质	原创	969(88%)	1009(40%)	930(95%)
	转发+评论	135(12%)	1484(59%)	31(3%)
	纯转发	2(0.18%)	34(1%)	15(2%)
形式	纯文本	545(49%)	772(32%)	735(76%)
	附图片、视频	306(28%)	1500(62%)	114(12%)
	附站外链接	287(26%)	165(7%)	127(13%)

(二)主题定位

"主题定位"指标针对原创微博的具体内容,根据微博的关键词归类统计,关注个人微博的内容构成,以此来判断博主对自己微博的定位。如表 2,三位官员的微博中,涉及对政府政策说明解释的内容不多,伍皓在三人之中最高,也只有 7%。看来官员微博的定位还是明显区别于政府组织官方微博的定位。另一方面,在微博中记录自己日常工作的相关内容的比例都比较高,尤其是伍皓,高达 49%,朱永新高达 47%,廖新波稍少,只有 21%。这些内容除了公务信息和工作情况描述外,还会加上自己的评论,这也与多数政府组织微博不同,显得个人化,具有人情味。

三位官员博主展示自己个人观点的内容占一定比例,如廖新波有 26%,朱永新有 24%,表现出两位博主愿意就与本职工作有关的内容发表见解。这其实也是一种体现政府官员参与公共关系建设的沟通姿态。在记录个人生活细节方面,三位官员博主中廖新波和朱永新相对较多,各有 13%和 18%。这种内容展示了政府干部作为普通人的一面,比较有亲和性。"回应提问"的内容表明三位博主与粉丝的互动,廖新波和伍皓的微博互动比较多,各占 26%和 24%,但是他们的微博回应多为对自己的某个观点受到质疑时的说明和辩解。这些内容也体现了博主的个人风格。从三位官员微博的内容主题上看,其微博明显体现的是政府官员的定位,具有较为明显的职位特色,个人色彩不明显。

表 2 官员微博的主题分析

	@医生哥波子	@伍皓红河微语	@朱永新
政策告解(对政府相关政策的告知和解释)	33(3%)	68(7%)	12(1%)
日常工作(对本职工作的叙述和介绍)	203(21%)	492(49%)	437(47%)
个人观点(对本职工作和相关领域的个人看法)	249(26%)	61(6%)	224(24%)
时事评论(对社会问题和新闻热点的议论看法)	99(10%)	49(5%)	23(2%)
个人生活(记录个人社会细节)	126(13%)	59(6%)	169(18%)
回应提问(回答网友提问)	252(26%)	233(24%)	60(6%)
其他	7(0.01%)	47(4%)	5(0.01%)

(三)互动频率

"互动频率"指标通过统计官员微博的粉丝量及微博的被评论、被转发量,考察官员微博的互动性和传播效果。

如表 3,伍皓的粉丝数最多,廖新波的最少。这应该与官员博主原有的社会传播资本和关心的话题内容有关。伍皓本人知名度较高,经常被传统媒体所报道,多关注当地政府的相关活动,粉丝数也多,多数是当地粉丝。廖新波多谈论卫生和医学的专业话题,网友参与讨论的门槛较高,粉丝数相对有限。朱永新也拥有 120 万粉丝,在一般官员微博中也是一个较大的数量。虽然三位博主都有不低的粉丝数,但无论是被评论数还是被转发数,相对粉丝数还是比较低的。三者中伍皓微博的被转发平均数和被评论数较高,分别是 19.55 和 18.81。但相对于他拥有的 153 万粉丝来说,还是比较低的。这说明在与粉丝的互动和微博话题的传播效果方面,尚未达到较好的效果。朱永新的一条微博被转发数最高达到 7088 次;伍皓的一条微博被转发数最高达到 4027 次,看来微博的具体内容是粉丝是否关注转发的关键。

表 3 官员微博的互动性

		@医生哥波子	@伍皓红河微语	@朱永新
粉丝数		97 万	153 万	120 万
被转发数	最高值	832	4027	7088
	最低值	0	0	0
	平均值	14	19.55	15
被评论数	最高值	1791	3052	1239
	最低值	0	0	0
	平均值	13	18.81	14

(四)微博个性与传播资本

这部分的指标分为个人特色、语言风格和传播资本三类,旨在分析观察官员个人作为一个传播者,通过微博内容表现出来的行事特色,以及其已有传播资本对其微博传播效果的影响。

从表 4 看,廖新波属"学者型官员",直率敢言;伍皓行事高调,充满话题性;朱永新有文人气息,注重观点表达。他们的微博都专注于自己所在的领域,有明显的专业和职务特色。三位博主都有较好的传播资本,如较高的社会地位、开放的政治意识、丰富的网络传播经验、专业权威和舆论领袖的身份,曾被传统媒体多次报道等都对他们个人微博的传播影响力起着关键作用。

表 4 官员微博的个性特征与传播资本

	@医生哥波子	@伍皓红河微语	@朱永新
认证身份	广东省卫生厅副厅长	云南红河州州委常委、宣传部长	全国人大常委、民进中央副主席、中国教育学会副会长
个人特色	话题以医疗卫生问题为主,注重插入博客文章链接。 直率敢言,包容大度,乐于并善于与网友交流互动。	主题多为红河宣传。内容组织有体系,有"每日述职""每日一图"等板块。直率,较能包容,能容下不同的声音。	多为议论,教育主题占绝大部分。编写多个主题的系列微博,喜作诗,分享读书心得、哲思等。
语言风格	朴实有逻辑,感情表达直白,时显幽默,偶尔会使用网络语言。	语言朴实,不失幽默,偶尔会使用网络语言。	语言正式,文采斐然,思辨性强,回复式微博趋于口语化。

续表 4

		@医生哥波子	@伍皓红河微语	@朱永新
传播资本	社会地位	医学专业,有国内外学习经历。曾从事临床病理工作,曾任广东省人民医院副院长。 2004 年至今任广东省卫生厅副厅长,兼职学校导师、教授、顾问。	北京大学中文系本科毕业,曾为新华社记者、采访主任,多次获"优秀新闻工作者"称号。	苏州大学教授、苏州市副市长、全国人大常委、民进中央副主席、中国教育学会副会长。 新教育改革发起人,负责教育、广播电视、新闻出版等工作。
	媒体指标	有多本医学管理专著。 在多个网站开设博客、专栏,访问量大,博客曾获"十大责任博客"等名誉。 多次接受媒体专访,被称为"站在医改浪尖的副厅长"。入选 2008 年《南方人物周刊》中国魅力榜 50 人。	2008 年 12 月任云南省委宣传部副部长。 主持创办《云南内参》,著有新闻实战日记《伍皓说新闻》。 博客点击率位居新华网前十名,被称为"中国传媒第一博"。	有多本教育类著作。 新浪博客"风云博主",在"教育在线"网有"朱永新教育随笔"专栏,连续几年在《天津教育》杂志开专栏。 常被媒体采访,其文章常被发表。
	事件指标	博客引发的"打伞门""献血门""误诊门"。 汶川地震作为广东医疗队的领队深入灾区救援。 在博客上以对"医改"政策进行大胆批评建议而著称。	"躲猫猫"案组织"网民调查委员会"进行调查。 建立网络新闻发言人和媒体义务监督员制度,通过"新闻新政"尝试推动信息公开透明。	新教育改革发起人,"炮轰"中国现行教育的三大"病症"。

(五)特定事件

"特定事件"指标分析官员博主在持续关注或传播某个特定事件中的具体言行,考察在特定事件中官员微博发挥的作用。

在各自参与的特定事件中,三位官员通过微博为事件或政策提供了第一手资料,如朱永新的"两会"传播和廖新波关注的"医生尊严"问题。伍皓则主动设置特定的事件议题,借助自己的资本推广当地文化特色。虽然官员发布微博的数量不一定多、关注的时间不一定长,却能引起一定范围的网络媒体转发,其中廖新波和朱永新的微博被报纸电视媒体报道过,但是数量有限。

表 5　官员微博“特定事件”分析

		@医生哥波子	@伍皓红河微语	@朱永新
事件主题		上饶医闹[14]	灵异神猿树根[15]	2011 年政治协商会议
微博发布量		39	40	14
传播特点	关注时长（天）	5	2	1
	发布频率（条/天）	7.8	20	2
	角色	关注议论者、个人身份	主导传播者、个人身份	关注议论者、个人身份
传播效果	站外转发量	中新网、新华网等 35 个网站	大众网、华声在线等 6 个网站	腾讯网、强国论坛等 5 个网站
	报纸转发量	4	2	7
	电视转发量	1	0	0

五、议论和建议

官员微博作为一种新的政府公共关系的方式，起到哪些作用？

第一，官员微博作为一种社交媒体平台，开拓了官民沟通的新渠道、新方式，增加了官民沟通的机会。但是也要看到，这种方式也增加了政府公共关系危机的风险。

官员微博构建了一个官员与公众直接交流对话的新平台。这个平台在技术和话语空间上具备迅速、及时、透明的特点，改变了传统政府的单向传播方式。它作为一种在新媒体环境中的政府公共关系渠道，增加了官民沟通的机会，给政府公共关系职能的发挥带来了积极的作用。官员微博可以让公众和官员直接沟通。官员能尽早了解社会舆论的关注点和社会矛盾及问题所在，起到危机预警的作用。作为研究对象的三个官员微博，微博发布量都比较高，内容以原创或评论居多，体现了积极的公共关系意识，这与以往的政府公共关系相对被动呈鲜明对比。

但是微博作为官民沟通和政府公共关系建设的渠道，带来的不仅仅是机会，还有问题和挑战。微博毕竟是个新事物，运用不当则会引发各种问题。例如，在关于三位官员微博有关“特定事件”的传播考察中，有个别事件是因官员言论被误读、涉嫌炒作而引起多方非议。这也许是微博传播方式上难以避免的问题。但是长远来看，官员微博是一种有利于政府公共关系建设的有效行为，在良好的官民沟通和政府形象建设方面，起着不可忽视的作用。

第二，官员微博具有个人化、碎片化的传播特征，一定程度上跳出了传统政府叙事的框架，但目前来说，其传播的范围和效果还是有限的。

官员微博充分体现了官员的个人价值和能力，调动了政府公共关系建设的内部力量，其传播内容也跳出了传统政府叙事的框架。官员微博的突出特点就是它的灵活性、亲民色彩和个性，在引发公众关注政府工作政策方面更加有优势。

但是也应该看到，一个官员微博发挥的政府公共关系的作用还是有限的，尤其是官员个人微博不被现有的官僚文化所肯定，更多的官员不愿意通过个人微博与公众沟通。官员个人微博只能弥补政府组织化传播顾及不到的空间。个人微博的个人化、碎片化特征也不利于详细、规范、系统地解读公共政策。同时，官员个人的微博政务沟通层次都比较微观、局部，并不能通过官员个人微博数量上的简单相加，或某个具有较大影响力的官员微博来推论政府公共关系已经达成了对公共领域相关问题广泛、深度的沟通。因为官员微博可能只能顾及或回答公众个人所关心的某一个问题，并非能保证这个问题在现实中得到解决。政府公共关系是需要通过多层次、多媒体、多渠道来建设的，而官员在微博上的传播与沟通只是其中一环。公众反映的问题只有得到实际的重视和改善才使得官民沟通有意义，这是政府公共关系建设得以立足的基点。

另一方面，官员微博还存在着自说自话的问题，产生一些无效传播。微博传播跟随机制发挥作用的前提是“关注”，可信服的内容才能持续吸引关注。但是在现实中，缺少第三方证言使得官员微博缺乏说服力，依靠官员个人传播资本和社会知名度的微博营销模式不能复制。此外，官员与粉丝的互动频率明显偏低，若不能双向互动，发布的信息再多，粉丝再多，也难以有效促进政府公共关系建设。

第三，作为政府公共关系建设的一种方式，官员微博应更多地定位于“公共”而非“个人”，致力于打造权威而有公信力的微博。

本研究中三位官员微博的定位都偏重“公务身份”，试图在组织传播外寻求政府传播更多的可能性。官员微博的政府公共关系建设作用还是明显的。官员是政府公共关系活动的承担者，树立公共关系意识理应成为每个官员的共识，这是由政府作为公共管理机构的角色决定的。所以，官员微博应该更多地定位于“公共”而非“个人”。以官员身份开微博，是一种政府公共行为，而非一般意义上的个人交往行为。

官员微博更多地定位于“公众”,有利于增强政府的公信力。官员与公众就公共问题在微博上进行交流,政府信息和公众意见都能得到及时的疏通,信息公开、透明、及时的传播更易实现,权威而有公信力的政府形象由此而生。

目前我国的政府传播还远远没有达到在较高程度上的信息告知、解释问题、引导舆论等作用;官民沟通、政务沟通也远远没有达到令人满意的程度,因此官员个人微博的传播效果虽然有限,但其存在和发展本身已表明,政府公共关系建设应以多种方式尤其是通过新媒体平台来加强力度,是值得积极建设并鼓励推广的。本研究以三例官员个人微博为分析对象,原始数据来源样本抽取,会存在部分微博被删除的情况,难以完整还原微博的内容。此外,本研究各项分析指标因无先行研究作为参考,均系研究者参考一般媒体内容分析框架自行建构,对于新媒体传播内容是否适合尚存在讨论空间。

注释:

① 数据来源:国家行政学院电子政务研究中心:《2011 年中国政务微博客评估报告》2012 年 2 月。

② 杜海宝:《传统大众传播理论在微博客传播过程中的变异》,《运城学院学报》2010 年第 4 期。

③ 谢耘耕、荣婷:《微博舆论生成演变机制和舆论引导策略》,《现代传播》2011 年第 5 期。

④ 王婧:《微博在网络与现实中共振》,《网络传播》2010 年第 4 期;周冰花:《微博的传播力释义》,《新闻世界》2010 年第 8 期。

⑤ 谢耘耕、荣婷:《微博舆论生成演变机制和舆论引导策略》,《现代传播》2011 年第 5 期。

⑥ 周晔:《微博的政治功能分析》,《唯实》2011 年第 5 期。

⑦⑩ 黎福羽:《微博问政的表现及发展》,《资源与人居环境》2010 年。

⑧ 复旦大学“舆情与传播研究实验室”、中国舆情网:《中国政务微博研究报告》,复旦大学,2011 年。

⑨ 彭梦靖:《“微博两会”与民主政治》,《新闻爱好者》2010 年第 13 期;李丹丹、孔祥刚:《从传播学角度看“公安微博热”的现实意义》,《今传媒》2010 年第 11 期。

⑪ 桂杰:《官员微博:能否承受身份之重》,《中国青年报》2011 年第 7 期。

⑫ 夏效鸿、金中一:《微博官员话微博》,《浙江人大法律聚焦》2011 年第 5 期。

⑬ 三位编码员之间的编码信度检验为 0.82。

⑭ 2011 年 6 月廖新波就上饶医闹事件发表评论,正值高考期间,“卫生厅厅长奉劝学子‘要有尊严,别学医’”的言论被截取、放大引起广泛关注。

⑮ 2011 年 4 月 13 日,红河州出土了一块酷似猿人的树根,伍皓发微博两邀媒体关注,借此宣传红河的根雕艺术。

网络民意与公共政策的“民间智库”*

◆ 何志武

当“延迟退休”的政策动议引起网民的激烈争论时，官方回应称遭到了网民的“误读”。其实，这是政府决策前试探民意的过程。这种试探，一方面反映出网络民意的重要价值，其中蕴藏着丰富的真知灼见；另一方面也反映出政府对网络民意的重视，这些网络民意指出并弥补了政策设计上的漏洞，在一定意义上充当了公共政策的“民间智库”。

一、从“打捞民意”到“民意浮现”：网络汇集了最广泛的民意和民智

从字面上看，民意是指人民的意愿，在英文中与舆论是同一个词组 public opinion，即公众的意见。然而，关于民意的具体内涵，学界却有争议。德国哲学家加尔夫(Christian Garve)给民意下的定义是“民意，是一个国家的大多数公民，每人反省或实际了解某件事所得到的判断后，许多人的共识。”[①] 美国韩念西(Bernard C. Hennessy)教授将民意定义为“民意是一群特定的人，针对具有一定重要性的事务，所表达出来的各种不同看法的总和。”[②] 社会心理学家欧尔波(Floyd H. Allport)指出，民意是个人可随时表达自己的意见，或被要求表达自己的意见，来赞成或反对具有普遍重要性的特定状况、人、计划等，并表现出人数、强度和稳定性的比率。在他看来，不仅包括共识，也包括分歧以及不同意见在人数、强度和稳定性方面的比率。那么，民意究竟是公众的共识还是不同意见的总和？笔者以为，

* 原载于《现代传播》2012 年第 11 期。

民意作为一个集合概念,反映的是社会公众对于某一问题的意见,理应是不同意见的状况,包括不同意见“在人数、强度和稳定性的比率”等状况。网络民意是人们利用网络技术手段和技术平台,发表对某一重要问题的意见和建议。基于网络技术,人们通过互联网上的论坛和新闻跟帖等手段,自由发表评论,聚合某种诉求,从而形成关于某一问题的较为集中的价值评判。这些价值评判同样存在着不同意见“在人数、强度和稳定性的比率”。

在民主社会,收集和了解民意是公共政策过程的必要步骤。传统的民意收集方式基本上可以用“打捞民意”来概括。由于传统媒体提供民意表达的空间有限,人大代表、政协委员、政府官员、专家学者、新闻记者深入基层调研、采访等就成了收集民意的主要渠道。对于民意主体而言,这些收集渠道和方式并不是自由、真实的意见表达渠道和方式。一方面,民意收集主体与民意主体并非真正处于平等的地位,身份、地位的差异使得民意主体有些自我封闭,不愿主动、充分地表达自己的真实意愿,而是习惯于把自己包裹起来,把接受调查当作一项被动完成的差事,许多“沉睡的民意”无法真正被唤醒;另一方面,依靠一部分人深入基层“打捞民意”,调查者人数的有限性,使得调查对象、调查范围极其有限,大量的民意未曾触及,其结果是必然无法全面地收集到真实的民意。

网络技术改变了民意主体的地位,民意主体也成了民意表达的主体。无需他人代言,民意通过网络主动浮现。由于网络平台的特殊性,使得网络民意来源更广泛、内容更真实、更具决策的参考价值。

网络表达的便捷性、匿名性保障了网络民意的真实性及来源的广泛性。网络是一个开放的平台,没有身份、学历门槛,也没有态度倾向限制,甚至不问姓甚名谁,只要愿意表达,都可以就任何事情发表意见;可以长篇大论,也可以三言两语,只要主动上传,网络都会提供充足的空间。网络的便捷性为网民广泛参与意见表达提供了便利,一起重大事件、一个热门话题都会吸引不同阶层、不同地区、不同职业、不同态度倾向的网民发表意见;网络的匿名性消除了网民对表达意见后产生风险的担忧,激发了网民敢于表达真实意见的积极性,又进一步扩大了网络民意的广泛性。

网民来源的广泛性保障了网络民意主体的多元化、情绪的理性化和内容的专业性。分布于各个领域、各个阶层、各个群体之中的网民,既有普通网民,也有各领域的专家学者,还有政府官员。就普通网民而言,经过网络发展初期的情绪化表达阶段之后，会越来越理性地就热点问题发表自己的观点。研究表明，参与讨论的网民数量的增加使得理性的表达占据上风。学者和政府官员的加入进一步增强了网络民意表达的理性。而意见的理性表达则提高了意见的针对性和建议的合理性。由于网络民意主体的多元化，使得对相关问题有切身体会者、有深入研究者都能自主地表达意见，参与讨论，其提出的意见和建议不乏真知灼见，具有高度的专业性和科学性。

与政府决策的官方智库由较为单一的专家学者和政府官员独揽相比，网络民意所形成的“民间智库”，其方案提供者来源更广，内容也更丰富。一方面，“民间智库”中的专家比官方智库中的专家数量更多、来源更广，可供选择的方案也更丰富；另一方面，“民间智库”中有许多利益相关者参与讨论，他们的意见更具针对性，能直指要害，提出的建议也更具可行性。“公共政策是对全社会的价值作权威的分配”，“一项政策的实质是在于通过那项政策不让一部分人享有某些东西而允许另一部分人占有它们”。[③]任何政策都是利益的剥夺与给予，利益相关者的切身感受是任何其他人都无法体会和代言的，他们的表态对于政府决策具有特殊的参考价值。

二、从 3000 元到 3500 元：个税改革政策调整的网络民意表达实践

2011 年个人所得税起征点从 3000 元提高到 3500 元，虽然只是上调了 500 元，上调幅度并不是很大，但一部法律草案一审通过后短短三天之内因为民意强烈而进行调整，不能不让网民精神为之一振。

2011 年 4 月 20 日，当时提请全国人大常委会初次审议的草案，拟将个税起征点由 2000 元提高到 3000 元。会议未对草案进行表决，汇总相关意见修改草案后，进入二审阶段。

4 月 25 日，全国人大常委会办公厅公布了《中华人民共和国个人所得税法修正案（草案）》，向社会广泛征求意见。公众参与热情极高，截至 5 月 31 日，中国人大网共收到 82,707 位网民提出的 237,684 条意见，创下了我国人大单项立法征求意见数之最，其中 83％的人要求修改或是反对 3000 元的起征点。

2011 年 6 月 27 日，草案再度提请全国人大常委会审议，依然维持了一审时的 3000 元起征点。会上，常委会委员们进行了激烈讨论。很多常委会委员的观点是

既然公开征求意见,公众的意见又这么集中,最终出台的方案就应让民意有所体现,如果还是原样通过,百姓会怀疑审议、公开征求意见就是走过场。在6月27日下午的审议结束时,委员们建议财政部等部门再回去研究,拿出最终方案。6月30日上午9点,起征点增加为3500元的修正案草案再次提交给委员们审议,并顺利通过。

全国人大常委会委员长吴邦国在此次常委会会议上讲话时表示,在通过网络发表意见的公众中,83%的人希望在原方案基础上适当上调工薪所得减除费用标准,这从一个侧面反映了老百姓的期待。"在这次会议上,我们本着认真负责的态度,综合考虑各方面意见,积极与国务院沟通协调,经过充分审议、反复研究,对草案作了进一步修改。"

从全国人大公布的社会公众对个人所得税法修正案(草案)的意见来看,网民及其意见表达具有这样一些特点:

1. 网民来源遍及不同地区、不同阶层。东部、中部、西部地区皆有网民发表意见,不同收入的群体皆有网民发表意见,其中有很多人提出应针对东、中、西部发展程度不同、收入不同、生活成本不同而设定不同的个税起征标准。网民中有的是企事业单位的普通职工,有的是高校的专家学者。

2. 网民建言献策无时空限制,方便灵活。与咨询机构集中开会讨论不同,网民表达意见基本上做到随时随地。只要在规定征集民意的时间段内,只要有表达意愿,有电脑或手机,就可以上传个人建言,确保可吸纳的民意民智的广泛性和丰富性。从4月25日到5月31日,共收到82707位网民提出的237,684条意见,这就意味着有许多网友发表了多条意见和建议。

3. 网民意见趋于理性,富有真知灼见。网民并非囿于一己私利表达偏见,他们的意见与参与座谈的专家学者的观点不谋而合。在通过网络征集民意的同时,2011年5月10日和20日,全国人大法律委员会、财政经济委员会和全国人大常委会法制工作委员会联合召开座谈会,还分别听取11位专家和16位来自不同地区、不同职业、不同收入群体具有一定代表性的社会公众对草案的意见。网民意见与座谈会的意见保持较高的一致性。如参加座谈会的社会公众代表和专家意见中,北京市烟草专卖局向兰提出,不同地区的生活成本不同,起征点不应全国一刀切,应当有所区别,建议将北京、上海等一线发达城市的起征点提高到5000元;清华大学中国与世界经济研究中心主任李稻葵教授建议,根据不同地区的生活成本,分别适用 5000 元、4000 元、3000 元的起征点。而上海、北京、广东的部分网民提出，发达地区收入水平与边远城镇相差很大，3000 元在发达地区，只能保证个人基本生活的开支，建议授权各省、市、自治区根据本辖区收入的实际情况，在法律规定的基础上另行规定，例如东部省份 6000 元、中部省份 4000 元、西部省份 3000 元等。网上有些意见提出，制定起征点时应考虑纳税人的家庭负担，建议按户籍的抚养人口确定起征点或者申请减免。有的意见则反对考虑纳税人的家庭负担，认为企业高管阶层，本来收入就高，再享受对家庭税收优惠，更会加大社会的贫富差距。有些意见提出，应当建立月收入额减除费用形成的长效机制，使起征点与 GDP 和 CPI 挂钩，并授权国务院每年调整后发布，不要经常修改法律。这些意见的提出反映了网民的意见富含真知灼见。而最后公布的政策虽然与网民提出的目标不甚一致，只是在初案中的起征点提高了 500 元，但网民非常理性地表达了对政策的理解。

近年来，公共政策决策前频频征集网络民意已成常态，有些甚至一项政策多次征集网络民意，《国有土地上房屋征收与补偿条例》就是如此。2010 年 1 月 29 日，国务院法制办首次公布《国有土地上房屋征收与补偿条例(征求意见稿)》，征求社会公众意见。截至 3 月 3 日，共收到意见和建议 65601 条。首次征求意见后，国务院法制办会同有关部门对反馈的意见和建议逐条进行了整理、分析，选取 40 多个典型城市就建设用地来源、房屋拆迁和土地征收等情况进行了专项调查统计。意见最为集中的是补偿问题，13000 多条意见，涉及市场价补偿、房地产市场评估、评估机构独立性、非住宅房屋停产停业损失的补偿标准、回迁、违法建筑不应一刀切等问题。对于这些在征求意见中提出的问题，国务院法制办在二次征求意见稿中给予了回应，对相应条款进行了修改。12 月 15 日，《国有土地上房屋征收与补偿条例(第二次公开征求意见稿)》在中国政府法制信息网公布，第二次向社会公开征求意见，共收到意见 37898 条。2011 年 1 月 21 日公布的《国有土地上房屋征收与补偿条例》，就是在充分尊重和吸纳网络民意和民智的基础上制定出来的。其中，改“拆迁”为“征收”、通过听证会的方式听取被征收人意见以确定征收是否正当、涉及旧城区改造等城市规划问题时引入公民代表的参与、征收房屋补偿不得低于市价、先补偿后搬迁、房价评估机构由被征收人选定、多数人不满补偿方案时应组织听证等条款的设立，充分体现了网络民意和民智。

三、从"偶尔想起"到"全程常设":铺设收集网络民意的畅通渠道

网络民意自由而充分的表达使得网络充当了公共政策的"民间智库",但"民间智库"作用的发挥空间有多大,则取决于决策者的态度。是"偶尔想起"通过网络征集民意还是公共政策过程"全程常设"网络民意通道,考验着决策者收集和听取民意的诚意、科学决策的水平,也检验着决策者收集网络民意的方法科学与否。

(一)从政策问题建构到政策评估及反馈:网络"民间智库"全程充当咨询师和信息员

公共政策从政策问题建构开始。政策问题指的是"引起社会上一部分人需求或不满足的条件和环境。那些受环境和条件影响的人可以直接也可以由别人以他们的名义寻求援助或补偿"。[④]"政策问题虽然是一种客观现象,但是必须有人发现和提出它才能有意义。"[⑤]在前互联网时代,政府、政党、社会团体、企事业单位、新闻媒介和专业分析机构都充当着搜寻和发现政策问题的主体,而对政策问题感知最强烈的是普通民众。"在前互联网时代,尽管普通民众对遍布于社会各个角落的问题情境有着切身的体验和感悟,但他们通常只能向其周边数量极为有限且地位与其相当的人员进行诉说,而难以上达决策子系统。"[⑥]互联网的普及给了普通民众自主表达意见的机会,每个人都可以将自己对问题的体验和感悟通过网络平台传播出去。如果这个平台是面对公众的公共平台,经过网民讨论,会使问题聚焦和放大,若决策者主动收集,这些关于政策问题的意见可以直接进入决策子系统;如果这个平台是决策者搭建的"民意平台",这些关于政策问题的意见更是直接抵达决策子系统。罗杰·柯比(Roger Cobb)和查尔斯·艾德(Charles Elder)把传媒发现社会问题,使之诉诸公共议程的活动称为"唤醒":"拜传媒之赐,将(问题)传播到更广大的公众之中,使冲突的范围变得更广……'唤醒'本身是自足的,容易滚成雪球。当传媒对一个情况感兴趣时,它们通常盯住不放,使越来越多的重视和关注产生。"[⑦]而进入互联网时代,"唤醒"社会问题的职责直接由分散的网民主动承担了。决策者可以从网民反映的社会问题中筛选适宜的问题进入政策议程。

政策问题一旦进入政策议程,决策者就政策动议征集民意民智即成为必要的环节。政府的政策动议是把政策问题提到政策议程,但并非都有明确的政策方案。

政府通过媒介公布政策动议吸引公众参与，不仅使政府决策获得了充分的民意基础，而且公众通过媒介建言献策又使决策过程得到了“民智”支持。需要强调的是：第一，普通公众对政府的政策动议，即使站在个人或群体利益立场上提出的建议，往往也蕴含着丰富的智慧，对于政策动议的完善也是必不可少的；第二，“受过良好教育、见识广博的精英”只要没有进入政策决策系统，就属于政府系统之外的公众，他们的意见同样属于公众的声音，集中了他们丰富智慧的意见和建议对于完善政府动议，必然能够提供“民智”上的支持。[8]

政策评估也不能缺少网民的意见。“公共政策过程的民意研究往往集中于政策制定之前，目的在于探讨公共政策在多大程度上体现了民意，而对于政策制定之后的民意，则往往很少关注。”[9]公共政策实施后的民意表达实际上是政策客体感受政策、评估政策、反馈政策效果的过程。在传统的观念里，政策评估是专门机构的事情，由制定政策的部门组织政策执行效果的评估。“政府主持‘制作’的政策评估结果很难是实质性和有意义的”[10]，因为“政策机构都有着强烈的兴趣和愿望，以显示和证明它们的政策和工程项目产生了哪些积极的影响”，“政策机构不会喜欢显示自己的政策没有发挥作用的研究结果，更不愿看到说明自己的政策成本超出了政策效益的研究结果”[11]。政府搭建的民意征集平台如果成为常设平台，就能将民意收集延伸到政策评估环节。网民从各个不同的领域和视角评估政策效果，就能获得独立于官方评估的结论。这些结论对于向决策机构反馈政策执行信息、调整和完善政策，无疑是极其珍贵的。

(二)从常设民意平台到科学分析网络民意：决策者须主动利用和发挥“民间智库”的功能

要科学而有效地发挥“民间智库”服务公共政策的功能，一方面，政府应改变时开时关的观念和做法，搭建公共政策的民意平台，将其作为常设平台，从“唤醒”政策问题、提出政策建议到评估政策效果，网络民意从来不应存在“需”与“不需”之时的划分，它应伴随着公共政策过程的始终；另一方面，对网络民意应进行科学分析，厘清网民的真实意见和科学建议，辅之以调研、座谈等手段。

政府主动搭建公共政策的民意平台，并使之成为常设平台，将分散的民意和民智汇集入“库”。虽然跟帖、公共论坛等都是网民发表意见的平台，但分散的平台不利于意见的有效聚合。政府机构作为决策主体，其网站设立网民意见平台，有利于将分散的民意和民智汇集于此,其聚合与扩散效应更为显著。同时,政府机构广泛搜集分散于各类空间的民意和民智表达,汇集于政府搭建的平台,将进一步吸引网民意见和建议的聚合,使之成为真正的汇集民意和民智的信息库。

对网络民意的分析,可通过采用数据挖掘技术及人工智能技术进行统计挖掘预测⑫,对网络民意进行数据化分析,以增强其价值效用。政府机构加强对网络民意的监测和分析,其着重点应主要集中在这样几个方面:(1)社会问题的提出及评论数量;(2)各个环节的意见倾向分布状况;(3)意见倾向的依据;(4)政策建议的分类及科学性;(5)意见和建议提出者的身份,分析其意见的代表性,尤其要注意分析意见领袖的意见和建议。通过这些要素及数据的分析,找准政策问题,梳理网络民意及民智,为政策的制定和完善服务。

注释:

① 王来华:《对舆情、民意和舆论三概念异同的初步辨析》,《新视野》2004年第5期。

② 〔美〕B. C. Hemmessy, *Pulicoipion*, Belmout: Wadsworth Publishing Company. 1970. pp. 24—25.

③ 〔美〕戴维·伊斯顿:《政治体系——政治学状况研究》,马清槐译,商务印书馆1993年版,第23页。

④ 〔美〕詹姆斯·E. 安德森:《公共决策》,唐亮译,华夏出版社1990年版,第65—66页。

⑤ 王骚:《政策原理与政策分析》,天津大学出版社2003年版,第113页。

⑥ 朱水成、李正明:《网络民意在政策问题建构中的作用研究》,《上海行政学院学报》2012年第1期。

⑦ 〔美〕拉雷·N. 格斯顿:《公共政策的制定——程序和原理》,朱子文译,重庆出版社2001年版,第60页。

⑧⑨ 何志武:《大众媒介与公共政策》,武汉大学出版社2008年版,第127、239页。

⑩⑪ 〔美〕托马斯·戴伊:《自上而下的政策制定》,鞠方安、吴忧译,中国人民大学出版社2002年版,第210、212页。

⑫ 黎旺星、钟秀红、王会:《科学收集网络民意的探讨》,《电子政务》2010年第5期。

自由市场理念观照下的搜索引擎问题*

◆ 杨新敏

如果从 1994 年算起,中国互联网已经历了 18 个年头。如今,人们已经跨越了网页时代和论坛时代,轻博客甚至微博客似乎都成了过时的话题。但是,制约互联网发展的根本问题仍然是一个网页时代已经出现的问题——搜索问题。不仅如此,随着网络信息以几何级数的增长,这一问题将越来越显示其重要性。

一、搜索引擎既是一种元媒介,又是一种超大众媒介

"搜索引擎是一种新的大众传媒,甚至可以说是一种新的元媒介,它能够形塑公共话语本身。"①

说它是元媒介,是因为浩如烟海的网络信息要经过搜索引擎这个通道才能获取。如果这个通道被某机构或个人霸占,为私利而随意设置议程,"一夫当关,万夫莫开",所有网民就只能望洋兴叹,接触到的都只能是被搜索引擎过滤的信息。民主社会依赖于具有理性的公民,而一个人要成为一个理性的合格的公民,就必须掌握足以作出理性判断的有效信息。若他们所能接触到的信息是被歪曲了的,就会因受到愚弄而作出错误判断,从而伤及民主社会体制本身。"在一个无限选择的时代,统治一切的不是内容,而是寻找内容的方式。"② 在网络上,寻找内容的主要方式就是使用搜索引擎来搜索,搜索引擎是"独裁的守门人"。③ CNNIC《第 30 次中国互联网络发展状况统计报告》显示,在受众最广的前五大网络应用中,搜索引擎排

* 原载于《现代传播》2012 年第 12 期。

名仅次于即时通信,达到79.7%。[4]从这个角度说,搜索引擎的根本地位无论怎么估计都不会过分。

说搜索引擎是超大众传媒,是因为它本身具有一种信息整合的功能。网络上所有的具有大众传播、小众传播乃至人际传播属性的信息,所有作用于人的视觉、听觉乃至中枢神经的信息,都要经过它的再加工,才能成为真正有用的信息,以满足网民的个性化需求。

搜索引擎问题因而可以分解为两个级次问题,一是信息能否被公正地展现出来,表现为搜索引擎的中立问题;二是信息能否被有效处理,使受众摆脱被浩如烟海的信息所吞没的命运,及时把握最重要的信息,以真正减少作出重要决定的不确定性。这两个问题既相互纠缠、相互矛盾,又随时间的推移在改变着权重,前者的权重在渐次降低,而后者的权重则不断增加。

二、搜索中立及其核心诉求

我们理解搜索中立时的学术背景是新闻学中的新闻的客观性,即信息提供者应该客观呈现信息,使之与信息所描述的真实世界具有一致性。为达成这种一致性,信息提供者应采取不介入立场,以免其主观倾向或利益关系对这种一致性造成损害,从而误导受众的判断。

搜索引擎似乎可以为这种客观性提供最好的保障——它可以最大限度地避开人为的因素,仅靠标准的算法公式让机器去抓取并呈现信息。因而,搜索引擎中立的核心就是尊重依靠标准算法所自然生成的机器搜索结果。也正是因为有算法作为一个标准,所以,人们对于人为地干涉机器搜索结果特别地不能容忍,尤其是出于利益考虑去人为地改动结果。

百度的竞价排名问题就是人们感知度最高的一个问题。本来依靠自然搜索排序,一个网站可能远远地落在后面,但它出钱就可以改变排序。这样,品质越差的网站,出钱的积极性越高,排名往往越靠前,结果是劣币驱逐良币,百度于是担上了“收保护费”扰乱市场秩序、侵害消费者权益的罪名。当然,百度完全可以自辩:电视台不也搞广告竞价吗?当年中央电视台的一系列炙手可热的标王今天安在?五粮液、茅台和秦池、孔府家酒,谁是“良币”?电视台可以反过来辩护:那是广告,而你把广告和新闻混在一起。百度一直不肯承认自己是个新闻媒体,认为自己只是为各种媒体提供路径，问题是：第一，在网络时代，新闻信息与其他信息的边界变得越来越模糊，模糊到了人们专门发明了“资讯”这个词来规避新闻与其他信息的区别；第二，即便在边界模糊的状态下，新闻与一般信息的基本区别仍然存在，电视媒体就既提供新闻，又提供一般的信息，各家搜索引擎也都把“新闻”专列一个搜索项；第三，经过搜索排序，提供路径的搜索引擎已经生成了简明新闻。其实，就算承认了自己的新闻媒体属性，百度一样可以为自己辩护：报纸和电视的新闻就那么纯粹吗？你们不也有各种打擦边球的软文吗？

更为复杂的是，百度在需要的时候，也用“搜索中立”这个词为自己辩护：因为我们是根据算法用机器呈现结果，所以，我们不承担因此产生的侵权问题。[5]

有意思的是，在美国，“搜索中立”的问题源于“网络中立”的诉求。“美国《1934年通信法》就曾规定任何电话公司不得阻碍接通非本公司用户的电话，而互联网兴起以后，‘网络中立’概念自动延伸为运营商均不得对来自非本公司用户数据，比如邮件、视频等设限。”[6]谷歌与其他一些“内容”提供商积极努力，想要促成网络“渠道”提供商的中立，没想到这一诉求却引火烧身，引发人们对谷歌自身搜索中立问题的质疑。这一质疑，与百度问题不完全一样，因为谷歌声称自己谨守自然搜索结果和竞价排名广告严格区分的原则。但是人们怀疑谷歌是否在算法上捣鬼，因为看似客观的算法本身是人制定出来的，谷歌公司若有意通过算法的编排，把某些与它或它的伙伴有利益冲突的网站排名降低怎么办？特别是谷歌并不满足于已有的搜索业务，不断地在其他业务上扩张，此时它会不会为推销自己所扩张的业务，而把竞争者的排名有意降低呢？它已经成了利益相关者，就像一个裁判员同时是参赛者，此时它如何保持中立呢？若它不能保持中立，又没有一个足以与之抗衡的搜索引擎作为信息提供的替代者，那些提供相同或相似业务的网站不就可能面临束手待毙的命运吗？

其实百度也存在因业务的跨领域扩张而带来的相同问题，只是在中国，这个问题还被其他更棘手的问题所掩盖而已。中搜搜索就曾提示说，因为他们的主业是购物搜索，所以，它自己不开门店，以保持搜索的中立。[7]这样，搜索中立的涵义就变得复杂化了，起码有了“依靠算法自然排序”与不介入利益，做“第三者”两种意思。

三、基于受众需求的信息的有效处理

香农给信息下过一个经典的定义:“信息是在一种情况下能减少不确定性的任何事物。”[8]海量的信息并不能减少不确定性,相反,它在增加着人们作出判断时的不确定性,所以,严格来说,那些海量的数据并不能称之为信息。控制论的创始人维纳也说:“一个系统中的信息量是它的组织化程度的度量,一个系统的熵就是它的无组织程度的度量。”[9]克劳斯则说:“信息必须有一定的意义,必须是意义的载体。”[10]也就是说,我们说“信息的海量性”时,所指的信息并不是信息,而是“熵”。传统媒体正是看准了这一点,把互联网中大量的“熵”加以组织,从而输出为信息。

从这个角度看,“搜索中立”本身不能保证搜索结果的“信息”属性。因为现有的纯粹的机器搜索的自然结果,其组织化程度极低。“熵”越是海量化,搜索结果的组织化程度就越低,因而,一方面必须不断地改进算法,以增强搜索结果的组织化程度;另一方面,在搜索结果的组织化程度不足时,必须进行必要的人工干预,否则,我们就只能被无尽的“熵”所窒息。

事实上,我们说“搜索中立”时,包含着更为丰富且相互抵牾的诉求。纽约法学院的吉姆斯·格林曼尔曼(James Grimmelmann)总结了 8 种涵义:“1. 平等:搜索引擎不应对所有的网站区别对待;2. 客观:存在正确和不正确的搜索结果,搜索引擎应该仅显示正确的结果;3. 偏见:搜索引擎不应歪曲信息;4. 畅通:依靠访问流量的网站不应被搜索引擎删除;5. 相关性:搜索引擎应该将使用者满意度最大化;6. 自我利益:搜索引擎不应拿它自己的利益做交易;7. 透明度:搜索引擎应该公开其网络排序的算法;8. 操作:搜索引擎应仅仅根据基本规则排序,而不是按照自己的偏见去提升或降低排序先后。”[11]

当种种诉求相互作用时,搜索中立就变得极不现实了。无须论证,仅凭直觉就可看出,第 1、4、8 条与第 2、5 条是矛盾的。就第 6 条来说,竞价排名就是在拿自己的利益做交易。我国有人甚至主张立法禁止竞价排名。问题是,就像电视台离不开广告一样,搜索引擎的主要收入来源就是竞价排名[12],如果没有了它,搜索引擎公司就无法运转,面临倒闭,我们的搜索需求如何实现?各家搜索引擎公司都冒着影响中立的风险向其他领域扩展业务,恐怕与搜索收入渠道的单一性所带来的风险有关。谷歌副总裁梅里莎·梅尔对搜索中立问题的见解也不无道理。她认为搜索引擎公开算法不合适，一是算法要不断地调整，以强化用户满意度；二是算法一公开，就会使那些搞搜索引擎优化（SEO）的专家们有机可乘，使搜索结果更加不理想。而人工排序作为补充也是为了对付那些恶意进行搜索引擎优化的人。[13]有趣的是，当人们批评百度恶意屏蔽信息时，百度的回答是：干预结果是为了扫垃圾。[14]其实，信息侵权也是搜索引擎必须人工干预的一个理由。[15]

看起来，搜索引擎有足够的理由去人工干预搜索结果，问题是谁又能认定那些理由不是一个为了某种利益而拿出的借口呢？毕竟搜索引擎公司是个营利机构，如何限制它出于不正当目的去作为或不作为呢？特别是当它形成垄断地位时。

百度公司在2008年曾因三鹿事件引发社会的高度警惕，2011年又遭中央电视台连续4天在节目中曝光[16]，美国的谷歌公司也于2010年在欧洲和美国本土遭到调查和指控[17]，网络搜索引擎公司中的两个巨无霸都受到指责，说明搜索引擎问题不是个案，它作为元媒介所拥有的巨大权力已经引发社会的强烈关注。如果说权力本身并不邪恶，那么对其滥用则是邪恶的。“绝对的权力导致绝对的腐败”，而这两家公司所具有的权力正好是几近绝对的[18]，它们若滥用权力，所带来的破坏作用是难以想象的。

四、对学界解决问题的几种思路的讨论

第一种思路是对垄断企业实行拆分。这种思路立足于《反垄断法》的法律规范，以中国电信的拆分作为有效案例，可以说把世界上的成文法和案例法的规范都借鉴了。问题是把它们拿来讨论百度的搜索引擎垄断时存在着法律适用的麻烦。

首先，《中华人民共和国反垄断法》并不惩罚具有市场支配地位的企业，只是反对滥用市场支配地位。该法第一章第六条规定：“具有市场支配地位的经营者，不得滥用市场支配地位，排除、限制竞争。”而百度虽然在相关市场具有支配地位，但要证明它滥用市场支配地位，排除、限制竞争却存在极大困难，因为事实上其他搜索引擎企业要进入市场，并没有受到百度人为干涉的证据。当然，所谓滥用市场支配地位，包含两个方面的内容，一是借此排除、限制同行的竞争，二是以这种支配地位谋取不正当的垄断利益。该法列了七种情形：（一）以不公平的高价销售商品或者以不公平的低价购买商品；（二）没有正当理由，以低于成本的价格销售商品；（三）没有正当理由，拒绝与交易相对人进行交易；（四）没有正当理由，限定交易相

对人只能与其进行交易或者只能与其指定的经营者进行交易;(五)没有正当理由搭售商品,或者在交易时附加其他不合理的交易条件;(六)没有正当理由,对条件相同的交易相对人在交易价格等交易条件上实行差别待遇;(七)国务院反垄断执法机构认定的其他滥用市场支配地位的行为。第(二)(四)两条是涉及不正当竞争的,其他都是以支配地位谋取不正当的垄断利益的。就前者来说,一般的网络搜索都远低于成本价格,低到了不需付费(百度在抗辩唐山人人公司时就说自己的搜索是不收费的,构不成市场交易行为),相反,有时不具有市场支配地位的企业或新进企业为了能顺利进入市场,甚至还搭送(注意不是搭售)其他产品。从传媒的"二次售卖机制"来看,第二种情形不适用。第四种情形在搜索引擎行业也没有出现过。所以,滥用行为只能从搜索引擎企业谋取不正当垄断利益上来寻找。困难的是,搜索的自然排名是一个不存在市场交易的过程,搜索引擎企业主要与其他企业构成广告买卖行为,而以上各种情形对搜索引擎广告买卖也不适用,只能求诸《广告法》。对于无法认定其滥用市场支配地位的垄断企业,如何用《垄断法》进行拆分呢?

其次,中国电信的拆分是一种企业拥有者的自主行为,和搜索引擎企业不一样。中国电信是国有企业,国家是其资产拥有者,因而,国家有权决定其分合。搜索引擎企业多是私营企业,对于私营企业来说,法无禁止即自由。

再次,中国电信的拆分不会带来外来的强大竞争,它仍然是国有企业间的竞争,是使国有企业焕发活力的行为。在全球化时代,包括搜索引擎在内的诸多企业都要参与国际竞争,因此,做大做强成了最响亮的口号。百度虽然在中文搜索引擎中占据霸主地位,但在全球搜索引擎竞争中只能说排在第一梯队。如果将百度拆分,它在国际上的第一梯队的排名就会立即消失。从这个角度看,国家也不可能去拆分它,相反,国家还要创造条件让更多的企业的国际排名升上去。

第二种思路是加强企业的社会责任感教育。虽然法无禁止即自由,但一个企业毕竟担负着社会责任,它是在服务社会的过程中获得自身的成长的。没有一个良好的社会伦理环境,一个企业将会处处暗藏危机。

但是,企业是一种营利组织,它所追求的是利润的最大化。许多带着原罪的企业之所以后来逐渐形成一种对社会负责的企业伦理,一是因为消费者的选择,二是因为社会制度的约束,三是因为媒体的监督,这三者使它们失去这种企业伦理就会降低利润或破产。

可见，企业的社会责任感是利润导向的，只有提供优质产品与服务者获利，反之无利的社会环境，才能使企业自觉主动地去承担责任。

还有人提出建立一个以国家基础建设为属性、以公共利益为主导的国家公共信息搜索服务平台的设想。问题是，第一，它必然进一步加重财政税收的负担，这与国家扔包袱的思维背道而驰。连在国家看来极为重要的喉舌媒体都在进入市场，搜索引擎怎么可能列入国家基础建设呢？第二，搜索引擎需要越来越多的技术、人才、设备等的投入，才能保证提供最好的服务，以赢得使用者的青睐，依靠财政支付是根本跟不上这一需求的，结果可以预见：技术含量越来越少，优秀人才大量外流，重要设备日益老旧，服务质量越来越差，最后成为留下多余、扔掉可惜的鸡肋。按照非营利的公益性组织设计的英国的 BBC 正是因此而逐步走向筹资渠道的多元化，向 BBC 学习的中国各地的有线电视台最后既收取使用费，又开放广告市场，让只有广告作为主要收入的其他电视台深感不平，前车之鉴不应忘却；第三，BBC 模式是与其国家制度相关的，它排斥政府力量的介入。在我国现有制度环境中，公共利益多由政府组织承担，而政府组织拥有的搜索引擎能在多大程度上保证搜索的中立性，本身就是遭到质疑的；第四，政府涉及的领域应该是非竞争性领域，否则就可能压抑民间的创造力，引来“国进民退”的批评。“比如美国国防部研发投资建立互联网，这一做法对于互联网业来说功不可没，但如果政府接着建设某个搜索引擎就不合适了。”[19]

第四种思路是加强公民的媒介素养教育。公民有了较高的媒介素养，就不会轻信媒介内容，而是有选择、有分析地去接触媒介，甚至可能借助媒介进行理性表达，从而使滥用权力的搜索引擎企业的权力受到来自消费者的抑制。

但是，现实地看，提高公民媒介素养的最好办法，就是让公民尽可能多地接触各类媒体，特别是形式和内容异质的媒体，而不仅仅依赖于一种媒体。公民的媒介素养教育不像全日制学校教育，它是一种公民自主教育，没人给上课，也没人愿意去听课。当他在媒介上上过当之后，他才学会了理解媒介；当他接触到的媒介内容具有异质性后，他才学会了比较和分析。离开了这些，媒介素养教育也是一句空话。

五、可能的解决路径：公平的市场竞争

民主政治理论面对政治中的绝对权力问题，解决办法是分权与监督，自由市场

理论所提出的解决办法其实也是分权与监督。它的分权就是创造自由竞争的市场环境,竞争是其关键词;它的监督就是以媒体、监管机构为主的社会监督,维护公平竞争的市场秩序是其核心内容。面对搜索引擎的霸权,虽然学者们提出了多种解决方案,但根本的解决方案只能是分权与监督。

(一)创造自由竞争的市场环境

亚当·斯密在其《国富论》中认为,市场是一只“看不见的手”,它会导引市场资源按照需求去进行自我调配。物以稀为贵,一旦某种需求旺盛,而满足这种需求的产品稀缺,产品生产者作为经济人就会有从中谋取更高利润的冲动。百度正是处在这种位置上。中文关键词搜索一开始只有百度和谷歌,而谷歌中文搜索并不理想,到后来谷歌搜索移到香港,对百度就更失去了竞争力,所以,百度不仅可能不顾用户的搜索体验而大搞竞价排名,而且可能以“勒索营销”的霸道方式,将那些不肯参加竞价排名的网站后置到用户几乎不可能点击的角落,甚至索性让那些网站从百度搜索结果中消失。

但是,百度的这种垄断地位只是暂时的,因为别的企业作为经济人看到这块稀缺资源,就会从其他领域转移过来分享利润。《反垄断法》正是要保护那些转移过来竞争的企业。如今,中国搜索引擎的战国时代已经拉开序幕。2010 年下半年,人民网、新华社、腾讯、淘宝等,相继大张旗鼓,扩张揽才,抢滩搜索引擎市场。现在已有的替代性中文搜索引擎计有:搜狗、搜搜、中搜、即刻、盘古、有道,再加上美国的谷歌、必应等,在可预见的未来,它们必将彻底改变中文搜索市场一家独大的局面。这样的战国烽烟在国外一样正在升起。在美国,必应、雅虎、Ask Jeeves、AVG Search、Blekko 等,都是挑战谷歌霸主地位的劲敌。

产品竞争所带来的是产品质量的提升和服务的改进。中搜把搜索结果做成了门户模式,并打出电子商务平台旗号,有行业门户、网上商城、垂直搜索、立体资讯四个核心业务;搜搜则有新闻追踪、个性化搜索、自定义排序、更新提示等独特功能。借助新闻追踪功能可以全面了解热门新闻事件发展的来龙去脉,借助个性化搜索则可以选择站点或地域,自定义排序让用户在新闻搜索中可以自己拉动滑轮选择不同的排序方式,彻底颠覆百度竞价排名的手段(非新闻搜索还是有竞价排名的,毕竟它是搜索赢利的主要手段),新闻更新提示让人在查找搜索结果的过程中即刻获得最新的新闻。此外,搜搜新闻搜索页面的右侧是微博搜索。这样,它就把新闻和一般的资讯分开了，新闻相对中立，一般资讯则加插广告。这些竞争者的进入，使百度的蛋糕不断地被蚕食。

当然，从2012年的统计数据中我们能得出的结论仍然是：在国内，百度一家独大；在国际，谷歌一家独大。之所以如此，可能有以下原因：第一，竞争是一个过程，不能凭短期数据下结论。骑驴看唱本——走着瞧。经过一个稍长时间，才能见出分晓。第二，市场早期进入者技术、人才等积累较多，后来者也需要一个积累过程。第三，用户习惯所形成的惯性。长期以来，“内事不决问百度，外事不决问谷歌”已经成为网民的搜索习惯，这种习惯要打破也需要一定的时间。其实，这也是市场早期进入者的一种积累，即用户使用习惯积累。第四，相关体验所形成的黏性。谷歌和百度除一般的搜索业务外，还有许多其他业务，人们在使用那些业务时，会顺手使用搜索引擎业务。比如，“百度知道”“贴吧”“MP3”“地图”“百度空间”“百度百科”“百度文库”等业务，都会把用户黏在百度搜索上。

从这些原因看，百度要长期保持一家独大的地位是不容易的。前三个原因都可让时间去解决，第四个原因也不是难以超越的壁垒，因为第一，百度的相关体验没有很高的技术含量，新的进入者也可以搞；第二，许多新的进入者也都有自己独特的相关黏性。比如腾讯搜搜就有QQ以及由QQ发展起来的许多相关业务所积累的人脉，即刻搜索也以《人民日报》和人民网的相关积累作为后盾。有人也看到了淘宝等网站的相关黏性：“利用社交关系网圈人，利用商务链条圈住企业，然后开放，巩固核心的关系链条，再间接地控制人和企业发出的信息。谁做到这一点，谁就能削弱百度，让独立的搜索引擎成为明日黄花。”[20]统计数据表明，百度以外的搜索引擎在市场上所占份额虽然仍然少到几乎可以忽略不计的地步，但它们都显现出了良好的成长性。CNZZ的统计数据显示，2012年6月，百度的市场份额为73.37%，搜狗的市场份额为7.4%，搜搜的市场份额为4.33%；而2011年6月百度的市场份额为79.19%，搜狗的市场份额5.39%，搜搜的市场份额3.88%，同比搜狗增长了2.1%，搜搜增长了0.45%，而百度却降低了5.82%。[21]

市场竞争的威力已经初显。百度可以逃过《反垄断法》的惩处，但有了可替代性搜索引擎，它若为广告而随意变更搜索排序，对用户体验带来巨大麻烦，用户就可能离它而去，此时，百度就不能不有所忌惮。尽管百度面对假冒伪劣广告链接审核不严的指控可能会进行辩护说审核成本太高，但消费者受害后会转向别的搜索引擎，从而造成它赖以获得高价广告的眼球的流失，这才是推动它对广告进行严格审查的最大的动力。不仅如此,它还会主动把普通信息(新闻)与广告分开明示,进一步改善产品和服务,以满足消费者的需求,以此来拉住消费者。其他企业也是如此。这样,我们就会发现,这些企业的社会责任意识都在提升。

(二)维护公平竞争的市场秩序

亚当·斯密的经济理论被认为是一种自由放任理论,其实这是一种误解。亚当·斯密所生活的时代,是市场被国家紧缚的时代,所以,他更多地强调市场这只“看不见的手”的作用,但市场被国家紧缚不正是另一种形式的垄断吗? 所以,这种理论是反垄断的。所谓市场失灵,不是市场本身失灵,而是垄断破坏了公平竞争的市场秩序。政府这只“看得见的手”所应做的不是粗暴干预市场,而是维护公平的市场竞争秩序,让市场在自由竞争中保持活力。

具体来说,有这样几个方面:

1. 要完善司法

搜索引擎企业属于“经济人”,企业建立的目的就是赢利,对企业的要求也只能是合法赢利。法无禁止即自由,法律规制的限制是企业行为的边界。只有完善的法制才能规划出一个使企业不作恶的框架,把这头猛兽关在笼子里,让它在为自己谋福利的同时,也是在为社会谋福利。

从这个角度看,网络企业的法律适用还需要加紧深入研究。正如前文所述,像百度这样的带有垄断性质的企业,尽管人们有一种强烈的感觉,就是它在滥用权力,但没有相应的法律条文能够约束到它。当然,网络企业是一种新生事物,它处在不断发展变化中,法规的制定要为它的发展留出空间,所以,法规的滞后可以理解,但立法必须谨慎地紧紧跟随,否则就会让网络企业形成一种不断地在前沿的法律空白处进行寻租的惯性,丧失对法律的敬畏。之所以说谨慎跟随,是因为网络企业同时是媒体企业,如果不慎,就可能伤及言论自由。

法制只是为网络企业设计了一个笼子,但如果这个笼子并没有把企业关进去,或者只是把一部分企业关了进去,或者是全关进去了,但仍有企业持特别通行证,可以从笼子中跑出来放风,那么,它就要么是摆设,要么在人为地制造不公平的市场环境,其危害更甚于没有法制。所以,还必须通过严格的司法来实现法治,让所有企业在法律面前都是平等的,以达到维护公平竞争的市场环境的目的。

2. 完善传媒的自由监督机制

要维护公平竞争的市场秩序,就需要完善传媒的自由监督机制,但反过来说,传媒的自由监督要能够实现，传媒自身就要形成公平竞争的市场秩序。

平权状态下才能相互制衡。搜索引擎所具有的元媒体性质，使它与其他网络媒体之间形成了权力控制关系，它如果滥用权力，可能让其他网络传媒从它的搜索结果中消失。这就可能使其他传媒因为忌惮其权力而不敢自由监督它。要解开这个结，首先是搜索引擎本身要形成一个自由竞争状态，使其他网络传媒从一家搜索引擎的权力控制中解放出来，从而形成搜索引擎与搜索引擎之间、搜索引擎与其他网络传媒之间及其他网络传媒相互之间的多方制衡；其次是不同介质的媒体之间的相互制衡。搜索引擎可能对其他网络传媒形成权力控制，但报纸、广播和电视是它所难以控制的，这些异介质媒体之间就可能形成自由监督状态。百度的问题虽然在网络论坛中不断有人揭露，但在网站首页中几乎看不到，因而，央视对百度的曝光就显得特别重要。反过来说，传统媒体因为种种关系不能揭露的问题，网络媒体因跳出其权力控制圈，就可能加以揭露。

除了传媒介质所形成的权力控制关系外，还可能有其他类型的权力控制关系存在。这些关系也会影响到传媒监督的正常进行。因而，完善传媒的自由监督机制的核心动作就是打破这种权力控制关系，实现权力之间的制衡。

有了传媒的自由竞争，有了各种传媒的相互制衡，传媒的自由监督才能真正实现。因为这种自由监督，使公民所需知和应知的信息不致被某一传媒所控制，这样才能真正提升公民的媒介素养，使公民在知情的状态下实行对搜索引擎企业的鼠标控制，逼迫企业承担起社会责任。同样，有了这种自由监督，才能达到“手莫伸，伸手必被捉”的效果，使任何不正当的企业行为都可能暴露在光天化日之下。当司法出现腐败时也可以借传媒的自由监督作为救济手段，以保障司法维护而不是破坏公平的市场竞争环境。

3. 进一步扩大公民的言论自由权利

要达到“手莫伸，伸手必被捉”的效果，仅靠传媒仍然是不够的，因为传媒的探照灯总有照不到的地方。网络企业还有一个特点，就是商业机密特别多，特别难以判定。此时，传媒只能知趣地止步。而切身利益受到伤害的公民就可能提供极为有价值的信息，特别是那些知情人士。堡垒往往是从内部攻破的。网络与传统媒介最大的一个不同就是，传统媒介很难实现公民的媒介接近权，而网络却使公民变成了传播与接受的统一体。大批公民在网络论坛和微博客中群策群力，为真相的水落石出提供了最大的可能性。网络论坛和微博客如今已经成为媒体的重要采访线索,通过各类媒体的求证,也加速了真相水落石出的时效。

这里涉及一个很难解决的矛盾,即公民言论自由权与对谣言的惩治的关系。作为个体的公民缺乏求证的手段,因而,他难以判断自己听到的信息的真伪。如果他把这则信息拿到论坛中求证,就有可能导致谣言的传播,但如果他不讲出来,又有可能使极为重要的揭露材料被封杀。从这个角度说,应该允许公民进行合理怀疑,特别是商业机密成为人们无法判断的黑箱时。黑箱理论认为,当没有条件打开黑箱以进行求证时,我们可以通过对输入信息和输出信息的对比分析来寻找答案。但信息求证需要一定的时延,在这个过程中,如果那则信息确为谣言,可能被它所伤害的企业就会出现损失,甚至可能等谣言被澄清之时,企业已经无力支撑而破产了。既然这对矛盾难以解决,所能采取的就只能是一种权衡之法。一方面,只要没有证据证明表达者具有主观故意,就不应加以惩治;第二方面,要给被怀疑者自证清白的机会,使信息调查期间所可能产生的损失尽量减少;第三方面,政府和媒体立即展开调查,将求证的时延尽量减少。当然,对于政府来说,调查过程是要成本的,有时可能成本还会很大,但对媒体来说,它所付出的成本是会产生收益的,而且在媒体竞争的条件下,媒体自身就在追求信息的时效从而减少求证的时延,因而,自由竞争状态下的媒体是减少谣言伤害的最佳工具。

注释:

① ⑪ James Grimmelmann: *Some Skepticism About Search Neutrality*, *THE NEXT DIGITAL DECADE, ESSAYS ON THE FUTURE OF THE INTERNET*, Chapter7, p. 436、438, Berin Szoka, Adam Marcus, eds., TechFreedom, Washington, D. C., 2010.

② 〔美〕克里斯·安德森:《长尾理论》,中信出版社 2006 年版,第 107 页。

③ 部书锴:《传播学视域下搜索引擎特征的多维审视》,《现代视听》2009 年第 5 期。

④ 见中国互联网络信息中心网站:http://cnnic.com.cn/dtygg/dtgg/201207/W020120719405405832029.pdf。

⑤ 2008 年,中国音乐著作权协会向北京市海淀区人民法院提起诉讼,称百度未经许可,向互联网用户提供大量在线歌曲和歌词的在线播放、下载服务,要求百度停止侵权,公开道歉,作出赔偿。百度在答辩过程中一如既往地主张"搜索中立"这一理由,认为百度搜索实质上就是依据互联网用户的检索指令,查找出符合用户要求的结果。参见傅鹏:《音乐产业 VS 百度,混战十年》,《电子知识产权》2010 年第 9 期。

⑥ 刘长安、孙小宁:《网络中立性博弈正酣,互联网未来格局难测》,《人民邮电报》2006 年 7 月 20 日第 3 版。

⑦ 中国搜索的首席执行官陈波说:"我们刻意回避了建店的业务,因为我们的目的是做一个比较购物

的提供商。"参见《中搜购物:追求中立的搜索》,《电子商务》2004 年第 8 期。

⑧ 〔美〕申农:《通讯的数学理论》,上海市科学技术编译馆 1965 年版,第 7 页。

⑨ 〔美〕维纳:《控制论》,郝季仁译,科学出版社 1963 年版,第 11 页。

⑩ 〔德〕克劳斯:《从哲学看控制论》,梁志学译,中国社会科学出版社 1981 年版,第 68 页。

⑫ 在百度所有的收入中,竞价排名的收入超过其总收入的 90%。参见金定海:《百度,还是百不度?》,《中国广告》,2009 年第 2 期。根据美国 Wordstream 公司统计,谷歌的总收入中,竞价排名的收入则达到总收入的 97%。参见:http://it.sohu.com/20110720/n313998586.shtml。

⑬ 〔美〕梅里莎·梅尔:《网络搜索"中立"不现实》,英国《金融时报》中文版,2010 年 7 月 19 日。http://www.ftchinese.com/story/001033623。

⑭ 张黎明:《谷歌号召抵制竞价排名? 百度:干预排名是扫垃圾》,人民网,http://media.people.com.cn/GB/8338965.html。

⑮ 2010 年 5 月,鞋业电子商务网站乐淘发现,在谷歌网站搜索"乐淘",出现的结果竟是"买运动鞋,乐淘不如×",谷歌因此成为被告。见侯继勇:《谷歌涉嫌恶意推广 搜索引擎监管待加强》,http://tech.sina.com.cn/i/2010—07—14/01074422519.shtml。

⑯ 中央电视台的 4 期节目,题目分别是:《百度:阳光背后的阴影》(2011 年 8 月 15 日),《构建网络诚信在行动——推广链接的真相》(2011 年 8 月 16 日),《百度,被什么蒙住了眼睛》(2011 年 8 月 17 日),《百度:如何面对法律》(2011 年 8 月 18 日)。

⑰ 〔英〕理查德·沃特斯:《谷歌能否真正"中立"?》,http://www.ftchinese.com/story/001033670。

⑱ 根据易观智库 EnfoDesk 产业数据库发布的《2011 年第 1 季度中国搜索引擎市场季度监测》数据显示,2011 年第 1 季度中国搜索引擎运营商市场份额中,百度占到 75.8%。这个数据还未计算其渠道分成收入。见:http://www.analysys.com.cn/article.php? aid=114581。而 StatCounter 同期数据则显示,谷歌在全球的市场份额达到 89.94%,在美国国内则为 77.14%。见:http://gs.statcounter.com/#search_engine—ww—monthly—201009—201109。据央视报道,因为百度所拥有的垄断地位,许多网站都担心揭露其问题会带来致命的报复。

⑲ 鄂立彬:《产业振兴规划背景下的产业政策与竞争政策关系及协调》,《辽宁经济》2010 年第 10 期。

⑳ 程苓峰:《谁能终结百度》,《商界评论》2010 年第 7 期。

㉑ 见 CNZZ 搜索引擎使用情况分析报告:http://engine.data.cnzz.com/main.php? s=engine&uv=&st=2012—06—01&et=2012—06—30,http://engine.data.cnzz.com/main.php? s=engine&uv=&st=2011—06—01&et=2011—06—30。

由内而外的嬗变*

——新媒体实验影像的实验性品格探究

◆ 金 妹 邓 尚

研究新媒体实验影像的实验性品格必须从实验电影开始,从中找到这种品格发展的历史逻辑。在梳理和研究从实验电影到新媒体实验影像的实验性品格的嬗变中,我们发现:实验性的发生、发展与影像技术的变革是同步的,并历经了一条由内而外的发展轨迹。即从对材料属性、媒介特征、语言表达及影像结构到互动体验、广泛参与的跨越。梳理和研究新媒体实验影像的实验性品格的演变可以让我们更好地把握这门艺术,从而更好地理解当代视觉文化的特征。

一、从摄影开始——与生俱来的实验性品格

马克思在《资本论》中指出:"一个产业部门内生产方式的革命引起别个产业部门内生产方式的革命。"上世纪 20 年代前后出现了电影的工业化。所谓的电影工业化就是故事的类型化、叙事的套路化、制作的流程化,把电影完全当作"制造梦幻"的机器,取悦和吸引观众,提高上座率以达到赢利目的。电影以强大的覆盖力灌输思想及价值,塑造欲望及梦想。随着社会精英知识分子对大众娱乐的抵触情绪的日渐加强,以及在视觉艺术领域中前卫艺术家的大力倡导,实验电影应运而生,从摄影技术探索电影技术美学的可能性从而迎来了它的第一个高峰。

---

* 原载于《现代传播》2012 年第 12 期。

(一)镜头语言的纯化

前卫创作者是从形式与内容的二元关系上开始了反对商业美学的电影实验，探索电影美学的可能性。他们认为真正的电影是由一系列甚至是不相关联的画面组成的节奏构成形式，不需要讲述任何故事情节，这是关乎电影本体性的问题。故事与电影本身是矛盾的，电影就是自然现实的复原，而故事只会让观众陷入情节而忽略了画面细节。反对故事成为先锋派导演们拍摄实验电影的理论要点之一。

1927 年，法国诗人莫鲁阿提出“纯电影”理论，认为电影能通过和时间联合在一起的视觉来唤起和空间结合在一起的音乐感，是一种通过眼睛的媒介触动我们的音乐。因此，电影不应局限于叙述体的表现方式。它能够创造一种节奏，这是电影可以从自身提取的一种新的力量。这种新的力量撇开事件的逻辑和物体的现实性，脱离了其他一切外在因素，对镜头语言进行纯化。“纯电影”的理论家们还从电影这个崭新的形式中发现它具有引起一种改变我们对世界看法的能力，能把宇宙中人类凭肉眼不能感受到的运动表现出来，而这是以往的任何一种艺术形式所无法办到的，这种理论正好为早期前卫艺术家的实验提供了理论基础，他们摆脱了故事的纠缠，抛开主流电影的叙事性直接以创新的视觉语言来激起观者的审美情感。

阿贝尔・甘斯的《车轮》由铁道、机车、锅炉、车轮、压力计、烟和隧道等镜头组成了一个“视觉交响乐”式的段落。甘斯本人也因此而迷恋于节奏，认为他在电影中看到了“光的音乐”。而曼・雷的第二部电影《别烦我》则是将摄影机启动后，抛到空中然后接住所摄下的镜头，带有很大的随机性。也有的先锋创作者通过逐格摄影、停机再拍等来对镜头语言进行探索。在这类影片中，我们看不到摄影机的照相本性及其对现实的探索能力，而突出看到的是胶片剪辑的作用。因而“纯电影主要是依靠剪辑进行着创造和表现，并取得效果的一类电影实验”[①]。

(二)胶片上的冒险

对胶片的处理也是实验电影人最常采用的方法，通过对胶片击打、刻划、刮擦，描绘、打孔、揉皱等；通过剪切、拼贴、粘贴、固定、叠加将图像和文字转移到胶片片基上；透过正负片、多重曝光、光线反射，从消去一层颜色开始，然后一层一层继续上色……所有这些手法的实验更多地在于发现未知可能性，而不是分析。经过处理的胶片放映出来后让人诧异,被处理后的胶片因其介质的破坏而造成的物理损伤却形成了奇异的画面效果。

曼·雷的《回归理性》是达达主义在银幕上第一次出现。他在一段未感光的胶片上放置了各种物品,比如钉子、带子等,而后让胶片感光,从而杂乱地显现出各种物品的轮廓。当各段胶片剪辑在一起,即获得造成一种所谓“回到理性”的效果。而库卡的 Adebar(1957)在印片过程中,将在咖啡厅里跳舞的人们转变成一连串上下颠倒、左右反转的负片影像。

从媒介实验的意义上说,20 年代基于影像介质的自身属性,产生了影像语言表达呈现过程中的语码特征使实验电影在语言表达上达到高峰,并且所有这些类似手工化的后期加工的成就均可在后来新媒体实验影像中产生回声,特别是当代数字技术的发展,让这类电影的表达方法更轻松、更丰富。

二、到其他艺术门类学科中汲取养分——多种电影风格的实验

20 世纪前半期,现代主义艺术浪潮席卷整个艺术界。艺术家为了打破过去的叙事成规,开始试探内心情感更为真实的表达方式,对自然的尊重和对个人情感的释放成为艺术作品的追求方向。产生了关于“人”的心理状态、欲望、幻想或梦境等潜意识的实验电影,在视觉风格上这个时期的电影受现代主义美术的影响很大。绘画流派向电影的渗透产生了如抽象电影、表现主义电影、超现实电影、拼贴电影等相应的电影流派。

(一)关于“人”的心理状态的实验电影

“人”的心理状态是现代艺术的主要关照对象,也是身处 20 世纪 20 年代实验电影人不可回避的时代主题。这些先锋创作者借鉴绘画和音乐中的语言表达方式进行“心理—形式”的转换,来表达“人”的内心世界而产生了抽象电影和表现主义电影等,这种“心理—形式”转换依据了格式塔心理学的异质同构学说,也就是说“审美的情感体验就是审美对象的力的结构域某种相同的电脉冲,从而使审美主体产生情感的体验”②。由此而形成的“心理—形式”语言与现实大相径庭。

抽象电影是一种通过影片的剪辑、视觉技巧、声音性质、色彩形状以及韵律设计等,来表达意念,给人一种自由自在、不拘形式感觉的电影。它是把绘画和音乐

上的抽象主义应用于电影创作的一种非形象化性质的电影。

不论是以摄影影像为基础还是在胶片上绘制的抽象电影，兴趣不在于它们的含义，而在于它们的形状和运动形式。例如法国费尔南德·莱谢尔的《机器舞蹈》是第一部这样的抽象影片。德国瓦尔特·鲁特曼的《柏林：大都会交响曲》试图把抽象性和纪录性结合起来。此外，法国的马赛尔·杜尚的《无生气的电影》也属此类。

表现主义电影导演们受尼采的主观唯心主义哲学、弗洛伊德精神分析学的影响，无不倾向于在影片中制造出一种迷幻、扭曲和阴冷的世界。对于这样一个世界心怀恐惧是全人类的共性，更能引起受着世界大战创伤的心灵的共鸣，而使表现主义电影风靡一时。

罗伯特·维内的《卡里加里博士的小屋》标志着德国表现主义电影的诞生，“卡里加里主义”成为表现主义的代名词。该影片通过怪异荒诞的情节设计、极具象征意味的摄影镜头、明暗鲜明的画面效果、棱角分明的几何构成、色彩强烈的舞台背景等等，最大限度地渲染了阴森恐怖的气氛，叙述了一个身兼心理学博士和杀人狂双重身份的卡里加里的生活。

弗里茨·朗的《大都会》基于表现主义的设计思想，使用了大量象征手法，这部影片带有表现主义和科幻色彩，通过对一个虚构的大都会建筑的描绘，分析了未来的技术社会，而这个社会将导致人类走向毁灭。影片手法独特，风格怪异犀利，创新的场景设计在今天仍然是科幻电影视觉奇观的蓝本。

(二)关于欲望、幻想或梦境等潜意识的实验电影

受超现实与达达主义的影响，实验电影人找到了表现方式的新途径，出现了超现实电影、拼贴电影等。在这种实验中绘画性支配了电影性，即强调持续虚幻的流动形式和魔幻的平面，以及对特殊心理状态的表达，常用的手法有抽象、拼贴与个人表达等。

在艺术家转而使用新艺术媒体的时候，他们总倾向于用新技样模仿或复制绘画和雕塑的艺术效果，这毫不奇怪。超现实艺术家达利就是这方面的典型代表。他自然地将自己的绘画风格——如奇特、非理性、物像并列、扭曲、性欲、暴力、变形——延伸到电影语言中去。他和布努艾尔合作的《一条安达鲁狗》叙述了一个白日梦，目的是使观众感到震惊，其攻击的目标对准了道德和美学的传统标准。布努

艾尔在谈到他创作《一条安达鲁狗》的动机时说,这是一种热情的对谋杀的号召。[③]

波兰动画工作者瓦勒里安·包洛齐克的《天使游戏》,呈现一系列飞越摄影机前的无法辨识的物品与毫无意义的音节,当我们看出似乎不是残缺不全的身体器官时,它们已开始打斗起来,影片格调让人压抑而又迷惑。这类实验电影作品倾向于对梦幻、欲望、恐惧的表达,注重将个人体验如失望、孤独等心理状态用影像表现出来。

上述实验无论是针对电影媒介还是针对电影风格或叙事的尝试都没有脱离电影本身的边界,他们的语言方式还是在讲电影,还是在电影范畴之内做的一种实验与探索。只有出现了新媒体时,在语言形式和内容表达两方面的实验,才发生一个彻底性的突破。

三、从实验电影向新媒体实验影像过渡——超越电影的边界

新媒体实验以影像实验电影为源头,继承了实验电影的“实验性”“非线性”“观念性”“即时性”和“表现性”等方面的思想和观念,吸收了“当代艺术”的美学主张。

它发展了早期的实验影像也即 Video 艺术,超越了其记录社会事件、概念艺术、行为艺术或偶发艺术的范畴。在媒介的选择上借鉴了电影、电视的形式;在表现形式上从“图像”到“影像”,从“静态”到“动态”,从“观看”到“互动”转变为具有互联、互通、互动特征的影像形式,在精神上继承了西方现代主义传统,强调观念的实验性与影像语言本身的拓展,但在美学上则是反影视的。

上世纪 60 年代,视频技术的发展使电影人摆脱了胶片,实验电影开始向新媒体实验影像过渡,出现了录像艺术、视频艺术、影像装置等新样式。西方经过 20 年的努力,终于使实验影像艺术从电影和电视中剥离出来,获得了合法化的地位,以一种独立的艺术形式被各种美术机构所接纳。新媒体的实验影像超出电影的边界,主要得益于先锋艺术家两方面的实验。

(一)与其他媒介的融合

新媒体实验影像艺术与许多传统艺术形式有着千丝万缕的联系,是一种多学科融合发展的艺术形式,它的“实验性”要完美地展现必须与其他相关传统艺术语言相结合,其中新媒体技术、试验艺术和视觉艺术的发展对它产生了积极的促进的作用。[④]

多媒融合产生了相互媒介本身属性之外所独有的品质，它不止于二者之和。比如传统的电影或影像艺术往往是单一屏幕、单一媒介对视觉的作用。而在影像装置中，多重显示器播映多频录像或是多种投影形象在空间中按特定结构分布，在形象之间构成一种立体的、多义的结构。多屏幕让我们创作作品时具有更多表现的可能性，将影像的内容和空间一同作为创作的元素，融入整个作品的创作过程中；多屏幕的视频展示方式，扩大了视觉的空间，并丰富了人类对多屏带多维的思考方式。此外，在技术的领域和层面，多媒体软件、显示器、电视机、摄像机、投影仪、远程监控与录像装置、计算机工作站以及国际互联网等，构成了新媒体艺术的表意平台。⑤

著名录像艺术家白南准结合电视和录像媒介创造了崭新的影像体验，解构了电视的大众传媒性以及单向交流性，在扩展艺术的表现语言的同时也扩展了人类的意识。安迪·沃霍尔则将他的绘画的观念渗透到电影中，混淆现实生活细节与电影化处理之间的边界，试图消除影像与日常之间的界限，让影像成为生活本身。马修·巴则混合了表演、摄影、录像、装置和电影等语言形式刻意堆积和融会一些矛盾、分裂的视觉经验。

20世纪90年代新媒体实验影像进入了数字化时代，带来了将多种媒体统一在一个平台上进行整合的冲动与可能性，新媒体实验影像艺术可以结合于各种艺术媒介：装置、行为、受众参与、网络作品、远程遥感再现及通讯、虚拟现实、扩增现实和新型界面。

（二）对互动性的探索

“互动”一直以来都是艺术家所追求的品质，“互动”可溯源到从20世纪初期的立体主义和未来主义，到30年代的以光为媒介的光艺术，再到60年代录像装置的出现使“互动性”开始成为录像艺术超越其他传统艺术媒介的优势。交互技术都是以视觉为最大的突破口，虽然其中也出现了一些以声音和动作为交互的媒介，但最终引起观众反应的都是一系列的视觉形态的变化，直到数字媒体技术出现，“互动”才真正发生了质的变化。诚如新媒体艺术的先驱罗伊·阿斯科特所说：“新媒体艺术最鲜明的特质为联结性与互动性。”

“互动”技术的不断完善确保了媒体影像创作的“互动”的追求，成为集影像与互动于一身的新的艺术表现形式。与传统影像形式不同的是，数字媒体影像在科学技术和艺术的深度耦合下，产生了一种能够让观众与作品进行互动的艺术形式，在这过程中观众不仅可以与作品进行互动交流，而且可以直接参与作品的创作，这导致了作品形式能指与内容所指的转化，最后出现全新的影像、关系、思维与经验，因此造就了它“多媒融合”和“实时交互”的传播机制，赋予了其前所未有的“广泛参与、深度体验”的审美特质。

对于先锋创作者来说，在数字影像艺术中，“互动”是既作为一种方法论更作为一种创作观念出现。白南准早在1960年就提出未来所有的媒体装置的中心特征：公众参与。打破传统美学的“审美距离”，使审美接受者转变为“交互者”，取代传统意义上的“观者”。这意味着“交互者”的参与构成了作品整个含义的一部分，并作为一个“外在一符号”与其他符号一起指向主题，而非作为一个语段符号中的“内在一符号”。而在实验影像的观影活动中，观众不仅可以像读小说一样任意欣赏其中的片段，而且可以通过“互动”技术对电影中的情节加以重组，直接干预影像的叙事结构，等待观众的身体从特定位置与路径上到来。身体被预设为一种影响到装置构成和现场情境本身的因素。围绕着来访者的身体通过而建立起来的现象世界不是作为外在知识，而是成为内在体验被唤醒。“譬如我国国内第一部网络电影《天使的翅膀》，就充分利用了网络提供的独特的创新手段，创作人员与观众、网民实时互动，每个网民都可以对影片的故事情节、人物乃至对话、细节提出自己的看法和设想，而创作方则在网上边互动、边拍摄、边播出。在接受上，观众可以对创作方提供的片段经过重新组合后观看，而不必像传统电影一样只能接受创作者提供的文本。形成了艺术家—观者—作品—共同创作模式的关系。”[6]

先锋创作者对“互动”的追求还有其深刻的客观因素：首先，影像语言的创新是胶片介质美学的特征，在数字化的今天已经变得相当便捷，其实验的意义小于胶片时代。其次，在数字化时代“互动”才是新媒体介质的本质特征，艺术家如还走不出“语言的囚笼”，实验影像最终还是会被传统电影美学所吞没而踏步不前。此外，“互动”在审美过程中加强了受众的主动性和参与性，而从深层含义上是对审美客体精神上的解放，而且由于“互动”本性使其具有重新建构人类感知系统甚至人类未来生活模式的形而上意义，因此也就代表了艺术创作的一种价值取向。

新媒体实验影像的创新很大程度上依赖于不同阶段技术领域的影响，它的观点和形态演变与技术的发展并行且受制于技术。然而随着技术智能化使得影像创作的大众化成为可能，“没有人是艺术家，也没有人不是艺术家”。今天的观众走进新媒体艺术展时，抱有“像是进了科技馆”的疑惑，当科技与艺术不是良性的“互动”，而是科技吞噬了艺术，艺术究竟何为？这种追问使新媒体实验影像的本体问题提上日程，先锋创作者也开始质疑他们使用新媒介的特定身份。

四、新媒体实验影像的“本体”问题——实验的出路在何方

在今天这个后现代的语境下来讨论任何本体的问题都会受到合法性的质疑，然而人在变动不居的时空中总有寻找安身立命之处的冲动。当我们思考新媒体实验影像的本体时，就面临“新媒体实验影像艺术是什么”的问题。然而，就连“新媒体艺术”的概念至今还没有一个令人信服的表述。因为这是一个全新的领域，而且新技术的高速变革使其处于不断的剧变之中，要对这样一个处于不断探索、成长、发展、完善中的艺术现象进行思考，对其模糊不清的形象进行描述，并给出一个合理的学科阐述，并非易事。面对这样一个困境，我们是否完全可以借用亚里士多德的智慧来思考“新媒体艺术是什么样的”？

“本体”的哲学涵义中带有规定性和永恒性，实验的品质则要求改变、否定、突破。这样看来实验与本体这两者似乎有不可调和的矛盾。然而当我们把“实验”和“本体”连成一个词，构成“实验本体”时可能就会很好地回答上述问题，才能将“实验性”一以贯之，推动新媒体实验影像不断发展下去。那么“实验本体”又是什么呢？在审视从实验电影到新媒体影像的历程中，我们发现影像语言在变、表达方式在变、媒介技术在变，而唯一不变的是求新、求变；反传统、反理性、反科学、反文化的实验姿态，这种品格中的“反”不仅仅是一种姿态，更在于打破常规、解中求构以寻求更多的未知可能性。所以当新技术不断出现时，我们应回到新媒体实验影像的现象本身去，始终保持它的鲜活性、原创性。

五、结语

在研究新媒体实验影像的实验性品格中，我们发现：实验性的发生、发展与影像技术的变革是同步的，并历经了一条由内而外的发展轨迹。这种品格一直伴随着先锋创造者：因为实验才产生了实验电影，因为实验才又有了新媒体实验影像艺术，在这不断的实验中，先锋创造者发现知道得越多，未知的也就越多，新媒体实验

影像所面对是一片未知的处女地。它的出现只有几十年,却彻底颠覆了2000多年来形成的传统美学体系,它带来的不仅是艺术形态的更新,更是艺术和思想观念上的革命。它的发展体现了一种对技术的无限开放性。

注释:

①③ 孔都:《"纯电影"的电影实验——立体主义和抽象主义》,《电影艺术》1989年第3期。

② 李醒尘:《西方美学史教程》,北京大学出版社2005年版,第419页。

④ 张海涛:《2010影像档案展》,http://www.artda.cn/www/13/2010—04/3334.html,2010—04—06。

⑤ 参见刘旭光:《实验影像艺术与教学》,《艺术评论》2009年第3期。

⑥ 黄学龙:《论数字技术对电影艺术的影响》,华中师范大学2002年硕士论文。

网上的自我发现之旅*

◆ 胡 泳

一、在互联网时代思索人类认同

传统的社会心理学把有关个人认同的假设归纳为四点：(1)认同存在于对世界的参照之中；(2)它在人际关系中获得肯定；(3)它是相对稳定的；(4)它既是社会的，也是个人行动的产物。在解构主义兴起之后，这些假设都受到了质疑。[①]上述说法的核心是认同的形成预设了个人情境会呈现出自身的现实意义，这种情境特别包括最直接的人际关系，即把个人同他者联系起来的关系。然而现实意义本身就是多元的(你属于哪个族群，你在家庭中的地位，你的性别和社会阶层为何，等等)，在这种多元的现实下，怎么可能假定个人的自我是始终如一的呢？

对自我的多重性，后来的学者已经有了很多的描述，如"多变的自我""饱和的自我""灵活的自我"等等。[②]罗伯特·杰·里夫顿在《多变的自我》一书中指出，随着传统文化的瓦解，在自我问题上人们出现了三种反应，有的坚持自我的统一性，有的回到原教旨主义，还有的则承认了自我的分裂。[③]他认为最后一种反应是危险的，会导致一种"缺少道德内容和可支撑的内在形式的流动性"。他看到还可能有第四种方向，即健康的多变的自我，能够在不同的自我间自如地转换，但这种转换建立在内聚力和道德前瞻上。这样，自我既是多重的，又是整合的。[④]

里夫顿提出了理论架构，而网上社区则把这种理论化作为现实。研究网上个

---

* 原载于《现代传播》2013年第1期。

人认同的先驱、美国麻省理工学院教授雪莉·特克尔描述了个人在 MUD 中诠释自己生活的不同方式。在她看来,虚拟体验有三种作用:第一,作为一种逃避;第二,作为实现某种程度的社会流动的方法;第三,作为一种抵抗的手段。有些人表示他们受不了令人窒息的现实,所以遁入网中,这是马克·斯卢卡这样的社会批评家所严厉指责的,因为线上的人生似乎是逃离现实生活的捷径。[5]其他人则在网上实现现实中无法接近的梦想,例如在 MUD 中创造所有物,并赋予自己更高的社会地位。在这种创造中他们获得了特权。最后,有些人把虚拟生活看作抵抗常规性的组织和社会生活的手段,因为他们可以动手建设替代性的世界。

特克尔发现许多人因为探索不同的角色而扩大了他们的情感范围。大型多人在线角色扮演游戏(MMORPG)的玩家普遍报告说,他们在玩游戏的时候怀有很强的情感,以至于 8.7%的男性和 23.2%的女性在一项调查中说他们在线上举行过婚礼。[6]其他研究者发现对游戏的喜爱同其社会组织直接相关,包括玩家之间短暂的接触,乃至高度组织化的群体活动。[7]

特克尔认为,通过用积极的方式使用"自我实现的预言",互联网可以帮助人们改变自己。依靠在网上建立强有力的认同,人们最终得以改变他们的"真实生活"。

人们的真实生活与虚拟生活的关系是一个深刻的课题。随着人们在虚拟空间中停留时间的延长,有些人开始挑战真实生活(在玩家中被简称为 RL)的优先性。特克尔引述一个 MUD 玩家和聊天室用户的话说"当没有身体的自我能够拥有那么多不同的体验时,为什么要给有身体的自我那么高的地位?"[8]在人们能够获得不同性别和不同生活的情况下,他们觉得虚拟生活同真实生活一样真实,又有什么好奇怪的呢?是不是真实对于玩家来说,都不再构成有效的区分了。

"第二人生"游戏(http://secondlife.com)从命名上就反映了玩家的这种想法。它最初的设计灵感来自尼尔·史蒂芬森 1992 年的一本科幻小说《雪崩》,描写在未来社会,人类的大部分时间在一个虚拟实境里(Metaverse)度过,为地理空间所阻隔的人们可通过各自的"化身"相互交往。[9]"第二人生"赋予玩家绝对的自由,你可以成为任何人,做任何事情,创造任何东西,甚至有能力改变自己在现实生活中的命运。玩家们以化身的形态在这里生活、工作、交友、恋爱,甚至结婚生子。化身既可看上去像人一样,又可能是与人类完全无关的虚幻之物。你可以选择自己是男还是女,身材是胖还是瘦,穿着什么样的衣服,你也可以拥有多个注册身份。当你对自己的化身不再满意了,你可以将其改头换面。"第二人生"可说是真正将游戏的社交功能发挥到极致。在这里人们可以变化自己的角色身份,按照新的形象展开第二种人生,在一个想象的空间中自由地释放自我。[10]

eBay 的创始人和董事长皮埃尔·M. 奥密达,同时也是"第二人生"的投资人,认为玩电脑游戏长大的一代已经模糊了游戏和真实生活的界限。然而,真实生活并不那么容易被抹掉。特克尔同时还说过:"真实的观念会反击。在屏幕上过着另一种生活的人,还是会受到他们现实自我的欲望、痛苦和必死命运的限制。虚拟社区提供了戏剧性的新脉络,让人可以在互联网时代思索人类认同。"[11]

在将虚拟世界视作人类认同实验室的同时,必须记住,建设和重建认同的过程有时无伤大雅,所有进入虚拟世界的人都对此心照不宣;但在另外一些情况下,也可能产生严重的后果。例如,性别认同游戏非常常见。S. 西尔伯曼是《连线》的一位男性作者,曾使用 Rose 的假名在网上活动。他非常惊讶地发现作为一名女性他所受到的关注和骚扰都异乎寻常。[12]

这类情形的长期影响是什么? 目前我们尚不知道。已经发生过男人化装成女人在电控空间里被男人追求,以及成人伪装成儿童并诱拐他们的事情。2004 年 12 月,住在亚特兰大郊外的幼儿教师詹妮弗·考宾被她的丈夫枪杀,原因是她爱上了一位叫克里斯的网友,他们是在玩 MMORPG 游戏 EverQuest 的时候相识的。两人没有见过面,没有通过电话,也没有交换过照片。詹妮弗的丈夫通过电子邮件发现了妻子的秘密,他枪杀了詹妮弗,而詹妮弗在死前不久才发现自己爱上的克劳斯原来是一个叫做安妮塔的女人。[13]

如果这类欺骗性的故事越来越多的话,人们也许会对网络交往中其他人提供的信息失去信任。角色扮演游戏允许参与者"设置"性别、外貌和年龄等等,一个人因此(在很多情况下也被要求)投射出本质上是一个表演性的自我。在此情况下,互联网作为认同实验室的作用也不能被夸大。一个人可以改换自己的身份,但其他人未必信他/她的装扮。

二、认同的多重性

瑞典的两位作者亚历山大·巴德和詹·索德维斯特提出了"网络精英"(netocrat)的概念,他们说:

网络精英对自我实现和同他们的真实自我建立联系毫无兴趣。这类概念在他们的眼里,是旧日的废话,一种迷信。他们既不相信、也不想相信被他们视为消逝了的年代的社会建构。相反,他们致力于培育和提炼一种同时行动的能力,一种经常发展多重性的平行身份的艺术。……旧日的个人看上去像虚弱无力、单向度的可怜人,而不是理想的人。

受到德勒兹的影响,他们鼓吹精神分裂分析(schizo-analysis)。在德勒兹与伽塔利合著的《反俄狄浦斯:资本主义与精神分裂症》一书中,两人宣布一个具有自主性和认同并可以表达自我的主体并不存在。他们的批判矛头直指弗洛伊德,因为弗洛伊德式的精神分析学家企图建立顺从而完整的主体自我。德勒兹反其道而行之,提出了精神分裂分析,对精神分裂症者大加赞赏,因为只有他们才可以清除那种稳固的结构性的人格主体。巴德和索德维斯特说,这种精神分裂分析可以强化个人在不断变化的环境中不断改变的能力。[14]

其实,虽然传统想法把多重人格看作病态,虽然许多学者主张一个完整、统一和内在一致的自我,[15]但多重自我的概念始终存在。威廉·詹姆斯是最早提出这个概念的人之一。他说:"有多少人认识一个人,并在他们的头脑里留下这个人的印象,此人就有多少个社会性的自我。"[16]荣格心理学鼓励人们熟悉多样化的人格面具(persona),将其理解为普遍原型的显现,[17]相信我们如果了解自己的阴影,以及自我中的异性意向(anima 及 animus),将会极大地解放自己。正是因为这些观点他被逐出了正统弗洛伊德学派,而一个强有力的善于执行的自我(ego)成了心理分析的主流主张。[18]

不过,就是在这里,也有一些学者把对自我的古典理解向前迈进了一步。克莱因认为,除了对自我的传统理解,即把它的角色看作是让本我(id)以一种社会能够承认的方式表现出来,自我也会促动一些它可以体验并掌控的富有活力的情境。一种掌控感通过改善控制与合成的功能而达成。[19]还有许多心理学家把自我看成是对人格的整体组织,个人因此得以度过冲突和矛盾而仍然保持人格的一致。[20]

也有论证说,个人把自己看成多层面的集合体,有助于他们更好地面对生活中的变化和压力。林维尔认为个人存在自我表征的复杂性差异。复杂性高的人在自我的各个层面之间所作的区分更多,也会更好地应付紧张的情况。而当那些没有很好地区分自我的各个层面的人遇到类似情况时,他在某一方面受到的影响会殃及他对整个情形的判断,从而使他用消极的眼光看待自己。[21]

个人的认同也同他从属的群体相关。当人们把自己认同为群体的一部分的时候，他们的表现不同于作为个人的表现。勒庞指出当个人成为人群的一部分的时候，会产生“群体心理”(group mind)。[22]在这种心理的作用下，个人似乎对自身的行为失去了意识，会做出他/她作为单个人不会做出的极端举动。根据社会认同理论(social identity theory)，社会关系是自我概念中重要的组成部分；当人们发现自己所属的群体比其他群体为优时感觉会更好。[23]即便是与他人微不足道的联系也会给个体对自我的感知产生有力的影响。[24]个体自尊和群体自尊是相互关联的。

里亚等人报告，当人们同网络上的陌生人交往时，会变得非个人化，他们的群体认同显得更加突出。这种群体认同会导致他们在自己所属群体的基础上，套用老套看待其他人。[25]这是一个有趣的发现，因为人们本来预计网上的匿名性会阻碍类型化的产生。[26]

由上可知，认同的多重性在研究文献中本来就有。但是，没有互联网所产生的带有保护的环境，个人认同很难得到充分开掘，个人也难以同时保持多重自我。

三、人格与网上的行为差异

一个人的人格构成了其情感、认知和行为的来源。它在结构上很像一座巨大的冰山，浮在水面上的只是小小的一个尖。我们只知道和理解我们人格很少的一部分，大部分深不可知。然而，在网上的交往，伴随着匿名、高度控制和总能找到类似同伴的特性，创造了一种独特的保护性环境，鼓励人们在其中比在日常生活中更自由地表达自己，对于那些受社会抑制、表达自己有困难的人来说尤其如此。我们因此获得了一个良好的机会，考察个人人格是如何影响网上行为的。

在人格理论中，人有内向、外向和神经质之分。外向的人友善、寻求同伴、渴望激动人心的事情，敢于冒险，行事冲动；内向的人安静，好思索，喜欢独处，不习惯大的社交场合，不追求兴奋，也许显得有些遥不可及；神经质的人时时处在焦虑之中，情绪外露，对各类刺激总是反应过度。[27]多数学者把内向与外向看作一个连续谱的两端。荣格认为，内向与外向在一个人身上同时存在；虽然一种取向可能占上风，但另一种始终存在，只是可能是无意识的，未得到充分发展。

这种外向/内向、神经质/非神经质的区分与互联网的使用关系密切。这是因为用户是匿名的，不存在物理上的接近性，与交往对象不产生直接接触，对交往的时间和频度有完全的控制，因此他/她会感到自己身处一个保护性的环境之中。[28]

这些因素会帮助内向和神经质的人在线上比在线下获得更充分的表达。汉伯格和本一阿齐在女性内向者和神经质的人中间进行的研究证实了这一点。[29]马尔多纳多等人对电脑讯息的评估发现,内向的网民在发帖时带有外向的声调。[30]值得注意的是,内向者在网上的反常行为同荣格的认识是一致的。荣格认为每个人都是由不同的性格成分所组成的:这样,一个外向的人也可能不爱表达,反过来的情况对一个内向的人也适用。在两种相反的力量之间形成平衡最好。互联网或许有助于建立这种均衡,因为它可以允许个人表达其人格中未得到发展的那一部分。

克劳特等人的研究提出了不同意见。[31]他们指出那些外向型的、在线下就有很多朋友的用户,参与网络社区的程度比内向者更高,其网上的孤独感较后者低。他们将这一现象称为“富者愈富”。但是,非常多的学者认为互联网创造了机会使“穷者变富”。也就是说,互联网的保护性环境使得那些在传统交流渠道上不能充分表达的人可以在网上这样做。[32]

除了外向/内向的区别,其他一些人格理论也可以用来分析网络用户的情况。例如,有闭锁倾向的人积极避免不确定性,而较少这一倾向的人会更愿意在网上探索认同,并对形成新的关系持更加开放的态度。[33]从心理控制源(locus of control)来看,外部控制倾向者相信生活事件是外部因素的结果,如机会或运气;内部控制倾向者认为自己有能力控制生活。[34]可以从这一点来观察人们在网上披露个人信息的意愿。后一类型的人在披露信息时困难更少,而前一类型的人因为害怕失去控制而更不愿意暴露自己。

依恋(attachment)也是一个重要的维度。有关儿童依恋行为的研究最早是由鲍尔比开展的,[35]艾恩斯沃思等人显示了依恋在儿童期以后的重要性,划分出依恋型人格的类型。[36]哈赞和谢沃用依恋理论分析了成年人的爱情关系,提出三种人格类型:安全型(secure)、回避型(avoidant)和焦虑一矛盾型(anxious-ambivalent)。[37]这一理论可以用来解释网上关系的深浅程度的缘由。回避型的网民倾向于形成不具承诺的关系。因为他们不想依赖于他人,当关系升温时,他们就开始紧张。而焦虑型的网民有着建立稳定关系的需求,他们是那种会加强自己与其他网友关系的人,并且也更容易沉迷于网络友情。

网上行为与寻求刺激和冒险的人格特质也有关系。寻求刺激者不断追求变化的体验,包括从事危险活动、另类的生活方式、拒绝生活的单调性。[38]冒险的倾向也因人而异。[39]寻求刺激和冒险程度高的人更可能利用互联网探索他们的人格的不同方面，也对探索网络的极端性感兴趣。反之，寻求刺激和冒险程度低的人对试验认同却表示拒斥，他们在网上会更谨慎小心。

四、真实的自我？

人格心理学和自我心理学是不同的。“自我心理学关注主观体验(即人们是如何看待他们自己的)，人格心理学更关注客观体验(即人们实际上是什么样的)。”[40]而关于如何理解自我，作出最重要的说明的人之一是美国心理学家卡尔·罗杰斯。

罗杰斯是人类潜能运动(Human Potential Movement)的领袖之一，该运动寻求取代心理分析和行为主义。罗杰斯认为，在现代生活中，人们放弃了自身的内在个性，替换以一组他们认为会招来他人喜欢的特性。然而，无论他们怎样修饰，也不管他们多么希望取悦他人，都难以满足他们的行为的接受者，后者的需要总是难以把握。

罗杰斯认为健康的人们生活在他们自己和他们体验的相合性当中；他们对生活中的体验保持开放而不是严加防范，而正是防范之心制造了个人与其体验之间的紧张。他断言，人们之所以能够实现这样的状态，是因为他们的父母给予了无条件的爱，使得他们可以通过自己的眼睛去打量这个世界。相反，不健康的人们接受的是有条件的爱，它所竖起的壁垒阻碍了个人表达自己真实的自我，因为他们惧怕失去照顾自己的人的关爱。自我概念和实际体验之间的关系如果被扰乱，就会产生心理病症。

罗杰斯的人格结构论包括三种不同的自我：

1. 自我概念(the self-concept)——对自我的主观感知。它包括表达出来的部分，以及由文化和教育所影响的有关自我的自觉信念。

2. 真正的自我(the true self)——代表着大多数人尚未实现的真实的自我。它是我们人格当中藏得最深的部分，能够感觉到对自己什么是好，什么是坏。

3. 理想的自我(the ideal self)——希望成为的自我。它和真正的自我不一定是一致的，中文成语有“志大才疏”一说，就反映了这种情形。重要的是，以上三种不同的自我之间的差距越小越好，如果差距过大，一个人的心理健康就会恶化。[41]

罗杰斯认为，使心理治疗得以成功的最重要的因素是一种能够推动病人成长的环境。这种环境必须具备三个必要条件：

1. 真挚,真实,一致性——治疗师保持对病人的开放,让病人感到自己是可以信赖的。

2. 无条件的正面看法——无论病人说什么,治疗师都加以正面肯定。而且,治疗师显示出对于病人的幸福的真正关心。

3. 移情的理解——用一种能够深入病人的私密世界的方式倾听,以便理解病人的意识层面以下的东西。[42]

虽然罗杰斯强调这三个条件是成长所必需的(不光是治疗师和病人,它们对任何有意义的关系都有效,如父母—孩子、老师—学生),但他却指出,在我们的日常生活中,这些条件是极其罕见的。

麦肯纳等人认为网上安全的保护性环境有可能给网络关系带来正面影响。他们论证说网络交流的独特性在于人们愿意分享与自己有关的信息,谈论内心明白是真的、但以前却难以表达的事情。[43]麦肯纳等人将此称为“真实的自我”,这个术语来自于罗杰斯1951年的著作《当事人中心疗法》,在书中,罗杰斯用其指代病人在成功的治疗后找到的那种感觉,即他/她变得越来越忠实于自己。[44]

麦肯纳等人把在网上展现真实的自我的人同那些在线下关系中展现的人区分开来。他们指出,在何处展现真实自我将决定人们是在线上还是在线下发展有意义的关系。如果一个人在线上展现其真实的自我,那么,可以预期的是,他/她也将在线上发展起有意义的关系。而且,他们还会努力把这样的关系带到线下,以使之成为一种“社会现实”。[45]

麦肯纳等人进行的一系列实验显示,那些说自己更容易在网上表达真实自我的人能够更快地形成网上关系,而且这些关系也相当持久。患有社交恐惧和孤独感的人在网上比在线下更会表达自己。互联网讨论组的参加者也喜欢把自己的网上朋友带入现实生活。63%的人同网上的朋友通过电话;56%的人互换过照片;54%的人在线下见过面。而且,研究者发现,在网上形成第一印象的人在线下见面的时候,要比直接由线下交往开始友情的人更喜欢对方。研究者认为这说明,建立在互相透露信息的基础上的关系,要比仅仅基于外表吸引力的关系更牢固。

巴格等人调查了互联网的保护性环境对自我表达的影响。他们发现面对面交流更容易发现实际的自我(actual self),而网上交往更容易发现真正的自我(true self)。与面对面交往者相比,网上交往者在展示真正的自我方面更成功。[46]造成这种状况的一个关键原因是,当人们在远距离交往时,倾向于投射自己的理想自我,而这种理想化的期待会成为自我实现的预言。

巴格等人认为网上交往与面对面交往有四点主要的不同：网上交往的匿名程度更高；可以更自由地讨论个人的禁忌以及较为负面的东西；面对面谈话时使人焦虑的一些因素（比如外表）的重要性降低了；可以对谈话的步调进行更大的控制。这些不同鼓励了更好的自我表达，推动了更坚实的关系。

"真实的自我"的概念对那些在线上比在线下表达得更好的人是很重要的。罗杰斯指出，如果人们不能够表达他们的"真实的自我"，可能会引发严重的心理失调。对于很多内向者、神经质的人或患有社交恐惧的人来说，互联网可以成为他们生活的重要组成部分，也许是他们唯一能够真正表达自己的地方。他们并不把网络当成"真实世界"的某种替代物，而是可能给予网络生活以相对于真实生活的优先权。

网络的安全性，以及找到类似同伴的轻易性，都可能造就一种环境，使人们得以加强自我概念，并更加轻松地表达自己。然而，真实自我的概念在使用时也要格外小心。罗杰斯的本意是用它指人们尚未发现的自我，而互联网上发生的常常更像是"火车上的陌生人"现象，即人们在向陌生人倾诉秘密的时候感到更安全。[47] 所以，有必要分辨网上的行为是真正的自我的展示，还是只是在一个看上去安全的环境下分享私密的信息。

注释：

① Figueroa Sarriera, H., "In and Out of the Digital Closet", in A. J. Gordo-Lopez and I. Parker eds., *Cyberpsychology*, New York: Routledge, 1999.

② Lifton, Robert Jay, *The Protean Self: Human Resilience in An Age of Fragmentation*, New York: Basic Books, 1993; Gergen, Kenneth J., *The Saturated Self: Dilemmas of Identity in Contemporary Life*, New York: Basic Books, 2000.

③ Lifton, *The Protean Self*, New York: Basic Books, 1993, p. 192.

④ *Ibid.*, pp. 229—232.

⑤ Slouka, Mark, *War of the Worlds: Cyberspace and the High-Tech Assault on Reality*, New York: Basic Books, 1995.

⑥ "An Ethnography of MMORPG Weddings", *The Daedalus Project: The Psychology of MMORPGs*, 2003. See http://www.nickyee.com/daedalus/archives/000467.php.

⑦ Nardi, Harris, *Strangers and Friends: Collaborative Play in World of Warcraft*, Proceedings of the 2006 20th Anniversary Conference on Computer Supported Cooperative Work, 2006.

⑧ Turkle, Sherry, *Life on the Screen*, New York: Touchstone, 1997, p. 14.

⑨ Stephenson, Neal, *Snow Crash*, New York: Bantam Books, 1992.

⑩ 了解"第二人生"当中的种种，可参见 Wagner James Au 的"新世界笔记"博客（http://nwn.blogs.com），他对这一游戏进行了三年半的实地追踪，并正在撰写一部专著。

⑪ Turkle, *Life on the Screen*, New York: Touchstone, 1997, pp. 267－268.

⑫ Amichai-Hamburger, Yair, "Personality and the Internet", in Amichai-Hamburger ed., *The Social Net: Understanding Human Behavior in Cyberspace*, New York: Oxford University Press, 2005, p. 39. See also Curits, P., "Mudding: Social Phenomena in Text-Based Realities", in Sara Kiesler ed., *Culture of the Internet*, Mahwah, NJ: Lawrence Erlbaum Associates, 1997, pp. 121－142.

⑬ "Love and Lies", CBS News, Feb. 3, 2007. http://www.cbsnews.com/stories/2007/02/02/48hours/printable2426827.shtml. 调查性作家约翰·格拉特把这个真实的犯罪故事写成了小说（*The Doctor's Wife: A True Story of Marriage, Deception and Two Gruesome Murders*, New York: St. Martin's, 2007）。

⑭ Deleuze, Gilles and Felix Guattari, *Anti-Oedipus: Capitalism and Schizophrenia*, Minneapolis, MN: University of Minnesota Press, 1983; Deleuze, Guattari and Brian Massumi, *A Thousand Plateaus: Capitalism and Schizophrenia*, *Minneapolis*, MN: University of Minnesota Press, 1987; Deleuze, *The Logic of Sense*, New York: Columbia University Press, 1990; Deleuze, *Difference and Repetition*, New York: Columbia University Press, 1995.

⑮ Lecky, P., *Self-Consistency: A Theory of Personality*, New York: Island Press, 1945.

⑯ James, W., *The Principle of Psychology*, Cambridge, MA: Harvard University Press, 1981[1890], p. 190.

⑰ Jung, C. G., "Aion: Phenomenology of the Self", *The Portable Jung*, ed. Joseph Campbell, trans. R. F. C. Hull, New York: Penguin, 1971.

⑱ 虽然弗洛伊德使用的术语"自我"（ego）与通常意义上的自我（self）常被互换使用，但这并不恰当。对弗洛伊德而言，ego 由一系列协调本我的无理需要和超我的坚不妥协之间关系的心理过程所构成。人们对于自己的思考和感受仅仅是 ego 的一个方面。

⑲ Klein, M., *Narrative of a Child Analysis*, London: Hogarth Press, 1961.

⑳ Hartman, H., *Essays in Ego Psychology*, New York: International Universities Press, 1964; Blanck, R. and G. Blanck, *Beyond Ego Psychology*, New York: Columbia University Press, 1974.

㉑ Linville, P. W., "Self-Complexity as a Cognitive Buffer Against Stress-Related Illness and Depression", *Journal of Personality and Social Psychology*, 52(1987), pp. 663－676. 后来有研究挑战林维尔的"自我复杂性"概念。尽管具有多重特性可以让人们活得更健康，但复杂的自我概念也可能使人陷入麻烦当中。如威廉·詹姆斯所指出的，问题在于我们不能拥有所有我们想拥有的东西。

㉒ Le Bon, Gustave, *The Crowd: A Study of the Popular Mind*, Atlanta, GA: Cherokee Publishing Company, 1982.

㉓ Tajfel, H. and J. C. Turner, "The Social Identity Theory of Inter-Group Behavior", in S. Worchel and L. W. Austin eds., *Psychology of Intergroup Relations*, Chigago: Nelson-Hall, 1986.

㉔ Tajfel, H., C. Flament, M. G. Billig and R. P. Bundy, "Social Categorizaion and Intergroup

Behavior", *European Journal of Social Psychology*, 1(1971), pp. 149—178.

㉕ Lea, M., R. Spears and D. de Groot, "Knowing Me, Knowing You: Anonymity Effects on Social Identity Processes within Groups", *Personality and Social Psychology Bulletin*, 27 (2001), pp. 526—537.

㉖ Spears, R., T. Postmes, M. Lea and A. Wolbert, "When Are Net Effects Gross Products? The Power of Influence and the Influence of Power in Computer-Mediated Communication", *Journal of Social Issues*, 58(2002), pp. 91—107.

㉗ Eysenck, H. J. and S. E. G, Eysenck, *Manual: Eysenck Personality Inventory*, San Diego: Educational and Industrial Testing Service, 1975; Jung, C. G., *The Integration of the Personality*, New York: Farrar & Rinehart, 1939.

㉘ Hamburger, Y. A. and E. Ben-Artzi, "The Relationship Between Extraversion and Neuroticism and the Different Uses of the Internet", *Computers in Human Behavior*, 16 (2000), pp. 441—449.

㉙ *Ibid.*

㉚ Maldonado, G. J., M. Mora, S. Garcia and P. Edipo, "Personality, Sex and Computer Communication Mediated Through the Internet", *Anuario de Psicologia*, 32 (2001), pp. 51—62.

㉛ Kraut, R., S. Kiesler, B. Boneva, J. N. Cummings, V. Helgeson and A. M. Crawford, "Internet Paradox Revisited", *Journal of Social Issues*, 58 (2002), pp. 49—74.

㉜ McKenna, K. Y. A., A. S. Green and M. J. Gleason, "Relationship Formation on the Internet: What's the Big Attraction?" *Journal of Social Issues*, 58 (2002), pp. 9—32.

㉝ Amichai-Hanbruger, Y., A. Fine and A. Goldstein, "The Impact of Internet Interactivity and Need for Closure on Consumer Preference", *Computers in Human Behavior*, 20(2004), pp. 103—117.

㉞ Rotter, J. B., *The Development and Application of Social Learning Theory*, New York: Praeger, 1982.

㉟ Bowlby, J., "The Nature of the Child's Tie to His Mother", *International Journal of Psycho-Analysis*, 39(1958), pp. 350—373.

㊱ Ainsworth, M. D. S., M. C. Blehar, E. Waters and S. Wall, *Patterns of Attachment: A Psychological Study of the Strange Situation*, Hillsdale, NJ: Erlbaum, 1978.

㊲ Hazan, C. and P. Shaver., "Romantic Love Conceptualized as an Attachment Process", *Journal of Personality and Social Psychology*, 52(1987), pp. 511—524.

㊳ Zuckerman, M., "Dimensions of Sensation-Seeking", *Journal of Consulting and Clinical Psychology*, 36(1971), pp. 45—52.

㊴ Levenson, M. R., "Risk Taking and Personality", *Journal of Personality and Social Psychology*, 58 (1990), pp. 1073—1080.

㊵ 乔纳森·布朗:《自我》,陈浩莺等译,人民邮电出版社 2004 年版,第 3 页。

㊶ Rogers, C., *On Becoming a Person*, Boston: Houghton-Mifflin, 1961.

㊷ Rogers, C., *A Way of Being*, Boston: Houghton-mifflin, 1980.

㊸ McKenna *et al.*, "Relationship Formation on the Internet", *Joural of Social Issues*, 58(2002), pp. 9—32.

㊹ Rogers,C. ,*Client-Centered Therapy*,Boston:Houghton-Mifflin,1951.

㊺ Gollwitzer,P. M. ,"Striving for Specific Identities: The Social Reality of Self-Symbolizing", in R. Baumeister ed. ,*Public Self and Private Self*,New York:Springer-Verlag,1986,pp. 143—159.

㊻ Bargh,J A. ,K. Y. A. McKenna and G. J. Fitzsimons,"Can You See the Real Me? Activation and Expression of the 'True Self' on the Internet",*Journal of Social Issues*,58(2002),pp. 33—48.

㊼ Rubin,Z. ,"Disclosing Oneself to a Stranger:Reciprocity and Its Limits",*Journal of Experimental Social Psychology*,11(1975),pp. 233—260.

微信传播机制与治理问题研究*

◆ 方兴东 石现升 张笑容 张 静

一、微信概念及发展背景

(一)主要概念

2011年1月21日,腾讯正式推出微信。微信是一款基于智能手机,可以实现通过网络快速发送语音短信、视频、图片和文字,支持多人群聊的移动通讯软件。其中,"语音短信""免费""移动""便捷"等极具特色的特点迅速受到市场热捧,微信成为迄今为止增速最快的手机应用,也是增速最快的互联网服务。

微信类移动通讯软件是指类似于腾讯微信的,能够跨平台提供语音短信、视频、图片等多样化服务的移动通讯软件。目前国外用户规模较大的包括WhatsApp、TalkBox、LINE、Kik、KakaoTalk等,国内则有腾讯公司的微信、小米公司的米聊以及三大电信运营商推出的"飞聊""翼聊"和"沃友"等。微信类移动通讯软件以智能手机终端为主要平台甚至唯一平台,提供语音短信、视频、图片等多样化的聊天方式,创新多元化社交方式(基于手机通讯录为核心,辅以地理位置信息服务等),实现了跨网络、跨终端平台的特点。

(二)即时网络时代的杀手级应用

互联网正处于第三个高速发展热潮——即时网络阶段。从上世纪90年代商

* 原载于《现代传播》2013年第6期。

业化开始,互联网至今已有二十多年历史,其间历经 Web1.0 和 Web2.0 两次热潮后进入了即时网络阶段。与过去相比,即时网络时代的产业规模和发展空间更为巨大。除了用户规模更为庞大外,用户需求也更加多样化和个性化,产业典型应用也大大不同。在这个时期,微信是最重要的典型应用之一,微信将"即时化、社交化"融为一体,呈现出引爆未来的发展趋势。

作为国内首款世界级产品,在不到两年的时间里,用户超过 3 亿,创造了国内外互联网领域的全新发展纪录。微信已经登陆东南亚、美国、澳洲及中国港台等市场,海外用户已超千万。按微信用户增长速度预测,微信的注册用户 5 年内将突破 8 亿,届时将成长为继 Google、Facebook、Twitter、Yahoo、YouTube 之后的第六大世界级互联网平台。

表 1　微信在互联网三次浪潮中的位置

发展阶段	Web 1.0	Web 2.0	即时网络
中国网民规模	5910 万(2002)	2.98 亿(2008)	5.64 亿(2012.12)
发展时期	1994—2002 年	2003—2008 年	2009—2015 年
典型应用	门户、网游	博客、SNS	微信、微博
特征	单向、网络化	个性化、自组织	即时化、社交化

资料来源:互联网实验室,2013 年 1 月

微信存在巨大的市场需求。这种巨大需求来源于两个方面:

一方面,微信潜在用户数量巨大。微信用户的一个很重要的来源是网民。我国网民数量保持稳定增长的势头,截至 2012 年 12 月底,我国网民规模达 5.64 亿,互联网普及率为 42.1%,预计 2020 年将达到 10 亿左右,在当前的基础上翻一倍。由此看来,随着网民数量的快速增长,微信在国内的潜在市场规模还将继续迅猛扩大。

另一方面,用户质量大大提高。由于即时网络的特点,使用户不再受时间和空间的限制。智能手机等移动上网终端随身携带,也将大大延长用户的网络使用时间,用户在线时间将从平均每人每天1—2小时增长到 10—20 小时左右。网民数量的增长,体现出微信潜在市场的广阔;网民在线时间的延长,表明潜在用户消费能力的增强。这不仅为微信的未来奠定了坚实的用户基础,也为产业发展带来新的重大机遇。

二、微信传播机制

从传播学角度来看，微信传播以点对点的人际传播为主。微信传播的内容具有个人私密性和准实名制的特征，大众传播能力薄弱。传播范围主要在自己的微信朋友之间，传播的内容只有好友能看见，陌生人看不见。微信在增加相应插件的前提下，可以接受腾讯新闻、公众账号信息广播、腾讯微博和朋友圈推送的信息。

(一)微信传播方式:以点对点传播为主

微信涉及的传播方式大致可以分为三种:好友之间传播、朋友圈传播以及信息接收(信息源包括系统广播、公众账号和微博动态)等方式。

第一种，所谓“好友之间传播”，是指通过微信互相添加为好友的用户之间的点对点双向传播。好友的来源是手机通讯录、QQ 好友以及部分陌生人的账号。一般而言，数量限于几百人。传播方式与手机短信类似，是一种点对点的类似短信聊天方式。

第二种，所谓“朋友圈传播”，是指微信用户在增加了朋友圈插件后，可通过手机接收到自己的朋友圈好友动态，也可通过手机拍照发送到朋友圈。传播范围跟自己的好友数量相关。微信“朋友圈”被定义为一种私密性的图片分享，限定在相互关注的“朋友”范围内。基于私密性，微信朋友圈的传播功能有“点赞”和“评论”，但不支持转发，难以形成大规模传播。

第三种，所谓“信息接收”，是指微信用户作为信息接收端，可以在安装有关插件的前提下，接收来自腾讯网站推送的新闻广播;接收来自公众账号推送的信息;接收来自腾讯微博更新的信息，并向自己的好友转发。具体来说，微信可以将腾讯网站的新闻以系统广播功能，面向所有中文用户推送，用户可以在绑定手机号或QQ 号的前提下转发到朋友圈或腾讯微博或好友。但是，系统每天只发送两条新闻，大大限制了传播能力。

个人账号接收到信息后，可以向朋友圈和自己好友分享;分享给好友，是一种点对点的传播模式。分享到朋友圈的内容，可以进行简单的讨论和点赞的交流，但是由于没有转发功能，所以，微信传播无法形成微博那样的多级链条传播。

微博较之微信，即时化的个人媒体与大众传播机制的特点更为明显。在微博上添加“关注”行为所形成的是一种不对称人际关系,这种过程很容易将人际关系从熟人的圈子扩展到陌生人,因而使得个人社交范围大大拓宽,“粉丝”可高达数十万乃至上千万。松散的社交关系使微博具备了一对多的大规模群体交流的能力,从而使微博大众化传播成为一种现实。微博一对多的发布模式,借助转发使影响力呈几何级增大,能赢得规模性的话语权,并且进一步反作用于传统媒体。

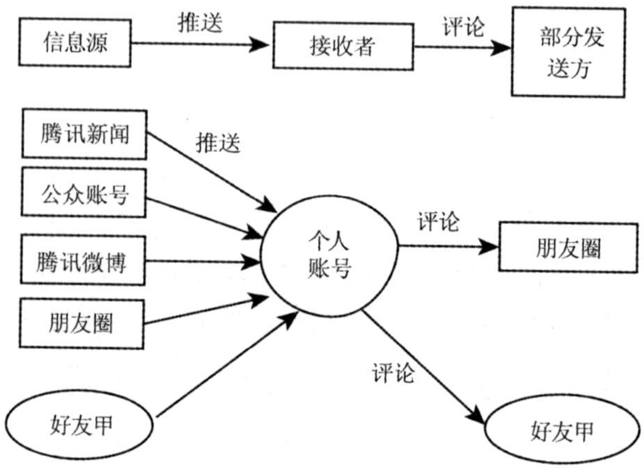

图 1　微信信息传播路径图

资料来源:互联网实验室,2013 年 1 月

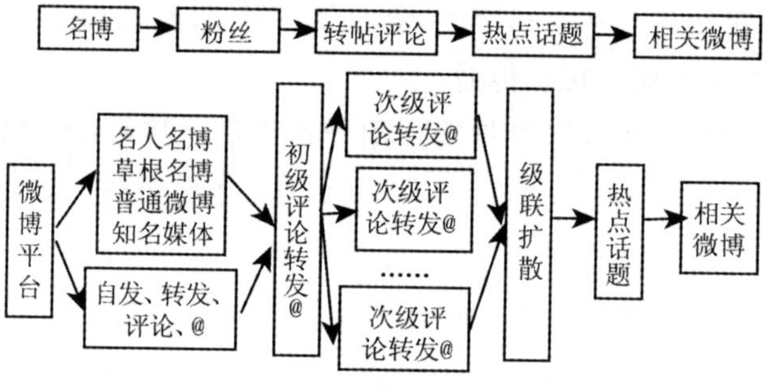

图 2　微博影响力逻辑模型

资料来源:互联网实验室,2012 年 1 月

从微博影响力逻辑模型可以看到,从次级评论转发开始,微博内容开始爆发式传播。比较上面的微信传播图,由于朋友圈的设计并不支持再转发,同时信息已经

在亲密圈子内公布，再次传播只能延续点对点的转发方式，或出现向其他平台扩散的方式，如在“南周事件”中吴法天微博公布在微信上收到的事件真相信息，就是一种向外的扩散方式。

（二）微信传播能力、渠道、范围

微信虽然有三种传播方式，用户获取信息的途径多元化，但是各种传播方式在传播频率、传播渠道、传播范围上存在一定限制，导致了微信对大规模群体交互有先天局限性。

第一，终端对大规模传播能力产生了限制。微信目前仅用于智能手机端，智能手机屏幕大小的局限性，决定了在小屏幕上多人沟通内容很容易被实时的信息所覆盖，用户体验较差。手机端屏幕的面积和信息量显然远远不及 PC 端。

第二，从传播频率上看，首先微信上的公众账号具备简单的广播能力，微信提供了公共账号的关注功能，有些“大号”的粉丝较多，可达千万级粉丝，可以实现简单的广播功能[①]。但是，这些“大号”的传播量受到限制[②]。因此，可以说，微信公众账号难以实现像微博一样高度互动的大众传播。其次，微信可以将腾讯网站的新闻以系统广播功能，面向所有中文用户推送，用户可以在绑定手机号或 QQ 号的前提下转发到朋友圈或腾讯微博或好友。但是，腾讯新闻作为插件应用，每天只发送两条新闻，大大限制了其作为媒体的功效。

表 2　微信各传播方式的范围与频率限制

传播方式	传播途径	用途	传播范围	传播频率
好友传播	微信	短信聊天，语音聊天，视频聊天	一对一	不限
朋友圈传播	朋友圈插件	可在手机上接收到朋友圈好友动态，也可通过手机拍照发送到朋友圈	好友之间	不限
信息接收	腾讯新闻插件	通过安装插件，发送新闻	所有中文用户	2 条/天
	公众账号	信息可被粉丝转发给好友，认证账号每天发 3 条，未认证账号发 1 条	粉丝数	3 条/天，1 条/天
	腾讯微博插件	接收自己的微博动态	微博粉丝	很低

资料来源：互联网实验室，2013 年 1 月

第三,从传播范围上来看,微信群75%为3～5人的小型群组,可见,群组传播的直接覆盖人群相对有限。

(三)微信传播特点

1. 准实名性

微信的准实名性体现在如下方面:

一是个人的社交关系。微信的好友来源可以有三种途径:手机通讯录、QQ好友和陌生人。其中,手机通讯录是微信好友的核心来源,微信更多应用于通讯录好友之间的交流,带有典型的准实名制特征。

二是号码绑定。微信账号可以与手机号码和QQ号码打通并绑定,手机号码已经符合实名制要求,QQ号码中积累了非常多的个人资料和个人网络痕迹,其中会有很多资料能够体现个人身份。

三是微信软件中鼓励实名交友,提供了个人信息(包括头像、名字、性别、地区等)和扫一扫名片,用户之间可以方便地进行真实身份比对。对于移动社交实名制问题,可以参考《人民日报》的观点。《人民日报》发表文章指出,互联网的"泥沙俱下"所带来的互联网诚信、隐私权保护等问题已经上升为网民关切的共同话题,而移动社交的实名化则让此类问题迎刃而解,由于移动社交的发展所依靠的是基于熟人"强关系"的新互动沟通方式,所以实名化的应用有力推动了移动社交网络环境的改善。

2. 个人私密性

微信的信息内容具有个人私密性特点[③]。简单来说,所谓个人私密性,主要指普通账号发送的所有信息,好友可以看到,非好友则完全看不到。从产品基础功能来看,作为一款应用于个人社交通讯场景的产品,微信天然属于强关系链产品,主要是熟人间聊天交流的工具,因此用户隐私得到严密的保护。从微信特色创新功能来看,微信也可以用于构建弱关系链,即陌生人交友。

与微博相比,微信完全是具有不同基因属性的产品。微博有更强烈的传播和媒体属性,而微信有更强的黏性、更好的交流体验,是一条具有私密性的沟通纽带。

3. 大众传播能力薄弱

微信着眼于点对点的精准定位,这一点决定了微信在产品功能上也做出了限制信息分享的功能限制,导致微信的大众传播能力较弱。

第一，限制信息的大规模传播。微信语音、视频不能复制粘贴，不利于大规模的信息传播。微信信息停留在传受双方的移动终端上，只有传受双方可以看到听到，其他用户无法在自己界面获知。微信目前的功能设计中没有转发功能，因而无法形成微博式长链条的多级传播。朋友圈实际上是一个封闭的讨论圈，由于缺少转发功能，难以形成圈子与圈子之间的传播。

第二，降低信息积累，增加信息溯源难度。微信以聊天为主，积累信息的深度不如微博。相比微博而言，信息缺乏可挖掘的能力，比如，天然的无法搜索，无法进行量化分析。

第三，重视个人隐私的保护。在个人隐私保护和不良信息处理方面，微信也注重了私密性，设计上更尊重个人意志。例如：微信上 QQ 空间及腾讯微博的分享按钮都是默认关闭的、朋友圈的照片没有分享功能、发起视频需要消息回复等。

(四)微信受众的网络社交

1. 以强人际关系为主要社交关系

微信作为一款基于手机端的通讯软件，以个人人际关系为核心，通过强关系和弱关系两种方式进行信息的生产和传递。所谓微信强关系，是指微信用户经过互相确认所形成的网络社交关系；所谓微信弱关系，是指微信用户未经彼此确认而形成的社交关系。

从微信强关系来看，微信最基本的关系网络是基于现实生活关系的“同学”“同事”“亲戚”“朋友”关系，这种关系都带有相互关注的特性，双方主要以点对点方式沟通信息。

表 3　微信用户社交关系类型

关系类型	关系方	关系形成方式
强关系	同学、同事、亲戚、朋友	手机通讯录、QQ 好友、搜号码、扫一扫
弱关系	陌生交友	App、公众平台

资料来源：互联网实验室，2013 年 1 月

从微信弱关系来看，微信提供了许多功能，可以扩大社交范围。弱关系所传递的信息大致有两种，一种是用户信息，可以通过查找附近的人（基于地理位置的

LBS)、摇一摇与漂流瓶等 SNS 功能，接触陌生用户；另一种是通过 App 和公众平台等方式接收陌生用户发布的信息。

微信注重社交功能。用户社交范围可以分成三个层次：第一，熟人交际圈。微信最初的受众是熟人，即手机通讯录好友和 QQ 好友。基于已经相对成熟的社交关系，传受双方在微信沟通中感情黏性进一步增强，由此形成稳定、成熟、联系最为频繁的熟人交际圈。第二，千米交际圈。微信设计了“查看附近的人”的功能，在用户所在位置 1000 米范围内的微信用户都能看到。它为用户提供了附近人的头像、昵称、签名及距离，让微信走近用户生活，以便用户之间产生进一步联系，也方便结识身边的朋友，向身边的人寻求帮助，或者推广工作业务。第三，陌生人交际圈。扫一扫、LBS 定位、摇一摇和漂流瓶功能将微信的社交圈由熟人推向陌生人。

相对于微信，微博以单向关注的弱关系人际关系为主，易于人群的集结。在微博上实现社交的过程极为简单：通过添加“关注”即可成为对方的“粉丝”，“转发、私信”等功能也促进了彼此之间的交流。由这个添加“关注”行为所形成的是一种不对称人际关系。微博摒弃了 SNS 社交网站双向互动的紧密人际关系，以单向的跟随关系简化了社交关系。用户可以随意关注他人以接收信息，而不需要形成双向的好友确认关系，这个过程易于人群的集结。

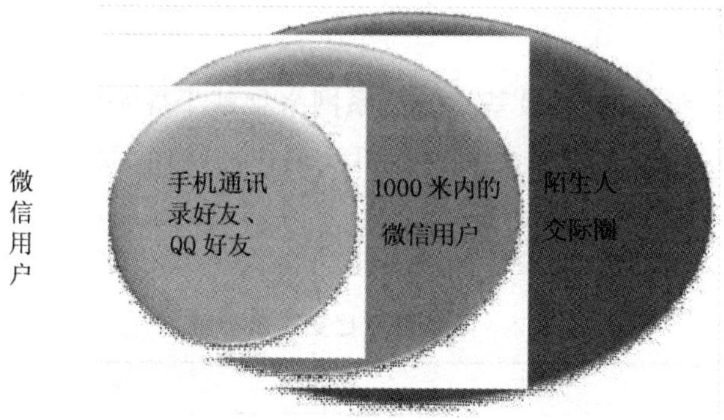

图 3　微信的社交层次

资料来源：互联网实验室，2013 年 1 月

2. *微信受众范围较窄*

由于微信最基本的关系网络是基于现实生活关系的“同学”“同事”“亲戚”“朋友”关系，因此线上的交往频度与线下真实社会的交往频度会趋同，整体来看，熟人

之间的交往频度会高于陌生人之间的交往频度。但是由于双向关注的人际关联模式，必然导致作为网络舆论的受众方的范围狭窄，普通大众的交往范围基本维持在几百人的规模。

值得一提的是，微信公众平台大号及其粉丝之间具有弱关系属性，在一定程度上可以加大网络舆论受众方的范围，产生大规模传播的效果。但目前，微信对此进行了功能限制。

（五）案例分析：南周事件微信传播评估

1. *微信朋友圈限制信息的自由流动，不利于事件的扩散传播*

选取两个互为好友的用户 A 与用户 B，观测两个用户各自的微信朋友圈中关于南周事件相关微信信息传播的实际效果。

观测案例中涉及的用户关系说明——用户 A 与用户 B 在微信上互为好友，即两者可以相互接收到且评论对方在朋友圈中分享的微信信息。

在该案例中除了 A、B 用户，还出现了用户 C、用户 D、用户 E、用户 F。这四个用户分别与用户 A 互为好友，但是与用户 B 不互为好友，即用户 C、D、E、F 对于用户 A 的评论内容，用户 B 是无法接收到的。

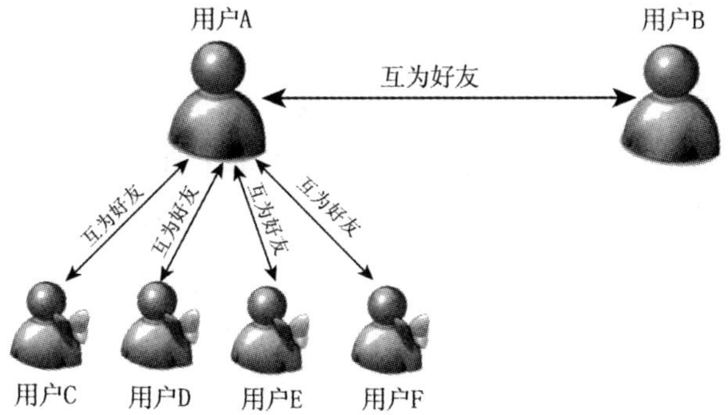

图 4　南周事件观测案例微信用户关系示意图

注：只有互为好友的用户可以接收、评论对方的信息

资料来源：互联网实验室，2013 年 1 月

观测结果——用户 A 在微信朋友圈中分享了一条关于此事件的评论信息，从用户 A 微信朋友圈截图界面可以看到，用户 B 接收到了此信息，并做出了赞的评

论。另外用户 C、D、E、F 分别给用户 A 进行了评论。右侧用户 B 的微信朋友圈界面截图显示,由于用户 B 与其他用户不构成好友关系,因此不能接收到用户 C、D、E、F 对用户 A 的评论。由此可见,由于微信朋友圈的产品机制限制了信息在不同朋友圈中的自由流动,导致朋友圈实际上是一个封闭的讨论圈,缺少转发功能,难以形成圈子与圈子之间的传播。这反映出,微信的产品机制的设计导致它无法对南周事件进行大规模传播的情况。

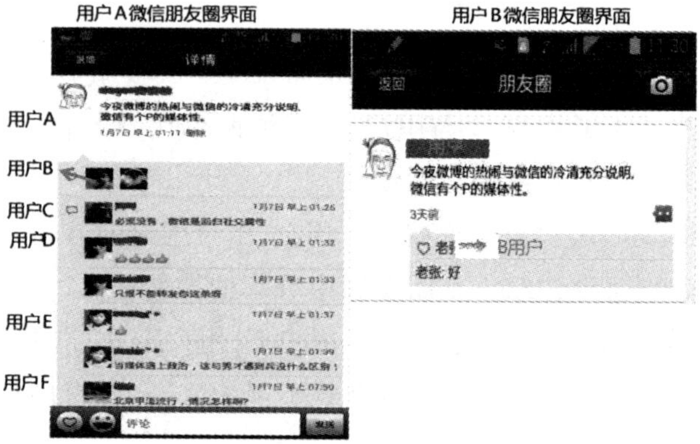

图 5　南周事件微信观测案例截图

资料来源:互联网实验室,2013 年 1 月

2. 微信信息不提供搜索功能,事件追溯难

将微信卷入到南周事件的传播中源于 2013 年 1 月 7 日吴法天微博爆料,“今天收到的微信,或许接近真相。不要问我谁发的。右键保存吧,或许一刷就没了。”

由于微信不提供内容搜索功能,可追溯性差,因此吴法天发布的微信实际上是发布到微博(http://weibo.com/1405603123/zdpsHejvR)上之后引发了广泛的传播。吴法天发布的相关微博的转发量达到了 2000 余次,评论 600 余条。

3. 采取关键字屏蔽措施

监测发现,在事件敏感期内,微信亦采取了关键词屏蔽措施,防止事件的扩散。2013 年 1 月 12 日微信出现关键词屏蔽,含“南方周末”字样的微信无法发送;2013 年 1 月 14 日测试屏蔽解除。

三、以自律机制为基础的治理探索

我们应该认识到，新技术的产生总是伴随负面作用，电信技术存在着“恶意”使用的现象。对微信而言，也是如此。微信在提供了交友便捷功能的同时，出现了一定数量的负面新闻，引起了社会关注。正如“互联网预言家”、《连线》杂志创始主编凯文·凯利(Kevin Kelly)所言，任何强有力的技术都会被强有力地加以滥用，换言之，如果没有强有力的滥用，说明这种技术本身还不够强大。可以说，微信也正是由于它自身的强大，而导致了人为的恶意使用。

(一)微信遭遇的“恶意使用”问题

概括来看，微信被恶意使用，主要表现为：

1. 陌生交友

网络扩大了社会交往的范围，用户在陌生交友上的选择渠道增多，微信作为网络衍生的社交工具，有可能被滥用。陌生人通过查看附近的人、摇一摇等功能对使用微信的人进行搭讪，甚至出现低俗、淫秽的谈话内容。媒体报道，通过微信等产品的陌生交友，产生了诸如一夜情甚至诈骗、抢劫、绑架、强奸等社会问题。

2. 信息过载

微信信息过载主要是指微信推送可能会造成的垃圾信息问题。微信的信息传达方式是通过实时推送来完成，推送不会让用户遗漏任何信息。然而，正如垃圾邮件一样，如果微信信息推送被滥用，就会降低用户体验，不可避免地给客户带来了困扰。例如房产广告、保险推销等骚扰信息。

3. 隐私保护

微信涉及用户个人数据、隐私信息，如果保存和管理不得当，则存在泄露的可能性。例如对通讯录和手机备份资料没有安全设置或妥善保管。另外，用户利用LBS功能去做人际关系拓展的同时，也存在个人作息行踪泄露的问题。

(二)治理对策：自律与监管

网络新技术的发展必然会带来新的社会问题，在必要的时候，政府可加强规制，同时行业也需要加强自律。任何一款新型的技术，都会存在被滥用的可能，手机短信如此,微信也不例外。因此,微信也面临着如何加以规制的问题。

从法律法规角度来看,针对微信,现行法规需进行局部适应性调整。从现有的监管制度来看,由于我国网络立法主体甚多,有关部门颁布了大量行政规章,此外还有数量庞大的通告、通知、制度和政策类的规范性文件,这些法律法规能够有效地对互联网进行管理,也基本能够对微信加以规制。当然,明确针对微信的相关法律法规仍是空白,现行立法中,尚没有具体界定电子证据的类别,微信聊天记录等电子数据能否成为定案证据,需要刑事诉讼法修正案或司法解释进行界定。有关立法需要在局部做出适应性调整。

从世界各国监管体系的发展趋势来看,国际上也在加快调整监管机制。包括加强行业立法、竞争监管、服务质量、监管体制调整等。从亚太区域发展来看,中国周边国家和地区,包括韩国及中国香港、台湾等地区业已成立融合监管机构。即时通讯软件的快速发展引发了一系列问题,从公平竞争、产业秩序甚至国家安全等方面触及监管边界,应当引起监管机构的关注。监管机构应当协调基础企业与即时通讯提供商之间的关系,在监管层面既要保护互联网企业的创新动力,又要保护电信企业的资源建设积极性。对于具有同等影响力、业务规模且同业竞争的市场主体,监管强度存在巨大差异,可能有失监管的公允性,不利于形成良性的产业秩序。

与立法规制和政府监管相比,自律机制是一种成本较低、效果较好的有力工具。我国在互联网管理的长期过程中,已经建立了比较完善的行业自律机制。针对微信这一新兴技术应用的特性,加强行业自律非常有必要。

针对不良信息,服务商沿用常见的技术过滤和内容分级手段。针对信息过载问题,服务商通过产品机制进行控制。针对目前对用户隐私和信息安全的保护与监管,服务商已经形成了较完备的保护机制,主要包括用户隐私保护机制和对违法不良信息的监管与处理机制。针对恶意使用引起的犯罪现象,服务商设定了举报机制。但是,应该看到,微信类软件要求读取手机通讯录、短信等用户个人信息文件,具有定位、后台运行等功能,私有信息容易在用户不知情的情况下被使用。当用户权益受到威胁,或者被不法分子利用时,服务商自律和措施仍不能消除问题。因此,行业和服务商仍然需要加强自律。另一方面,政府多部门联合监管仍然十分必要。根据微信的特点,顺应国际监管趋势,政府各监管部门应切实承担起明确的职责,形成监管合力。

注释：

① 公众平台被定义为一种向受众传播信息的开放平台，目前可以进行的传播包括三种形式：群发推送、自动回复、一对一交流。

② 微信公众账号发布信息量受到两方面的限制，一方面微信官方对于群发推送有严格限制，另一方面由于前期出现用户将接受信息当作骚扰而取消关注的现象，公号自觉限制推送量。

③ 《2013 关于新媒体的猜想》，2013 年 1 月 10 日，人民网—人民日报，http://leaders.people.com.cn/n/2013/0110/c178291－20153501.html。

论社交媒体的关系转换*

◆ 谭 天 苏一洲

Web2.0时代,网络带给人们的不仅仅是距离上的接近感,更是一种接近于现实的真实,尤其是社交媒体(Social Media)的出现,使得人与人之间的关系更是发生着微妙的变化——它源于现实,超越现实,但又不完全等同于现实。随着关系意义在社交平台中的改变,"关系转换"的问题随之而来,可以说"关系转换"带来的既是机遇也是挑战——从个体关系到社会关系,从现实关系到虚拟关系,对于媒介平台的参与者而言,如何更好地把握关系资源,弱关系如何转换为强关系,庞大的流量如何变现,个体的价值又如何彰显?……笔者认为研究"关系转换"远比研究关系本身更为重要。

一、人际关系的回归

在探讨"关系转换"的问题之际,一个不可避免的前提是如何理解"关系"这个基本概念。"关系"是一个很复杂的概念,其通常是指事物之间相互作用、相互影响的状态,但在不同的学科背景下其内涵各有不同。

在社交媒体时代,"关系"首先就是一种人际关系,彭兰教授认为,社交媒体的出现使得大众传播渠道重新建立在人际传播网络之上,这既是一个有意思的回归,又是大众传播的一次飞跃。实际上,"关系"与"传播"是一对共生概念,而在"关系革命"爆发之前,"传播"更多关注的是信息内容,却忽视了传播背后的"关系"价值。

---

* 原载于《现代传播》2013年第11期。

在传统媒体时代,“关系”的作用也是存在的,只不过在那个时代它的作用没有如今表现得这么突出,而其中的一个主要原因是:线性传播的媒介根本无暇关注到个体的存在价值。因此,在传统媒体时代,专业化的媒介组织对信息的生产及流通具有很高的控制权,以致个体受众通常被视为“原子化”的存在;然而随着媒介形态的改变、网络媒体的出现,个体价值逐渐得以彰显,尤其是在当今的社交媒体时代,UGC(User Generated Content)概念的提出,使得以“我”为中心的信息传播成为主流趋势,个体不再是被动的等待者和接受者,而是主动的创造者和传播者。从SNS网站的技术架构中,我们可以看到:从“个人展示平台”到“社会协同平台”,人际关系的互动呈现出同心圆的扩展形式。

如图1所示,“个人展示平台”处于中心位置,这充分证明社交媒体对于个性化的关注已成为平台构架与信息传播的基础。因此,在这个社交平台中,信息内容已不再是媒介组织的专利,媒介组织应当转向平台的关系建设,正如彭兰教授所说,从“内容平台”到“关系平台”,关系建设会爆发出巨大的潜力。然而,在人际关系的回归中,我们又应如何重新理解社交媒体中的关系?

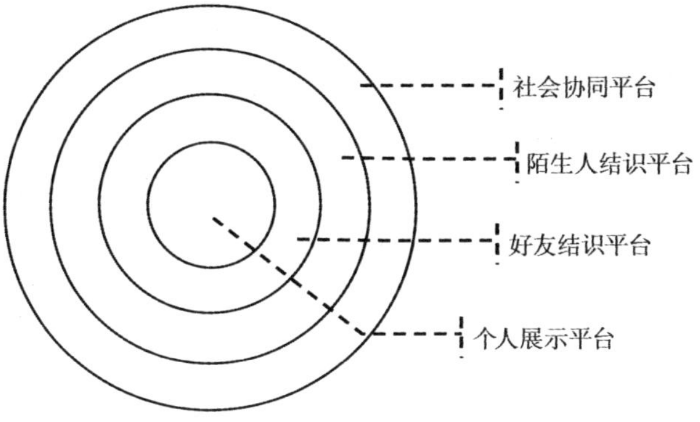

图1　当前SNS网站的基本架构图[①]

社科院王怡红研究员认为:“系统范式下的人际交流研究注重人的问题,它不把交流看作是一个‘语言的过程’而是一个‘人的过程’。系统理论之所以能引起研究者的长久关注,正是因为人类所有的生命形式,包括社会都必须放在一个复杂的有组织的被称为整体的环境中才能得到理解。”[②]用系统的理论来审视社交平台中的人际关系,关系的形成就不仅仅是A与B的简单形式了,更会有A与B与C,C

与D与F,以及A与D与F等多而繁杂的组合。这些多而繁杂的组合用线段连接起来就会形成一系列交错的链条(关系链),而将这些链条组合起来就会形成一张网(关系网)。在这张大网中,交流者不需要解决人与人之间的差异问题,而需要创建一个新的思想假定,即接受差异,以差异为依据去认识"关系"中存在的同一性与差异性的永恒张力。因此,我们应当看到,"关系"是一个动态的发展过程,在社交平台中,人际关系是嵌入的、流动的、自由的、具体的。

帕洛阿尔托学派的奠基者G·贝特森(Gregory Bateson)认为:"传播具有两个层面,即内容层面与关系层面,在传播的关系层面上,它传递的是传播过程中两个或更多的参与者的人际关系,因此,一个讯息的关系深度可以对讯息的内容进行分类或予以构造。"[③]之后,传播学者保罗·瓦茨莱维奇(Paul Watts Levich)等人正式指出:"人际关系是通过交流和互动建立起来的,两个人之间的交流行为定义了关系。"[④]这个观点十分重要:一方面,它揭示了社交平台中,关系分类的依据,不是别的,正是交流行为本身。而另一方面,它的价值更在于当我们面对多重复杂的关系网络时,参与者可以从人际关系的交流行为中发掘传播的意义,也就是说,有什么样的交流活动就有什么样的人际关系需求。这也不难解释为什么在社交平台中,一次点击或一次转发都能成为数据分析的依据,因为这不仅仅是一次点击或转发,它更是一种用户需求方向的体现,而看到用户需求也就是对个体价值的关注。

综上两方面,社交媒体中的"关系",其本质就是一种人际关系,它让传播回归到了个体价值的层面上,而以个体价值为逻辑起点的传播过程,使得个体用户的社会化需求与媒介平台的功能扩展及经济价值保持着密切联系。"无论社交平台最终表现出哪个偏向,'社交'与'媒体'二者的逻辑关系却是清楚的,即社交及社会关系是基础,而媒体的功能是建立在这个基础之上的。"[⑤]基于社交功能的用户体验理应成为核心——社交媒体中的"关系"以人际关系为起点,其他功能应围绕个体的人际互动而展开,研究社交媒体应当从个体的社会属性出发,并将大众传播的渠道建立在人际网络之上,这对于"关系转换"的探讨具有重要意义。

二、"关系"即资源

从系统的范式来审视人际关系,我们可以发现:从个体关系到社会关系的扩展,也是个体实现社会化的动态过程,在此过程中,"关系"所携带的社会资源成为个体更好地进行社会化的工具，因此“关系”的工具性成为一项关键因素。社会学家马克思·韦伯就把人的合理性行动区分为：价值合理性和工具合理性，其中价值合理性是指相信一定行为的无条件价值，它强调的是动机的纯正和选择正确的手段去实现自己意欲达到的目的，而不管其结果如何；而工具合理性是指行动只由追求功利的动机所驱使，行动借助理性达到自己需要的预期目的，行动者纯粹从效果最大化的角度考虑，而漠视人的情感和精神价值[6]。而在社交媒体中，通过“关系”对社会资源进行获取，这比现实社会来得更容易也更方便。

彭兰教授借鉴社会网络理论的分析方法对社交网络这种新兴社区进行了需求层面的考察，她发现：“在传统虚拟社区，网络使用者的需求中心主要体现在人们对社会归属的需要；而在当前以自我为中心的社会网络中，人们更多地转向了对社会资本的获取。”[7]从社会归属需求向社会资本需求的升级，体现了“关系”作为一种社会资源的存在，在社交平台的传播中正发挥着重要的作用。

目前，“关系”即资源，这一论断在学界和业界已达成共识。从理论层面上看，斯坦利·米尔格拉姆(Stanley Milgram)的“六度分隔”理论、马克·格拉诺维特(Mark Granovetter)的“弱关系力量”理论、罗纳德·博特(Ronald Burt)的“结构洞”理论、邓肯·瓦茨(Duncan Watts)的“网络动力学”理论、林南的“社会资源论”等，已从经济社会的不同视角向我们阐明了“关系”这种社会资源的普遍存在与价值。因此，就目前而言，再去怀疑“关系”是否能作为一种资源存在已经没有意义了，相反研究关系资源的本土化以及如何开发和利用关系资源，成为传媒业影响力发挥和市场空间拓展，最为重要的发展逻辑。[8]

在本土化方面，费孝通的“差序格局”理论同样适用于社交媒体的“关系”研究。在中国，“强弱关系”之间的权重概念表现得更为突出，人们在人际交往的过程中会不自觉地对交往对象进行有区分性的顺序分层，由于受传统儒家文化的影响，“以关系基础”为前提的人际关系分层决定了中国社会的现实人际交往仍然是以“亲缘关系外推”作为人际认知的起点。因此，在中国社会的现实交往中，强关系的重要程度要高于弱关系，而这一特性目前在社交平台中已大为凸显。比如，基于强关系的 SNS 推介机制、QQ 圈子的成立、新浪微博改版后的密友圈等，这一系列举措都是对“一度人脉”的功能强化。然而“一度人脉”的转换价值何在？一度之外的弱关系又将扮演何种角色？这便涉及社交平台关系层级的分类问题——合理的层级分类将会成为媒介平台功能扩展的重点。

在实践层面,一方面,关系资源的流动可以释放出强大的正能量。2011 年 3 月,奥利奥借助腾讯社交平台发动了一个“童真时刻齐分享”的社交媒体营销战役,腾讯给出了一个基于 QQ 空间的关系链解决方案,设计了“童真时刻在线互动——齐分享传播平台——关系圈 SNS 扩大传播”这三个基本环节,最终让奥利奥植根于消费者的日常生活,增强了品牌的选择偏爱。其产生的直接效果是 QQ 空间用户选择奥利奥模板写下 3000 万篇魔方日记,平均每个参与活动的 QQ 空间用户完成 1.5 篇奥利奥魔方日记,54%的女性用户中,有 1/2 的用户为妈妈受众。这个案例中最值得一提的是,基于腾讯社交关系链的好友点名活动。它通过用户好友点名方式形成人际传播,展示出真实用户关系网的强大影响力,让奥利奥迅速渗透用户的好友关系圈,让用户成为奥利奥的自主传播者。此活动的成功体现出了腾讯在关系链上的绝对优势[9]。另一方面,关系资源在社交平台上的争夺也可能演化为恶性竞争。其中体现得最为突出的是“3Q 大战”——两者争斗的核心症结点在于,360 利用技术上的某些优势,试图在腾讯公司 QQ 用户间架构起一个透明的防护墙,也就是说,它把 QQ 公司直接架空了,从而掌控和利用 QQ 的资源,这是工信部对此事件的最后界定。这一行为体现了 360 对 QQ 关系资源的攫取和利用。[10]

三、“关系”即数据

“关系”即数据,这是大数据时代的核心命题。维克托·迈尔-舍恩伯格(Viktor Mayer-Schönberger)在《大数据时代》一书中,将大数据看作“量变引发质变的革命”,他指出:“随着计算机技术全面融入社会生活,信息爆炸已经积累到了一个开始引发变革的程度。它不仅使世界充斥着比以往更多的信息,而且其增长速度也在加快。信息总量的变化导致了信息形态的变化——量变引发了质变。在大数据时代,数据等于样本总体,通过云计算对大数据进行分析、预测,会使得人们的决策更加精准,从而释放出更多数据的隐藏价值。”[11]在大数据时代,一切事物皆可量化,人们的“关系”自然也不例外。问题是“关系”如何成为数据?关系数据的价值又何在呢?

早在 20 世纪末,尼葛洛庞帝就在《数字化生存》一书中指出:“从原子到比特,数字技术作为一种先进生产力的代表,使得人与人之间的交流方式、生产方式、生活方式、思维模式以及行为方式都被深深打上了数字化的烙印。”[12]也就是说,人们的生产关系以及交往关系，可以通过比特的形式在虚拟世界中呈现，这样的优势在于虚拟世界对现实世界最大程度的模拟和记录，使得社会生产效率普遍提高了。随着云计算的出现，如今上传一张图片、一段视频；点击一则分享、一条链接；转发一段文字、一句评论……这些行为都毫不例外地被数字化，并记录在了社交平台中。随着移动手机以及便携式设备的出现，人们的方位、足迹、爱好，甚至是人们的情感变化都可以成为被分析的数据。

在“人际关系的回归”中，笔者特别强调了个体与个体间的“交流行为”在传播互动中的作用——它的目的与偏向决定着社交媒体中错综复杂的关系类型。而在大数据时代，“交流行为”也成为定义数据的指向标，可以说关系数据的形成就是人与人之间交互行为被数字化的过程。但在维克托看来，这只是第一阶段的任务，而要实现关系数据的真正价值，应当是“关系”的数据化过程。维克托认为：“数字化带来了数据化，但是数字化无法取代数据化。数字化和数据化之间存在着本质的不同。”[13]倘若以一盒多彩的巧克力豆为例，那么数字化的过程，就好比是将大盒中的一颗颗巧克力豆浓缩后，原封不动地放到另一个更便携的小盒中。这时，我们承认它更利于携带了，但是当我们想品尝其中特定颜色的巧克力豆时，我们仍然要去挑选；而数据化的过程，除了上述过程外，还包括将巧克力豆按颜色、大小、形状、口味等进行分类叠放的过程。这时，当我们想吃其中特定颜色的巧克力豆时，我们只需打开盒子的相应区域，就可以轻松得到，并且在享受“特定颜色”的过程中，我们还可以感受到不同形状、不同口味的巧克力豆给我们带来的附加乐趣。因此，在社交媒体中，“关系”被数字化的过程就是“关系”在量上的积累过程；而“关系”被数据化的过程才是“关系”在质上的飞跃过程，同时，这也是“关系”真正产生价值的过程。这就从另一侧面证明了：对于关系的分类聚合在关系资源的挖掘中确实具有重要意义。

除了关系的分类聚合以外，“关系”即数据的价值还体现在哪些方面呢？维克托认为，在大数据时代，数据挖掘的精髓基于三大转变：

其一，从随机采样向全体样本的分析转变。维克托指出，在过去的时代，由于受技术的限制，人们依赖于采样分析的方法，并希望通过有针对性的采样分析来推断总体上的趋势。然而，事实却是，即使是被人们认为全面的采样方案，依然会遗漏掉诸多细节；而在大数据时代，由于使用的是全体样本，这便使我们的分析和预测更加精准了，并且让我们看到了以往无法看到的细节。

其二,从追求精确度向掌握大体的分析转变。在过去的时代,我们总是习惯于寻根究底,虽然问题在最后也能被解决,但过程却耗时耗力,并且在我们面对新问题时,重复的"辛劳"仍将会继续;而在大数据时代,我们不再沉迷于精确度了(事实上,大量的数据也不允许我们这样做了),掌握大体趋势便能够预测未来,这为我们节省了很多时间,从而让我们能够做更多的事情。

其三,从因果关系向相关关系的分析转变。寻找"为什么"是人类长久以来的习惯,即使它用途不大,人们还是乐于去追寻它;而在大数据时代,我们无须知道"为什么",依然可以解决问题,因为"是什么"已经将一种可能性的答案告诉了我们[14]。

综上所述,社交媒体中的"关系"是一种可以数据化的社会资源,这无疑给"关系转换"提供了一条有效的实现路径。

四、"关系转换"的实现路径

将维克托的三大转变,投射到社交平台的"关系转换"上,我们不难发现,从全体样本到相关性的解析,社交平台正发挥着数据过滤的作用,实际上,它已经悄无声息地取代了传统第三方测量在用户与传媒组织之间形成的中介价值。而这样的"掘取"方式,使得社交平台在整个信息产业服务中的中间地位更加权威了。以下是社交平台数据挖掘与关系价值生产的流程示意图(图2)。

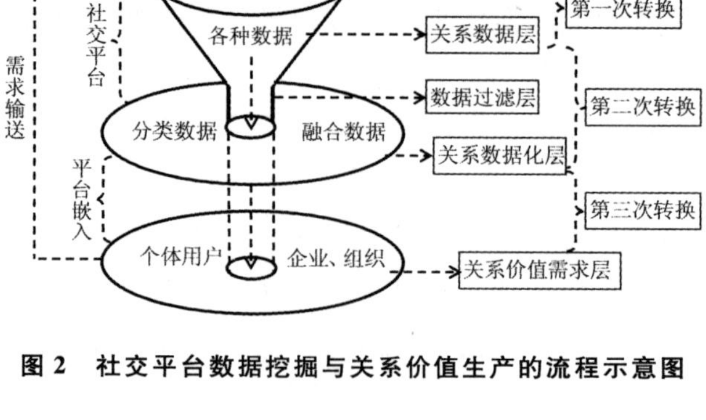

图2 社交平台数据挖掘与关系价值生产的流程示意图

笔者发现，在大数据时代，“关系转换”主要形成于三个层面，即从个体关系向关系数据的转换，从关系数据向稀缺数据的转换，从稀缺数据向关系价值的转换，而在维克托看来，这就是关系从量变到质变的过程。而其中，从个体关系到最后关系价值的形成，这就是社交平台将用户社会属性向媒体经济属性转换的过程。目前，在业界实践中，经常提及的“流量变现”“转换率”或“折现率”，也是对这一现象的描述。因此，从个体用户关系向平台生产关系的转换，成为如今传媒业关注的焦点。

“关系转换”是在“关系革命”的背景下提出的，而“关系革命”的动因之一在于媒介技术的发展。试想，倘若没有云计算，电脑的存储量也未达到以 PB 为单位(PB 即 Petabyte，千万亿字节，1PB＝1024TB)，那么大数据时代还会来临吗？关系革命还会爆发吗？因此，正视媒介变革的力量，这是探讨“关系转换”的条件之一，同时也是本文为什么要选择社交媒体作为环境变量来进行考察的主要原因。在 Web2.0 时代，以 Facebook 为代表的社交新媒体的出现，给人类社会的生产和生活方式带来了颠覆性的影响。为什么在传统媒体的时代，这种颠覆性的价值并未产生呢？而为什么带来变革的是 Facebook 而不是 Google 呢？国金证券在《“大数据”专题分析报告》中指出：“谷歌确实在关注个体，它也是大数据技术的奠基者之一，然而它停留在满足用户需求的层面上，很难使其与传统的企业联系在一起，也就是说，谷歌在互联网中称雄但丝毫不影响海尔在传统市场里称霸。”[15] 而 Facebook 的出现却不同，它以其良好的技术性(SNS 社会性网络服务)、交互性以及创造性(UGC)，让人们可以自由地组合在一起，它使得大众传播回归到人际关系的层面上，对于个体价值的重视，使得 Facebook 的平台性得到了空前提升。在传媒语境下，平台性具有两层含义，其一是介质，其二是中间性组织[16]。这种作为中间性组织的角色强化，使得 Facebook 更侧重于意义服务的建构与提供，这也就导致了其平台的聚合性大大增强——以“关系”为核心的聚合方式，使得技术功能、信息内容、互动数据……不断地向媒介平台靠拢，现实与虚拟，线上与线下正形成着交互，而这样的变化无疑是颠覆性的。

因此，社交媒体的价值实现已不同于传统媒体或门户网站，它的转换路径已发生了变化，我们不能再以传统媒体的思维来衡量它，应当转向的是关系平台的建构，即“关系转换”的结构。

五、嵌入性结构中的"资源流"

结构功能主义认为,结构的改变将导致系统整体功能的变化。而在社交平台中,"关系转换"的结构又将如何呈现呢?麦尚文博士根据"嵌入性"理论,率先提出了传媒产业的关系"双重嵌入"模型(见图 3),他指出:"一方面传媒应当嵌入公众生活的个人网络中,融入个人的工作、生活及消费圈,把握他们的需求逻辑。另一方面,传媒产业自身又镶嵌在它所处的社会网络之中,成为巨大社会网的一个节点,受到特定经济、文化与制度背景的制约。"⑰

而作为中间性组织的社交媒体,它毫无疑问地属于传媒产业的一部分。按照这一逻辑,笔者认为,在社交媒体中,"关系转换"同样呈现出双重嵌入的结构,但不同的是,在嵌入的过程中"关系转换"还伴随着社会资源的流动,就像建筑中的管道系统一样,在关注管道的结构安排时,更要关注里面的水流问题——水流的方向如何,流动是否通畅等。而在此层面上,伯特的"结构洞"理论为我们提供了良好的视野。

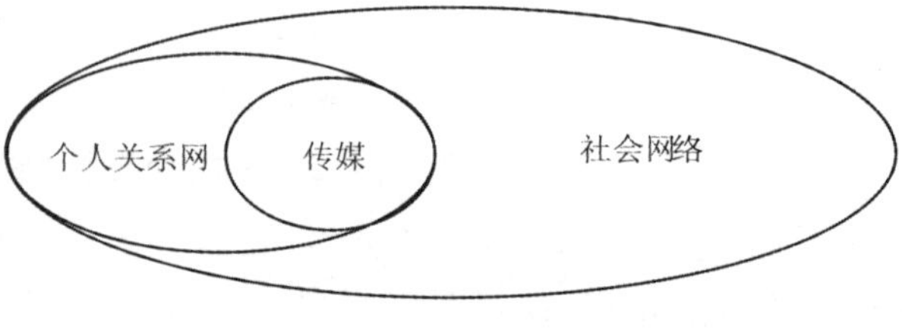

图 3 传媒产业的关系"双重嵌入"

"结构洞"理论认为:"社会网络中某个或某些个体和有些个体发生直接联系,但与有些个体不发生直接联系、无直接或关系间断的现象,从社会网络整体看,好像是网络结构中出现了洞穴。"⑱如图 4 所示,网络中共有六个参与者,从图中可以看出 A 的"结构洞"最多,他与 B、F、C 都有直接的联系,并且不存在封闭的形式,因此 A 可以从其他三人身上获得不重复的社会资源,并且获取资源的渠道很便捷,其速度也将很快,因此 A 的关系转换最容易形成,并呈现出一种开放式的扩张结构;但 D 与 E 就不同了,如果没有 B 的推荐,那么 D 与 E 将会处于一种封闭的状态,而他们获得资源的渠道和速度将会大打折扣,并且资源的同质性会增强,进而导致关系转换的闭塞。因此,我们说个体"结构洞"的数量与个体关系转换的"资源流"成正比。而在图 4 的整体结构中我们又可以看到,A 与 B 所处的位置至关重要,倘若 A 与 B 的结构洞被填补,那么图 4 整个系统的"资源流"将会形成,并且从任意一个节点开始都能形成扩展,经过一段过程后,又都形成回流(比如从 A→B→E→D→A,这就是一个资源的回流过程),而此时的回流则意味着新的关系在更大范围中形成了闭合。实际上伯特的"结构洞"与格兰诺维特的"弱关系桥"概念有异曲同工之处,倘若以"弱关系"来填补结构洞,当回流次数增多并达到一定的关系度时,封闭结构依然会形成,但不同的是,开始的那个节点便会与回流的最后一个节点形成强连接。这时又假想,图 4 的结构是无限放大的,那么"资源流"将会无穷大,"资源回流"也将无穷大,每个节点获得的收益也将无穷大。而这一抽象的假设在社交媒体中存在着极大的可能性,因为日益成熟的 SNS 推介机制以及社交媒体中的意见领袖(如微博认证用户、公用大号甚至是各种短链接等)都在不断地与用户发生弱关系,并通过实实在在的利益使得弱关系向强关系转换,以此来填补结构洞,实现共赢。当前在社交媒体中颇为流行的事件营销以及微博救助等案例,意见领袖或短链接的转发很大程度上成为该事件或新闻形成影响力的转折点。

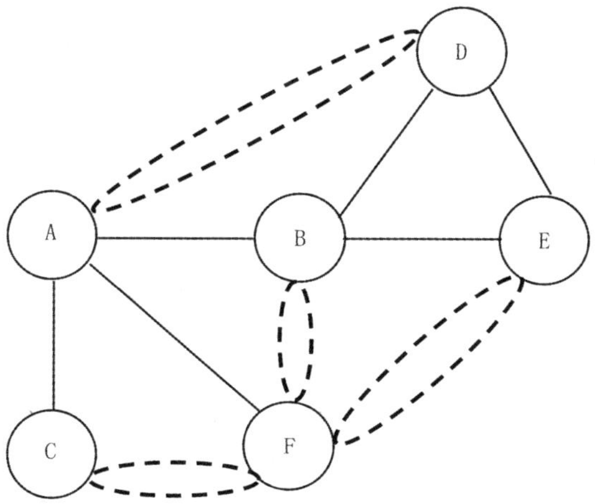

图 4 "结构洞"理论示意图

注:A、B、C、D、E、F 代表不同的人;实线段表示已有关系,虚形椭圆代表"结构洞"。

因此,社交媒体的"关系转换"是在双重嵌入的"资源流"中实现的功能价值。

而“资源流”的效率与质量以及“资源回流”的可能性“反补”将会成为平台功能扩展与维持的关键性因素。而“资源流”的质量以及“回流”的“反补”又是通过关系在结构中的位置实现的。由此可见,关系结构的嵌入性,就是要建构合理的节点位置,从而实现关系质量的优化。比如,对于小军而言,如果他在微博中的粉丝既有商界人士,又有体育健将、媒体好友、政界官员,那么他的这些关系在转换成资源时,就会比粉丝中只有商业人士的小明获得更多收益。而倘若小军通过小明又认识了小红,这时小军和小红可能是弱关系,但在某件事情上,小红对小军形成了帮助,这时“关系”便形成了一次回流,而小军则会意识到小红对于他来说确实很重要。而当这种“反补”增多后,小军和小红之间就可能不会通过小明进行间接联系了,这时小军和小红的弱关系就会很大程度上指向强关系的连接。由此,关系转换的价值得以形成。

社交平台的作用正是要建构这样的结构功能,它一方面能使个体用户与其圈子内的人展开互动、共享资源、维系关系;另一方面,它又要能打破圈子内关系的封闭性,通过突破时间、空间和物质成本的限制,形成更多、更好的“资源流动”,并赋予个体最大程度的机会,使得个体能嵌入到另外的圈子中,并顺带将自身的圈子与外界的圈子发生关系,形成交集,从而增强转换的可能性,并在整个社会网络中实现嵌入。毫无疑问,关系转换的目标是通过个体价值最大化来实现平台价值最大化。

注释:

① 图 1 来源:黄清源、覃燕妮、罗序文:《SNS 建构互联网公共领域的功能》,《新闻前哨》2011 年第 7 期。

②④ 王怡红:《关系传播理论的逻辑解释——兼论人际交流研究的主要对象问题》,《新闻与传播研究》2006 年第 2 期。

③ 韩亚、陈先红:《关系传播:Web2.0 时代的传播偏向》,华中科技大学新闻与信息传播学院硕士论文,2008 年。

⑤ 尹韵公、吴信训、刘瑞生:《中国新媒体发展报告(2012)》,社会科学文献出版社 2012 年版,第 83 页。

⑥ 工具理性名片 . 百度百科 .[2013-01-18]. http://baike. baidu. com/view/1265371. htm。

⑦ 彭兰:《从社区到社会网络——一种互联网研究视野与方法的拓展》,《国际新闻界》2009 年第 5 期。

⑧ 喻国明:《“关系革命”背景下的媒体角色与功能》,《新闻大学》2012 年第 2 期。

⑨ 麻震敏、冯利芳、艾童心:《社交价值让渡:腾讯构筑开放生态圈》,《成功营销》2012 年第 4 期。

⑩ 喻国明:《关系革命背景下传媒发展的关键词》,《声屏世界 · 广告人》2012 年第 7 期。

⑪⑬⑭ 〔英〕维克托 · 迈尔-舍恩伯格,肯尼思 · 库克耶:《大数据时代》,盛杨燕、周涛译,浙江人民出版社 2010 年版,第 20、64-73、34-58 页。

⑫ 〔美〕尼古拉斯 · 尼葛洛庞帝:《数字化生存》,胡泳、范海燕译,译林出版社 1995 年版,第 184-

233 页。

⑮ 《"大数据"专题分析报告》,国金证券,[2011 — 12 — 07]. http://wenku. baidu. com/view/722aa86858fafab069dc023f. html。

⑯ 郑爽、谭天:《媒介平台理论初探——一种新媒介组织的思考》,暨南大学新闻与传播学院硕士论文,2011 年。

⑰ 麦尚文:《关系编织与传媒聚合发展——社会嵌入视野中的传媒产业本质诠释》,《国际新闻界》2010 年第 1 期。

⑱ 陈婷婷:《结构洞:关系的制胜点》,《三峡大学学报》2007 年第 6 期。

移动的广播*

——技术进步与广播的发展趋势

◆ 潘可武

按照加拿大传播学者马歇尔·麦克卢汉的说法，人类的信息传播经历了口语传播、文字印刷传播与电子传播等阶段，传播的形态既取决于人类延伸自我、生存发展的渴望，又取决于当时的物质基础，其中技术起到关键作用，尤其是进入基于计算机技术的新媒体发展阶段。

广播是基于电子传播的传播形态，技术制约了其收集、制作、传播与反馈的模式，也影响了广播的商业形态。从调频调幅广播、数字广播、网络广播到移动广播，无不建立在技术的进步之上。本文将探讨移动互联网、移动多媒体等技术基础上的广播新形态，分析人类通过对技术的追求与自身延伸的努力所塑造的媒介景观。

一、人类对移动的愿望

据《淮南子》记载，中国的祖先"见飞蓬转而知为车"。飞蓬是一种草，其茎高尺许，叶片大，由于根系入土浅，因而遇到大风的时候，很容易被连根拔起，随风旋转，受此启发，古人发明了车轮和车。车的发明使人类轻易实现自身与资源的位移，延伸了自己的行走范围。而又有刘向《世本》记载"古居者观落叶，因以为舟"，古代中国人从落叶掉在水面上浮而不沉的现象而获知船的原理，由此拓展了人类行走的方式，认识了江河湖海与地球。飞机等各类飞行器、移动通讯等都见证了人类强烈的移动愿望与实施的足迹。这些技术进步，构筑了现代人类基本的不断变化与流

* 原载于《现代传播》2013 年第 11 期。

动的生存景观。

与此同时，媒介从口语、文字、印刷媒介、电子媒介到今天的基于计算机、互联网、移动多媒体等技术的新媒体的发展历程，不仅反映了人类交流、交往、文明传承、记忆保存等愿望，也反映了人类突破距离制约和空间禁锢的种种努力。

一方面，通过各种发明，人类实现了移动的生活；另一方面，移动的现实条件反过来构成了人类生存之境，人类被环境所塑造，从而使用着移动的设备，过着移动的生活。碎片化成为移动生活的一个重要注脚，所谓碎片化即 Fragmentation，意为完整的东西破成诸多零块。碎片化的研究源于 20 世纪 80 年代对后现代主义的研究，在我国由以中国传媒大学黄升民为代表的学者们把碎片化引入传播学的研究中，认为由于社会分阶的加剧，意识形态与生活方式的多元化、个性化等，造成社会生活的碎片化。反映在媒介上，出现媒介信息的碎片化，媒介使用小众化。尤其是以互联网、移动智能终端等为基础的新媒体的发展，其可移动、便携、广泛的网络覆盖等功能，让智能手机、智能平板电脑等新媒体随身而动，填充消费者坐车、乘机、搭船出行的片刻。而媒介的服务也通过无处不在的信号，追随人们的脚步，以短小精悍、强大的视觉与听觉等感觉的刺激，随时填补消费者消磨时间的空隙。

从宏观看，基于生存与发展本能，人类不断拓展自己的移动能力，在时间、速度与空间、广度上不断突破，展示了人类一种向上的积极力量。

从微观看，基于交流的需要，人类进化出语言、文字，使用印刷媒介、电子媒介等来延长传播的距离。一方面拓展生存空间，媒介的演变过程正是人类不断拓展生存空间一个侧影；另一方面，媒介不断发展，影响了人类的发展和移动方式。

广播是人类远距离交流愿望的产物，无远弗届的信号与便携接收设备，让人们在地球的各个角落都能够体会到世界的搏动、感知文明的存在。进入 21 世纪，移动技术的发展，让人类在移动的过程中更便利地传播、感知与使用各种信息。

二、广播数字化与移动生活

媒介的发展取决于技术条件与受众的使用，广播的移动化一方面是技术提供了移动可能，另一方面，移动生活成为普遍的生活状态。

（一）移动的技术

广播的数字化让广播更加方便移动。第一次广播数字即 DAB 试验是在 1988

年的日内瓦世界咨询无线会议(warc)上进行的。目前欧美各国、中国和亚洲其他国家已开始发展数字广播系统。较早开始数字广播的美国,其数字广播的份额已经达到5%~6%左右。1995年,根据加拿大广播电视及电信委员会实施数字广播的政策CRTC 1995－184号,加拿大广播电视及电信委员会确定了数字广播分两步走,即短期内,确立过渡阶段办理颁发数字广播执照的办法,长期内,向公众推开数字承载(DRB)等,现有的AM和FM广播优先但不排他性地进行数字化。

我国政府高度重视广播电视数字化工作。上个世纪90年代初开始DAB广播的立项研究;1996年,数字音频广播项目被正式列入国家重点科技产业工程之一;2005年4月,北京人民广播电台开始试播DAB和DMB;2006年5月,国家广播电影电视总局发布了国家数字音频广播标准。

相对于传统广播,数字广播具有明显优势:第一是音质清晰、纯净,堪比CD音质;第二是抗干扰能力强,收听效果好;第三是适合于便携和移动收听,快速移动时抗干扰能力强。此外,数字广播除了音频节目还可以提供数字多媒体广播和数据服务。其中第三点适用于移动收听的特点正是移动广播的技术基础。

(二)移动生活

移动的生活,主要是指基于移动通信、移动互联网与车载系统的生活方式。据统计,近年来,我国移动互联网用户规模呈现迅猛增长态势,月同比增长率均在18%以上,用户数已从2010年4月的4.33亿户上升至2013年8月的8.28亿户。尽管固定互联网宽带接入用户也呈稳步上升趋势,用户数从2010年4月的1.11亿户上升至2013年4月的1.78亿户[①],但是移动互联网用户规模远大于固定互联网宽带接入用户规模,且前者保持的优势逐渐增大。

消费者可以通过使用电脑无线上网卡或者手机直接上网的方式接入移动互联网,而通过日常使用的手机直接上网成为主流。据统计,手机上网用户数已从2010年4月的4.19亿户上升至2013年4月的7.78亿户,手机上网已成为互联网用户最主要的上网方式。随着3G移动电话用户的普及,3G上网用户的规模不断扩大,达到2.50亿户,占移动互联网用户比重的31.7%。[②]可以说我国已经进入移动互联网时代。

2012年全国民用汽车保有量达到12089万辆,比上年末增长14.3%,其中私人汽车保有量9309万辆,增长18.3%。民用轿车保有量5989万辆,增长20.7%,

其中私人轿车5308万辆，增长22.8%。[3]汽车用户随着汽车数量的增长而增长，这些汽车用户成为广播媒介中有消费能力的重要人群。

移动的生活促进对移动媒介的消费，广播作为移动媒介重要的类型也逐渐成为消费者热衷使用的媒介。建立在智能电脑(笔记本、iPad等)、智能手机以及车载设备之上的广播，以移动终端的方式重构了广播传播的平台，广播不仅通过电波传播、收音机来接收，同时还可以通过有线网络与各种移动平台来传播与接收。移动广播不仅成为广播新的增长点，而且越来越成为最重要的传播方式，我们也正是在这个意义上来定义广播的未来。

三、移动的广播

数字技术的发展让广播更具有可移动性，尤其是无线卫星在广播中的应用，极大地增加了广播的覆盖率，随地移动成为可能。移动互联网与通讯技术的进步逐渐构架了广播的新兴移动平台，如建立在智能手机与iPad上的各类App应用。从生产角度而言，新兴移动平台提供了移动制作与传播的技术基础。

(一)App广播

App即客户端应用程序，基于互联网与移动通讯技术的App逐渐成为各种媒介进入同一平台的接口，实现了媒介的融合，因而移动平台上的广播与传统的广播不同。一方面，在形态上发生了变化，不仅仅以声音为载体，图片、文字等都成为广播的一部分；另一方面，广播不仅仅通过电波来传播，还通过有线网、移动终端等来传播，在新的技术条件下，广播从形态到传播渠道都具有质的变化。

App还体现了网络应用的社交性、交互性与开放性，兼容了传统媒体与新媒体，包容了模拟与数字广播，成为广播数字化的重要表征。

以广播为依托，中央人民广播电台全面开展新媒体业务，丰富各类传播形式，除了中国最大的广播音频网站"中国广播网"及"中国民族广播网""你好，台湾网"、网络电台"银河台"等网络台，还开办了1套手机电视频道《央广视讯》及3套手机广播节目。通过苹果App或者安卓系统下载央广手机台即"央广新闻""听天下"和"中国之声"，可以观看和收听省级卫视及央广自有频道的直播、歌曲MV、电影、电视剧、旅游、预告片以及央广自制节目等版权内容的点播。音频内容包括中央人民广播电台全部广播频率及多个地方广播频率的直播。中央人民广播电台通过手机平台不仅提供权威的独家新闻、海量的资讯,还提供强大的收藏功能与互动社区,逐渐形成个性化订制与网络社交的功能。

未来,媒介发展的方向是“定制传媒”,即为用户提供个性化的需求满足解决方案,而App通过手机等终端实现对用户随时随地需求的服务,为这一概念的现实应用提供了可能。对于广播电台来说,符合用户个性化、陪伴性需求的广播定制产品也是其与App应用融合的未来发展方向。

目前,已经有一些电台类App在向此方向迈进,主要集中在音乐、综艺和时尚领域。比如最新推出的Pandora、Spoitfy等,都是在借助数字音乐产品走向用户定制化服务,通过“采集音乐类型喜好、用户属性、收听环境等信息,进行数据处理,智能匹配推荐用户歌曲”[④]。

在加拿大,Sirius XM加拿大App为消费者提供加拿大卫星广播公司的艺术家频道,可以通过iPhone、iPod touch、iPad等移动设备收听,内容包括各种类型动人的音乐、现场演出等免费资源,在谈话和娱乐节目中倾听广播明星包括玛莎·斯图尔特(Martha Stewart)的谈话。此外,CHUM Radio iPhone App、Corus iPhone App、Rogers Digital Media iPhone App等都比较具有影响。[⑤]

在美国,广播电视网络和当地广播台主要依靠收听或收视率带来广告收入,同时通过扩充内容业务,在新平台上做广告,开发频谱以及传播渠道。NPR等公司将移动应用作为扩大听众规模的新的业务增长点,着重于交互性以及基于数据的报道。2012年该公司的News App月平均访问量为340万,苹果手机App下载量为85.9万人次,苹果iPad App下载量为64.3万人次,而该公司的安卓App下载量为170万人次。[⑥]

欧洲的广播也正面临着互联网、地面宽带以及移动技术方面的巨大压力。目前已经有很多国家将72 MHz频谱划拨给移动运营商,尽管广播商可能不愿意接受整个广播业在改变的事实,但为了可持续性以及创造更好的未来,广播需要吸取移动的力量。

广播移动应用在全球范围内的迅速发展,使受众和广播内容之间的关系发生新的变化,广播制作传播机构在满足受众需求,追逐经济与社会效益的过程中,运用与拓展了移动技术,塑造了移动收听的行为习惯,受众不仅能够更多地参与到一个交互的广播平台,享受技术带来收听、反馈便利的同时也重塑了广播性质与生态，对受众评估、内容、用户导向和界面、广告销售等方面带来新的利益挑战。

（二）车载广播

当电视出现以后，广播曾经面临着受众群体流失的巨大危机，这种危机与报纸曾经面临广播的冲击而发生的危机相类似。有意思的是，报纸与广播都获得了重生，传媒的竞争使得广播回归本质，更具特色。其中，汽车进入普通家庭挽救了广播，特别是在美国，车轮与干电池拯救了广播，这就是移动的力量。一方面，干电池使得收音机更便于携带移动，另一方面，汽车成为广大民众的另一个生活空间，广播具有一边开车、做事而随意可听的特点，这也成了汽车里移动的信息与娱乐空间。当广播营销面对众多有消费能力的车主时，移动广播为广播产业提供了重要广告来源。

在国内，交通广播向来是广播台最重要的创收渠道。赛立信数据显示，我国驾车人士广播接触率高达99%，其中有大约2/3的驾车人士每天都收听广播，平均每天收听广播超过3小时，是普通听众的2.5倍以上。[⑦] 这些有消费能力的车主成为广播的窄播对象，各种节目围绕汽车移动生活而定制，各类广告也具有清晰的传播对象与可预期的经济回报。

当广播数字化，卫星进入广播传播进程中之后，可以认为有车的地方即有广播。世界上最大的纯音频娱乐公司——美国的SiriusXM卫星广播公司，目前已经允许用户通过超过800种终端来接收其广播内容，包括汽车、轮船、居家、办公室、各类移动设备等。SiriusXM还为汽车生产了多种专用终端，并详细地列出了多个可以收听它的汽车品牌和型号，他们的口号是“你在哪儿，我们在哪儿”。

SiriusXM加拿大公司合并前，加拿大国内有两家数字卫星公司CSR和Sirius，其中CSR已经和许多汽车厂商达成协议，在汽车厂生产的汽车中安装卫星广播，2005、2006年通用汽车已经安装100000辆车。2007年Sirius则在厂商和经销商的超过159种的车型中安装了数字卫星广播[⑧]。即使在隧道、地下停车场，都能够接收清晰的数字卫星信号，真正实现了哪儿有车哪儿有清晰的数字广播。

此外，基于智能手机、智能平板电脑的安卓系统应用和基于移动互联网与移动通讯技术之上的各种播客等都构成了移动广播的终端平台，构筑了广播移动传播的生活景观。

(三)移动的制作机构

传统的广播制作依赖于专业记者采集、大众传播机构的把关与传送,传播者与受众之间是一对多的关系,两者间的关系呈弱联系状态。当电话、互联网与手机介入到广播的传播过程时,受众与传者之间的互动,使得广播逐渐具有社交网络媒体的特点,传者与受众之间的关系呈较强的联系状态,从而使得受众对广播具有使用习惯的黏着性。

当跨越技术门槛,普通受众可以更便利地为广播提供素材、提供节目的时候,一些广播的应用、广播台等具有自媒体的性质。如美国 NPR 即美国国家公共广播电台的《心动故事》(*Snap Judgment*)、英国 BBC 即英国广播公司的《新闻竞猜》(*The News Quiz*)等节目由受众提供,广播编辑仅起到把关与管理的作用。

尤其是基于移动互联网、智能手机的播客应用,可以认为自助的播客是一种全新的广播形式,充分体现技术提供的移动便利的特点。一方面,在接收终端,受众的主体意识得到充分的尊重,自我选择的内容、时间以及与他人分享的方式都可以是个性化的。另一方面,在传播开始,专业传播机构与个人都可以建立播客,为受众提供内容,播客具有成为个人化媒体的性质。此时,内容的采集与传播由于技术的特点与可能性而具有随时随地移动的特点。

据媒介技术检测辛迪加报告,截至 2012 年 8 月,加拿大播客用户使用播客收听节目的比例包括法语听众和英语听众都超过了 30%[⑨],多媒体移动平台成为广播产业新的增长点。总体而言,播客以及广播移动平台的各种应用,既拓展了广播的生存与发展空间,广播的制作传播也具有移动的特点;同时,受众对于种种移动终端的使用习惯改变了广播的形态,移动广播成为广播中最有活力的部分;另外,由于技术的可能与受众需求,移动广播不仅仅能够传播声音,而且还能够传播视频,广播成为以声音为主的多种载体并存的媒介形式。

四、未来的广播

1994 年,传播学者朱光烈认为,一方面媒体可以由公众自由地使用,另一方面政府必定不会放弃对于传播的控制,到时,传播工作者的命运将是大可怀疑的。“在安徒生的童话里,当太阳升起的时候,可爱的海的女儿就化为泡沫,不复存在;

在未来时代里，当信息高速公路这颗21世纪的'太阳'升起的时候，我们现在这类可爱的大众传播工作者，也将化为泡沫，不复存在。海的女儿化为泡沫归入大海，大众传播工作者化为泡沫归入社会。社会是人的大海。"⑩

信息公路的发展将改变媒介的命运，技术进步改变媒介人的生态，裹挟在数字化潮流中的广播再次面临着挑战与机遇。广播在素材采集、制作、传播与接收终端上都发生了巨大变化，不仅仅收听终端移动化，而且采集制作一端也具有移动的性质；在形态上，广播不仅能够传播音频，同时也能够传播视频；广播将更加方便随时携带与收听；由于数字卫星的服务，车载的广播空间塑造了移动的生活与移动的广播。由于广播可以分心收听——比如一边做事一边收听的特点得到强化，其方便性将增加其存在的力量。

加拿大广播公司2015年的愿景规划是，通过广播、电视、互联网与卫星等渠道为加拿大人提供随时随地随意的媒介服务（CBC-Radio/Canada is available how, where and when Canadians want it.），未来的广播必将是随时随地随意的，这根植于人类不断追求方便、有用、生存与发展的内在需求，而对于广播的需求正是基于移动技术的发展，当人类延长了自己的耳朵，以后所有的收听都是基于技术性的，人类有控制技术的欲望，而技术将塑造人类广播收听的新景观。

注释：

①② 工信部运行监测协调局：《2013年8月份通信业经济运行情况》，http://yxj.miit.gov.cn/n11293472/n11295057/n11298508/15635606.html。

③ 《中华人民共和国2012年国民经济和社会发展统计公报》，http://www.stats.gov.cn/tjgb/ndtjgb/qgndtjgb/t20130221_402874525.htm。

④ 引自艾瑞咨询发表报告《传统广播电台移动互联网化高使用时长凸显用户黏性》，载中国广告网 http://www.cnad.com/html/Article/2012/0904/20120904113727232.shtml，最后浏览时间2013年1月16日。

⑤⑨ 潘可武：《新媒体时代的加拿大广播及其趋势》，《中国广播》2013年第10期。

⑥ 宋青：《为受众需求而变——新媒体环境下国外广播节目发展特点及趋势分析》，《中国广播》2013年第6期。

⑦ 王小敏：《私家车广播的受众特点与节目分析》，《视听研究》2013年第6期。

⑧ 数据来源：加拿大广播电视与通信委员会 Communications Monitoring Report 2012，http://www.crtc.gc.ca。

⑩ 朱光烈：《我们将化为"泡沫"——信息高速公路将给传播业带来什么？》，《现代传播》1994年第2期。

大视频时代与大视频广告*

◆ 段晶晶

众所周知,全球已掀起了媒体势力格局新的一角。始于年轻人群,拥有新观看习惯的人群规模迅速膨胀,人们普遍逐渐形成了新的媒体收看方式。观看视频时,人们已从单独关注电视屏幕,发展为将电视和网络视频平台相结合,由此驱动媒体版图发生了急速的变化,多屏(multi-screen)和多屏视频(multi-screen video)的概念受到了越来越多的关注。

在国内,由受众媒介使用方式的改变所呈现的多屏端视频观看现象则出现得略晚,其大视频环境的发展趋势与近年来网络视频应用的快速发展密切相关。据艾瑞数据显示,2013 年 1 月在线视频媒体播放覆盖人数达 4.5 亿,在线视频媒体播放人数趋势保持稳步上升,在线视频媒体总有效浏览时间为 36.2 亿小时[①]。另据 CNNIC 报告的数据显示,截至 2012 年底,我国手机视频用户同比增长近 70%,总数已达 1.3 亿,是增长最快的网络应用领域之一[②]。

网络视频的增长情势,使得视频媒体的客厅电视广告形式一枝独秀的格局被打破,"电视+网络视频+户外 LCD 视频"的大视频广告市场前景广阔,奠定了当前不容忽视的大视频广告新格局的基调。

一、延续:从电视到大视频[③]时代

大视频环境是在数字技术发展的背景下,由新技术推动的,是对电影、电视出

* 原载于《现代传播》2013 年第 11 期。

现后的动态影像(视频)巅峰时代的一种延续与发展。大视频对客厅电视视频时代的"延续"奠定了大视频广告的基调。但同时,大视频对客厅电视视频时代的"发展"也是有目共睹的。"发展"意味着大视频环境下的媒体价值创新,而"延续"与"发展"两者可共同界定当前大视频环境的全貌。

(一)大视频时代的延续

在过去的一个世纪,视频逐渐取代文字和口语,成为人们生活中最主要的信息传递方式,并最终带来了巨大的社会影响。十余年前,人们乐于在下班之后,回到家中打开电视机,在等候与选择间享受家庭中的闲适。"看电视"成为人们的生活背景之一。

视频赋予了客厅电视这一主导的视频屏端一种令人沉迷的魔力。有两类最主要的因素推动了客厅电视魅力的形成,其一是电视所播放的视频在可视的、连续画面的特点,以及具备声音、文字及情节等良好的表达效果等方面远超其他媒体;其二是视频在形成观众接触、认知的基础上,具有超强的维系社会行为的影响力。

在由客厅电视所主导的视频时代,当电视媒体获得大规模受众后,依托于视频内容所推送的视频插播广告成为客厅电视媒体获利的主要方式。为此,视频与其观众的关系被转换为收视率和收视规模等商业指标,收视率进而成为"广告商与电视网之间进行受众商品买卖时共同接受的一个基本规则"④,并由此建立起了描述媒体价值的一系列货币化理论和工具。在客厅电视成为传递商业和非商业信息的主导媒体时,收视率和收视规模这些建立在视频社会影响力基础上的商业指标,在过去的几十年都一直在提交着惊人的好成绩。

而在大视频时代,这种魔力并未改变,只不过传播视频内容时可使用的视频屏端种类更为丰富。手机、PC、平板电脑成为人们追随视频内容的新屏端,而推送视频广告仍然是诸类视频媒体的主要获利方式。

辨识大视频对以往客厅电视视频时代的延续性,锁定客厅媒体在当今大视频环境中的主导地位,可以帮助我们准确地判断今天大视频所获得的发展现况。

(二)大视频时代的发展

从全球范围看,受众已普遍接受客厅电视以外的几类新的视频播放屏端。伴随多种视频屏端的出现以及融入生活,视频环境迎来了新发展、新景象:

1. 网络视频发展改写视频格局

在每种新媒体与新媒体应用出现后，首先都需要培养出一定规模的早期用户（早期技术采纳者）。在一定的阶段内，这些作为广告目标受众的早期用户是否在规模与使用量上具有强劲的增长潜力，将成为这些新媒体（或新媒体应用）能否获得持续发展的原动力。若以此评判各种视频屏端的市场地位，通常可以从视频屏端的拥有量、受众规模及收看时间长度等指标数据及对应增长数据来衡量。

直至今日，以视频屏端的拥有量、受众规模及收看时间长度等指标来衡量，虽然客厅电视媒体仍是各视频屏端中不可否认的主导者，但随着 PC、笔记本电脑、平板电脑及智能手机的推广，网络视频的地位也已不容忽视。艾瑞发布的《2012 年度中国互联网广告核心数据》显示，2012 年中国网络视频以 90％的网民渗透率在 2012 年 5 月超越了搜索引擎，成为第一大互联网应用，广告营收占网络广告总营收的 7.5％，表现出极大的增长潜力[5]。

最重要的是，正是由于 PC、笔记本电脑、平板电脑、智能手机等屏端的迅速推广丰富了视频播出的屏端，各屏端为生活者提供了各种不同收看方式与特点；而网络视频带有的视频点播、互动和社会化功能，则激发了生活者对视频的第二轮狂热兴趣。这些恰恰成为推动大视频环境形成的根本因素。

2. 个人移动视屏拓展大视频价值

智能手机和平板电脑作为网络视频播放屏端，在近期逐渐趋向普及，他们所获得的发展不但意味着网络视频价值的拓展，还意味着视频移动播放时代的到来。智能手机和平板电脑是更新、更强大的屏端设备，此类视频终端的移动性增加了视频接触生活者的时间、空间占比，为大视频的应用特征补充了重要的价值点。由于生活者的流动行为，智能手机和平板电脑将推动大视频成为一种真正的生活方式。

3. 公共户外视屏补充大视频价值

从屏端普及的时间段来看，公共户外视频屏端出现、普及得更早一些，但其在大视频环境中所表现出的突出作用，则需要在以客厅电视及网络视频共同形成的大视频环境中才得以被更深刻地呈现出来。

公共户外视屏以楼宇视屏（LCD/LED Screens of Buildings）、卖场视屏（LCD Screens of Retail Stores）、车内视屏（LCD Screens of Vehicles）等几类 LCD/LED 视频屏端为主，是大视频格局中的重要补充屏端。其补充性主要体现在：公共户外视屏对受众的视频观看心理、观看环境、认知特点等方面都表现出了鲜明的价值。

显而易见，大视频格局的发展在于利用视频多屏端，这极大地改写了视频的消费方式，并将视频消费的便利性拓展到以往客厅电视视频时代难以想象的程度。

如上文所述，近年来在全球范围内受众对跨越多视屏的视频服务需求都是明确存在的。多屏端改变视频收看方式，使得视频得以伴随生活者的移动与意愿随处播放，更可覆盖生活者更多的时间段和空间范围。诸种视频屏端作为大视频的主角进入生活，大大激发了视频格局的价值增长，最终得以在延续电视视频时代的基础上，创造出一个新的视频时代。

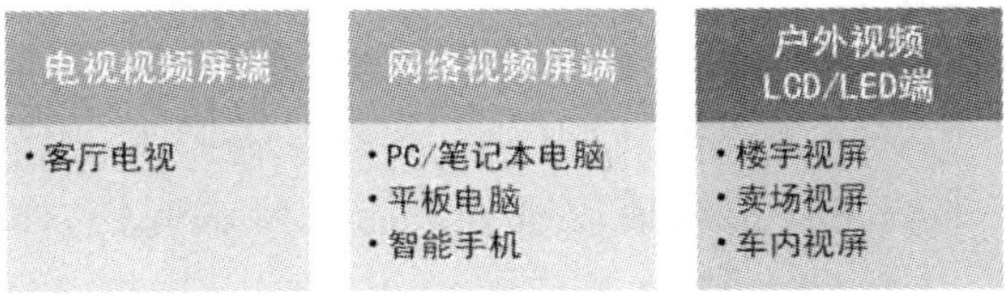

图1　大视频屏端种类

（三）大视频的界定

由于与视频产业相关的各类组织对大视频产业的关注视角各自不同，导致了对大视频的界定会有不同侧重，其中视频内容视角的大视频以及广告视角的大视频是需要我们进行甄别的两类界定。

借助高速网络的接入，生活者们通常可以借助任何一种屏端自由地观看视频内容，当受众游走在三屏或四屏间时，他们接触到的是大视频环境中的第一类视频广告播出方式：以具有价值的视频内容以及便利的视频应用软件维系大量视频用户，并借助规模用户对视频娱乐、新闻、教育等节目/内容的兴趣，在每个用户视频管控的私属空间、私属平台，向他们推送大量的插播广告或植入广告。

以内容制作方与视频媒体方的视角来看大视频环境，其所关注的主要问题围绕在如何实现视频内容在客厅电视（未来智能电视及其App应用）与手机、平板电脑、PC之间达成多屏间的融合（Multi-screen Fusion），以及如何将各屏端与用户在不同时间、空间及观看情境下的视频收看需求联系在一起。

除此之外，人们还能经常接触到另一类视频屏端，如楼宇、卖场以及车载LCD/LED。这些视频屏端被设置在合适的公共空间以接近生活者，借助商业广告/资讯等视频内容的播放创造出媒体的内容价值，以获取生活者对屏端的使用需求与注意力,以实现媒体的广告价值。

该类 LCD/LED 视频屏端以人们在不同的空间和时间段的视频接触状态为事实,凸显出在公共空间中,面向大众推送视频广告/资讯的特点。对广告视角的大视频界定而言,此类典型地呈现广告内容的视频屏端的重要地位不容忽视。

由此,从两类视频广告推送环境的差异,既可描述为以视频内容为主的广告插播环境,以及以广告/资讯推送为主,辅以少量视频内容获取用户注意力的广告播出环境这两种形态;也可以描述为用户是在私属空间以个人选择的方式,还是在公共空间观看视频的差异。

当我们关注视频广告问题时,我们不会仅仅关注依附于视频内容类的广告推送,也不会仅仅关注那些主要用来播放视频广告的屏端媒体,而是需要同时关注两种视频广告推送环境所共同组成的大视频广告环境。简而言之,视频内容制作者和视频媒体视角的大视频与广告视角的大视频之间存在差异,前者是极少关注公共环境中的广告播放类屏端(如户外 LCD/LED),而后者则需涵盖所有的能够播放视频广告的屏端。

二、大视频溢价

大视频的价值将不仅仅意味着以往客厅电视的视频广告价值与市场规模,而将同时包含着由大视频环境本身所创造的视频广告溢价。

(一)多屏端应用推动视频广告市场增容

当提及近期网络视频的发展时,通常的观点会认为,端坐于电视机前的受众数量与收看时长已被网络视频蚕食,而当前网络广告的购买量及容量的快速增长更是强化了“网络广告蚕食电视广告预算是不可避免的事实”这一印象。伴随这些观点的,还有很多对客厅电视广告价值呈现危机的其他描述,如受众人口老龄化问题、电视观看时长锐减、电视观看注意力削弱等等。

从大视频广告的整体市场情况来看,网络视频广告对电视广告市场的蚕食虽在一定程度上不可避免,但是这并不是问题的关键,因为二者的关系远远不是你多我少这样简单。无可置疑的事实是,大视频广告的市场规模会因大视频环境的发展,而实现整体上的增容;而无论是电视视屏或是其他视屏端,也都会在一定程度上获益。

大视频广告市场的规模增容因素主要来源于多屏端对受众生活全方位的覆盖,而更便利、更便携、更个人化的多屏端视频观看条件更是有效地推动视频达到了总量的增长。

1. 受众的视频接触总时长获得增长

近年来智能手机和平板电脑等新视屏端的爆发式增长,大大增加了人们可观看视频的时间段。尤其是生活中需“等候”的时间段,如上下班的路上,或身处任何场所的“休闲”时间,这些都是观看视频的新时机点。而这些时机点相较以往正是生活者的视频观看总时长获得增容的部分。

2. 受众的视频接触空间更加多样

以往局限于客厅电视的家庭空间,人们较少能在别的空间观看电视,因此常会使用更便携的书报阅读来获取信息。在大视频环境下,视频可方便地利用多屏端的便携、移动性实现向家庭空间外的跨越,视频远离客厅,来到室外,甚至可达随处(Everywhere)。此种情况下,大视频实现的是视频对书、报、刊媒介接触量的蚕食。

3. 视频媒体的广告库存巨大

伴随着网络视频消费市场的日益发展,网络视频的视频内容是海量的,视频观看平台的形态及数量也是可观的,因此,视频广告播放的形式与广告位得到了充分的发展,视频广告的库存量正在变得越来越巨大,这为视频广告市场增容带来发展上的推动力。

根据美国市场调查公司 eMarketer 的最新研究报告,2012 年美国消费者每天的电视观看时长平均为 278 分钟,高于 2011 年的 274 分钟;消费者每天使用网络媒体的时长平均为 173 分钟,高于 2011 年的 167 分钟。移动媒体是增长最快的领域,每天平均使用时长为 82 分钟,大大高于 2011 年的 54 分钟。[6] 通过相关数字我们不难判断,视频屏端之间虽无法避免在占用用户的视频观看时间上存在互相挤压的现象,但是,大视频环境下多屏之间视频消费的竞争并非是最关键的问题,视频消费的时间总量的增长则是大视频发展的关键视点。

在产业增容过程中,电视仍一直处于大视频格局的中心地位。其一,是因为电视视频和网络视频消费量相比,电视视频保有主导地位;其二,是其他屏端(除了PC)除了对客厅电视有部分替代功能外,还均适宜成为电视视频播放的补充屏,可以为客厅电视拓展同时收看和在不同时空补充收看发挥协同作用。有研究表明:

虽然平板电脑和PC之间存在明显的合并蚕食关系,但是电视和平板电脑之间同时使用的关系趋于紧密,平板会取代PC和智能手机,成为沙发电脑(Couch Computer)的关键选择。[⑦]

当我们以整体增容观来看大视频,从视频屏端间的合作潜力、互补潜力来审视各自的利益增值问题时,我们看到的是整个大视频产业正步入欣欣向荣的发展大道。

(二)多屏端技术与应用实现大视频广告增效

以多屏端的视频媒体新技术与应用,可实现大视频广告的增效,对此可从以下两种视角进行审视。

1. 视频互动功能视角

大视频环境为视频广告提供了远比客厅电视视频时代的广告播放更为丰富的方式与效果。搜索、点播、互动、转发、分享功能成为视频广告的新功能,尤其是视频播放与社交媒体的结合,使生活者易于分享他们最喜欢的视频,能够帮助广告主通过建立与社交媒体的联系,赢得额外的曝光,营造更为丰富的受众关系,从而进一步激发他们投放视频广告的积极性。

借由新媒体技术的发展,各视屏端都具备一些相关的效果,此类新的视频广告功能并未把电视视频屏端单独排斥在外,客厅电视也全面丰富了视频观看的感受。例如,电视媒体的视频广告可以与PC、手机屏端合作,利用关键词设置、音频识别等方法,实现互动与搜索功能。

除此之外,大视频的个人应用还有效地增加了视频的黏度。PC、智能手机、平板电脑等视频屏端从视频网站或视频应用服务出发,不断提升基于观众个人的用户体验,如个人的视频收看管理、视频推荐、高互动性等,这可以更好地满足或激发观众收看意愿以及连续、多次收看的需求,使视频具有更强的用户黏性。

2. 媒体的多任务行为视角

其一,大视频环境带来的视频广告增值,并非全部源自视频观看这一单一任务,还有一部分是源自屏端本身对生活者达成各种任务(Tasks)时所发挥的作用。多屏端技术与应用的拓展为人们的媒体"多任务"(Human Multitasking)[⑧]行为习惯搭建起了便利的实践平台。例如,当某人在观看电视视频时,可能会因为对演员发生了兴趣,进而发生同时使用平板电脑搜索演员花絮视频的行为,或者在受众观看楼宇视频的同时，使用手机进行关键词搜索的行为。为此，部分手机应用正在帮助智能手机成为进行跳转使用的屏端。通过媒体多任务行为，可以探知视频屏端之间所存在的天然使用组合习惯，如户外 LCD 与智能手机的组合关系等。

其二，通过媒体多任务行为，可以探知视频广告的品牌告知效果与购买决策之间具有的更深层次的关联。

媒体多任务已成为一种常态，正在推动着生活者在使用媒体时的角色发生明显转变。在客厅电视视频时代，电视视频广告主要被用来展示品牌广告，但在大视频环境下，由于视频观看者大多同时具有利用多屏端达成多任务的操作习惯，他们既可能在观看视频的同时上网购物，也可能在处理一件任务的同时，去搜索品牌信息，此时，视频广告的受众可能既是休闲娱乐者的身份，也是购买者的身份，而且休闲娱乐者与购买者这两种角色的身份转换已经变得极为便利。这对拓展视频广告的效果大有裨益，赋予了视频广告更接近购物终端决策的作用。

(三)大视频多屏协同效果丰富多元

Google 的研究表明，在提供内容的消费服务上，智能手机、平板电脑、PC 和电视这四个视频屏端虽各有千秋，但当四者被联合在一起使用时，它们才发挥出真正的效力——目前美国民众在媒体消费上花的时间达到了每天 4.4 小时，其中 90% 的时间属于跨屏消费，而那些纸质书籍、杂志及广播的生存空间将越来越小。[⑨] 多屏聚合(Multi-Screen Convergence)的趋势为业内带来了很多广告创意设计及广告展示方法上的思考；未来，广告活动或许将不会再仅仅依赖多视频端的组合投放，而是要更多地考虑如何为用户提供更具效果的跨屏广告体验。

1. 视频广告的同时或顺序发布

大视频多屏端在多屏聚合的业务框架方面还未完全成型。多屏的协同，可以针对同样的广告视频，针对不同收视指标、收视群体、收视认知特征的屏端，以同时发布或顺序发布的方式，加以协同发布。就前者而言，同时发布可以利用多屏端对不同受众群体进行重复覆盖或互补覆盖；就后者而言，可在发布过程中，规划视频广告在不同屏端的发布时间阶段与时间顺序，以达到多屏视频广告的最佳协同效果与 ROI 水平。

2. 视频广告的内容故事性或结构性发布

在多屏间发布的视频广告版本甚至是内容可以是各不相同的，在多屏端间可利用人们媒体多任务倾向,加强受众对视频广告的兴趣和卷入意识。在业务方法中,多屏视频广告的故事性(Story)发布方法强调的是以带有创意故事性的内容,借故事内容在不同端的投放引导人们利用不同端获取信息线索,借用信息差心理、信息获取手段的趣味性、信息获取后所得回报等,放大视频广告投放的效果。

而结构性发布方法,则指的是制作多个版本的视频广告内容投放在不同的屏端,考虑不同屏端的视频叙事特点、说服特点及成本因素,从多角度、全方位展示产品知识、实用知识、品牌价值、社会价值,以获取最优的广告效果和 ROI 水平。

3. 视频广告的交互性发布

在大视频广告与多屏应用中,电视广告、网络视频广告和户外 LCD 广告都可以利用媒体功能完成受众与视频广告间的互动。此类视频广告的互动形式设置,对视频广告拓展广告效果有明显的帮助,同时,视频广告可以应用的互动创意与技术也大大激发了大视频广告互动常态化的实现。

多种视频屏端增加了生活者接触信息、处理信息的入口,分割了视频消费时间。不同种类的"屏端"入口被受众赋予了代表不同生活需要的标志,例如,电脑、电视"Desk Top"的使用特征,智能手机、平板电脑的移动特征,户外端的公共空间属性等。各视频屏端的广告协同传播效果[10]因此可以通过以下视角,达成协同传播效果的丰富与多元化:

(1)到达协同效果:各视频屏端在针对目标受众的到达率上达成加总或强化效果的协同关系是如何达成的。

(2)认知协同效果:针对目标受众,大视频各屏端对品牌认知、理解、好感、购买意图等一系列品牌影响力效果指标中的某一类指标,所达成的协同关系是如何达成的。

(3)多任务协同效果:大视频各屏端在多营销传播任务下所展现的协同关系是如何规划与达成的。例如,在同一时期的广告活动中,需要应用媒介屏端同时在提高销量、建立品牌知名度、提升产品认知和理解等方面达成多种传播任务时,就需要深度理解各屏端通过不同的传播特征层面所展现的协同效果。在受众的日常生活中,大视频各屏端点正以彼此协同的方式发挥着作用,目前业界通常从三屏、四屏、五屏几种不同的协同机制出发,研究相关协同效果与策略。如果依托于受众在生活中的媒介使用习惯,描绘营销传播的效果实际发生的状态,那么各视频屏端间各自为政、简单加总计量的方式将不再能准确描述实际效果。

三、审视大视频广告发展趋势

审视大视频广告的发展趋势，主要可从如下几个视角进行追踪与分析：

（一）生活者与多屏端渗透

当生活者沉浸在多屏端数字化应用的生活方式中，他们会更加关心如何更便利、更舒适地观看喜欢的视频内容，或关心如何利用视频屏端获取信息，视频多屏端设备（Devices）在生活者中的渗透状态，是说明大视频发展趋势的关键视角。生活者首先需要拥有多种视屏端，才能有机会学习利用不同屏端设备获取视频内容的方法，进而形成新的观看习惯，并在一个时间段内固化自己的观看习惯。为此，可以从如下三类主题对大视频的发展趋势予以判断：

1. 视频屏端设备的硬件普及

视频屏端的硬件普及分为两种情况，其一指包括 PC、平板电脑、智能手机等私属视频屏端的硬件普及；其二是指公共环境中所使用的视频屏端的硬件普及，如交通工具内部的视屏、卖场视屏、楼宇视屏等的数量。

2. 诸屏端的视频媒体素养

对私属视频屏端而言，视频媒体素养指有多少生活者掌握使用诸屏端播放视频的能力，其能力水平如何等；而对公共环境下所使用的视频屏端而言，则指的是有多少生活者知道并乐于接受诸公共屏端的视频播放方式与信息。

3. 人们固化的观看习惯

指人们在一定时期内，对诸屏端所形成的较为稳定的视频观看习惯。相关的调研通常会围绕三屏、四屏、五屏或多屏等屏端组合展开，多数情况下，三屏指客厅电视、PC 和智能手机，而四屏常锁定客厅电视、PC、平板电脑和智能手机。各屏端的组合可以视研究需要而进行多样的选择。

取决于人们跨越多屏端（Cross Multi-screen）的视频收看/点播习惯，当某屏端更多次、更长时间地被生活者利用来观看视频时，当某屏端的观看注意力或互动效果优势明显时，特别是当某些视屏能与社交媒体的功能相结合时，其屏端广告将更易获取在大视频格局中的优势地位。

(二)广告业务匹配

在大视频环境下,广告主与广告商只有等待广告业内逐渐发展出基本的创新观念、创新业务和工具后,才能逐渐推动大视频广告的投放活动成长起来。为此,可首先从以下几个层面推进大视频广告的业务发展:

1. 大视频的跨屏测量

大视频环境下,需要发展出大视频跨屏测量(Multi-screen Measurement)方法,为广告商和媒体购买者描述出视频广告的具体价值与前景,引导广告主的大视频广告传播需求,并应对现有广告业务的挑战。由此,一方面可以解决由屏端碎化(Fragmentation)和缺乏共同标准所造成的效果测量难题,另一方面也可以尽快使大视频的内容、内容平台、内容呈现的屏端价值实现货币化。

大视频跨屏测量主要包括以下两个环节:

其一,业界需要解决多屏的效果测量指标对接的问题,这是使各屏端的广告投放效果能够得以比较的基础工作。对于这部分工作,国内有一些市场研究机构曾着手推进,IGRP 的理念在业界已渐趋普及;

其二,业界需要获得关于多屏协同效果的数据描述,这是制定媒体策略时必须加以考量的问题点。在过去两年的时间里,从业界到广告主,均表现出对相关服务的需求。业界也在不断推进相关领域的研究,开发出的相关工具更关注通过优化媒体预算组合,权衡媒体到达与成本之间的关系,寻求成本效益的最大化。

其三,需要通过跨屏测量,获得针对不同网络视频应用或平台的协同效果数据描述。例如,网络视频的四大类平台中,有以腾讯、优酷土豆为代表的综合视频平台,有以爱奇艺、乐视为代表的宽频影视,有以社交网站为代表的提供社交视频、交友类点播服务的平台,还有以中央网络电视台为代表的在线电视台,以及以风行、PPTV 为代表的网络电视网站等。上述几类网络视频广告投放价值并不相同,如果再加上多屏端的播放差异,那么统一用屏端的平均数据进行评估仍旧难以避免广告主在进行视频广告投放时产生困惑。

2. 广告主的预算机制

从客厅电视视频时代开始,大多数广告主就最认可电视视频广告的效果,而且电视广告的媒介策略、购买及效果评估机制也最为成熟,因此电视 CPRP 成本成为决定最终预算分配比例的最主要因素,电视广告投放也成为大广告主广告预算的绝对主角。广告主的广告预算机制决定了其广告业务方式,也决定了媒体策划的推进方式。

虽然视频多屏端大量进入生活,但是很多广告主仍然将网络视频广告视为网络广告,而非与电视广告同类的视频广告。正是因为网络视频广告、户外视频广告难以被划归为广告传播活动中预算更高、拥有主导地位的电视/视频广告部门,大品牌和广告代理管理营销预算的机制就成了大视频广告发展中一个重要的潜在制约因素。

至今,虽然大视频环境业已成型,但是电视、网络视频、户外视频多端整合投合是否能够发展为广告主媒介计划与购买的主流趋势,对此还有待进一步观察。

3. 大视频广告的内容产制能力

与客厅电视视频广告相比,以单支广告片或系列广告片的投放为主的广告内容产制操作相对简单,仅以控制概念诉求、创意、制作等环节的水准,来生产高质量的视频广告内容进行投放。但是针对跨屏端协同播放的大视频广告内容产制而言,则还需要考虑到各屏端播放的视频广告在内容构建、创意表达方式、叙事能力等更多方面的策略,以及如何为第二屏及第三屏的协同使用释放出巨大的效果潜力,其操作难度相应就会大大增加。

在大视频广告内容构建上,其所依托的媒体环境的条件是多元化的:它需要借助多屏端不同类型视频的热播,借助不同视频端的收视特点与受众人群特征,在不同屏端播放不同版本视频插播广告的时机,这些条件使得建立在诉求概念、代言人、文案等方面的不同广告诉求内容得以结构化推送。这使得大视频广告应该拥有更丰富的内容策划方法。

在大视频广告的创意表达上,各屏端的视频广告也有不同的特点。网络视频广告的互动特征较强,需要更富有新意,也更具病毒力的创意广告。例如,网络视频广告既可以采用AB剧等高互动的形式,也可以通过视频广告引导受众去电子商务网站消费,或引导去微博等社交平台参与互动等。又如,电视广告在创意互动形态的广告时,可以将音频识别技术引入广告创意中。

对跨屏的广告内容产制来说,立足于大视频平台的广告叙事能力(Storytelling)[11]是近年来颇有影响的内容产制方法,它借助广告内容的情节发展、不同屏端视频广告内容设置的差异以及视频广告展示的时间表(Time Line)等策略,来吸引用户的注意力并最大限度地推动互动的实现,将可以为视频广告提供远远超乎客厅电视视频时代的传播效率。

4. 用户数据与视频广告投放的个人化

对视频媒体用户数据库的分析研究为大视频广告的个人化投放提供了基础，也为构建合理的视频内容货币化提供了一种基本的方法。

数字电视和网络视频的发展，提升了对视频用户的个人服务能力，并进一步彰显出了视频媒体数据库越来越强大的地位及作用。未来个性化的电视可能是分区域的、细分市场的、内容更加互动的。随着技术与应用的发展，电视等多屏端视频广告的未来将更加智能化，将可以根据观众的身份、时间、地点、屏端设备、爱好、观看历史记录、网络等来定向选择和管理所投放的视频广告。

视频广告产业正在重塑结构，以适应大视频环境，其所涉及的广告业务模式的演变与发展，涵盖了多层次多角度的内容。参与视频广告业务的组织类型变得越来越多元化，已远远不是以往客厅视频时代的媒体、客户、代理商三边力量所组成的销售环境。然而，大视频环境下，大视频广告的业务开展方式尚在磨合、在走向成熟的过程中，需要广告主(Advertisers)、广告商(Ad Agencies)、媒体购买机构(Media Buying Agencies)、消费电子制造商(CE Manufacturers)、内容所有者(Content Owners)、视频媒体(Broadcasters)、技术提供商(Technology Providers)、视频平台(Providers)等多方建立起合理的关系，构建有效的广告业务商业模式和获利方式。

注释：

① 艾瑞："网络视频收视数据发布"，2013 年 1 月，http://www.iresearch.cn。

② 《中国互联网发展状况统计报告》，中国互联网络信息中心(CNNIC)，2013 年 1 月。

③ 视频(Video)又称影片、影音、视讯、视像、动态影像，通常指不同种类的活动画面。

④ 〔英〕丹尼斯·麦奎尔：《受众分析》，刘燕南等译，中国人民大学出版社 2006 年版，第 20 页。

⑤ 艾瑞：《2012 年度中国互联网广告核心数据》2013 年 2 月，http://www.iresearch.cn。

⑥ *Consumers Spending More Time with Mobile as Growth Slows for Time Online*, eMarketer, 2012.10.

⑦ *The Tablet-TV Connection*, Forrester Research, 2012.4.11.

⑧ 该术语来自计算机多任务(Computer Multitasking)处理概念，表明一个人可在同一时间处理多个任务的行为状态。

⑨ *The New Multi-screen World :Understanding Cross-platform Consumer World*, Google Report, 2012.8.

⑩ 考察各媒介接触点间如何通过确立联合(Joint)和协作(Collaboration)关系，从而产生真实的传播效果；或者，考察在相同规模的投放条件下，如何通过优化接触点的使用，达成传播效果的放大和

增效。

⑪ 使用叙事的沟通技巧，通过跨屏的内容设置，引导受众关注信息，主动参与信息的方式。对很多多媒体沟通过程来说，使用故事性的叙事方式进行沟通，可以比单纯展示某诉求或事实能产生更引人瞩目的效果。目前，跨媒体的叙事方法已经被越来越多地应用在基于多媒体平台的广告活动中。

媒介情境、社会传统与社交媒体集合行为*

◆ 王贵斌 〔美〕斯蒂芬·麦克道威尔

阿拉伯之春的出现,绝非孤立的事件。从突尼斯蔓延到埃及,几乎都成功地瓦解了传统政权。然而,具有讽刺意味的是,对这些改变,民众并不买账。皮尤的一项调查显示,埃及民众对现有政府的不满已经回到骚乱前的水平了。[①] 回顾阿拉伯地区的社会变革,社会事件成为引爆公众情绪的导火索。看起来很偶然的社会小事件,却带来翻天覆地的社会变革,这正好印证了贝克所言的风险社会。在风险社会,科技的威力无远弗届,并且在信息扩散方面,科技是第一生产力。尽管如此,我们仍然要警惕唯科技论。一个显然的事实是,社交媒体虽然风靡了全球大多数国家,但因此带来的集合行为,后果却极其不同。

一、社交媒体的革命性

社交媒体,是信息传播科技的一个重要创举。社交媒体,指的是网络使用者在虚拟空间和虚拟社会网络中生产、分享、交换信息和思想的交互行为。其技术基础是 Web2.0 的互动,其思想基础是使用者生产内容。[②] 社交媒体在信息质量[③]、到达率、可用性、直接性和持久性[④] 方面都超越了传统媒体。相对于传统的信息生产和流通秩序而言,社交媒体的信息生产和流通,强化了使用者的主动权。传统媒介的生产,大都是专业媒介机构的工作,它们掌握着信息的采集和加工。社交媒体开创了人人都有麦克风、人人都是守门人的新时代,传统的社会信息管理秩序也面临极

* 原载于《现代传播》2013 年第 12 期。

大冲击。因此，我们可以说，信息生产和流通的秩序已经被彻底重构。

在重构的信息生产和流通秩序中，人们的社会关系也大大不同于往昔。人们通过社交媒体，构建自己的交流圈，主要目的有三：实现社会声望、寻找工作机会和赚取收益[5]。这三个目标，在全球任何一个社交网络中都可以看到，这些可以被称为社交网络的基本目标。不同的是，在有些国家，社交媒体的使用，变成了积聚社会力量的工具。阿拉伯地区的骚乱和最后的政权更迭，就是社交媒体积聚社会力量产生的强大后果。这也就是说，同样的媒介情境，并不一定制造了相同的社会趋向。在讨论社交媒体对人造成的后果时，不能单纯就社交媒体进行考量，而应该载入一些其他变量。因此不仅要分析媒介情境，而且要考察社会制度，而社会制度的不同在很大程度上是社会传统不同的结果，本文的目标是引入这两个变量，试图解释社交媒体在不同国家的影响。

二、分析工具

(一)媒介情境

本文所言媒介情境是基于麦克卢汉和梅洛维茨的媒介观念。媒介情境指的是通过媒介接触，使用者感受到的生活环境。媒介塑造我们的生活环境，是媒介功能的应有之义。不同的媒介给使用者带来不同的体验，而习惯于某一稳定媒介情境的人，在遇到不同情境时，就会出现迷失和错乱。这个概念最初的提出者是梅洛维茨，它的基础有三：即麦克卢汉的媒介理论、英尼斯的媒介理论和高夫曼的社会情境论。麦克卢汉(1976 年)指出，每种媒介都作用于人的中枢神经系统，媒介通过并按摩了人的中枢神经。鉴于这种效果是可以累积的[6]，媒介遂成为人们日常生活的工具。不同媒介作用于人们的感知系统的方式不一样，会生产出不同的生活方式。譬如，报刊和书籍作用于人的视觉感官，当人们有了报刊阅读习惯时，严谨的、理性的思维方式和思考习惯就形成了。广播主要是刺激人的听觉系统，不需要识字能力，广播使传统的价值迅速消退，造成了非理性思维的活跃。在麦克卢汉生活的年代，多媒体尚未被给予足够的关注。不难理解，作用于人的视觉和听觉的媒介，不断地交互，其作用于人的结果，最大的影响力不在于媒介内容的陈词滥调，而在于媒介形式开创了人新的生活方式。套用麦克卢汉的观点，就是创造了人类生活的新经验。

既然媒介形式如此重要，媒介形式的变化必然导致社会环境的重组。梅洛维茨观念的另一个来源是英尼斯的媒介偏倚理论。英尼斯认为，媒介类型造成了媒介偏倚的不同趋向。因为不同媒介在空间和时间上的表现不同，帝国秩序的存废也有了空间感。[7]梅洛维茨继续了英尼斯的观念，他认为(1985年)，比起传统社会，现代社会媒介的变化必然导致社会环境的变化，而社会环境的变化又进一步导致人类行为的变化，其中电子传播媒介对社会变化所产生的巨大影响更令人瞩目，因为它能更有效地重新组织社会环境和削弱自然环境及物质“场所”间一贯密切的联系。[8]梅洛维茨认为，在组织社会环境方面，媒介成就了空间。不同的媒介空间联系着人们的行动。人们的行动之所以独特，是因为特定媒介的独特性。对广播的媒介情境，梅洛维茨进行了深入的研究并作出了卓有成效的解释。在其指认的广播媒介情境基础上，我们得以通过历史资料去推论报刊的媒介情境。同样，我们对普遍使用的媒介现状，也可以进行分析。而对于新媒体的媒介情境，目前为止尚未达成独特和精髓的看法，它是社会科学需要深入研究的五大趋势之一。[9]梅洛维茨在吸收了这些理论的基础上，作出了自己的贡献：通过将媒介创造的生活方式，纳入社会交往的结构中，从结构与功能论的观念出发，指出了媒介的社会影响。

媒介情境作为人们日常生活的结构性要素，与之相适应，人们的生活方式也是独特的。在平面媒介时代，人们可以体验的媒介情境相对单一，也即是，社会个体的生活比较稳定。电子媒介时代到来后，人们遇到多种传播情境，既有的生活方式被打乱。习惯于一种生活方式的人，会发现社会秩序不如自己想象的那样简单，很容易产生出“社会正在堕落”的观念。同样的道理，习惯于大众传播的个体，在新媒体的人际交流中，就容易产生恐惧。人们总是无法保持高度协调的比例，能够适应各种不同的媒介情境。大部分情况下，社会人必然要面对的是，情境的分离和重组。梅洛维茨指出，不同情境的重叠或混淆会引起行为的错乱，因此，真正不同的行为需要对应着不同的情境。重要的是，在Web2.0中形成的社会网络，看起来虽然易碎，却具有强大的影响力，像Facebook和YouTube，逐渐地蚕食着传统媒体的权威。美国人通过Facebook或者YouTube，张贴自己选择的信息，满足了个体传播社会新闻和政治新闻的需要，正在改变人们的集体记忆。[10]

(二)社会传统

如果媒介情境的解释力是足够的，那么，我们就有信心通过媒介情境去分析集合行为。我们注意到,此理论从媒介的结构出发,发现了多重情境的社会影响。但是,把社会行为归结为由媒介所创造,有些过分乐观。因为,如果媒介情境的解释力足够,那就意味着接触了同样媒介的人们,会在日常活动中显示出一样的行为来。同样,接触了大众传播情境,加入人际传播,人们的反应也应该一样。如此就陷入技术决定论的囹圄了。

就社会历史的进展而言,在很大程度上,与媒介的发展有着密切关系,但也不尽然。迄今为止,人类社会的三次大分工,都与技术有着密切关系。这种历史的撰写方法,是以技术为标志的,很容易让人们形成先入为主的观念,认为社会的进展,都源于技术的创造。诚然,工具和技术的发明,在社会历史上的地位极为关键,但是社会历史习惯对工具和技术的效果形成也具有加速或阻滞的作用。比如,古代的驿政或者驿站制度,是个很好的创造。无论是在古罗马时期,还是中国的汉唐及以前,对驿站都相当重视。历史学家认为,"在从北部海岸到意大利南部的罗马之路(Roman Long Road)上,每隔 30 公里就有一个类似的驿站"[11]。驿站的设立,不仅是为战时之需,更重要的是联系百姓出行。正因为这种做法,才有了"条条道路通罗马"之说。反观中国的驿站,就少了为百姓服务的功能。它们通常只是为了传递情报,或者在信件、情报到达以后,为情报员提供休息或者马匹更换。同样的创新,不同的结果。技术对于社会的影响,必然混合着社会的逻辑。中国驿站之所以功能单一,与中国早期的通信历史有关系。中国社会通常把驿站制度表述为邮驿制度。"邮"字,语出《孟子·公孙丑》:"孔子曰德之流行速于置邮而传命。"这里所谓的"邮"者的主要目的就是传送情报,更核心的业务是传送政令。从《春秋》《左传》等书,可知当时通信方式有三种:一是"传",为车递;二是"邮",为步递;三是"驿",为马递,综称"传遽",后因车递费用太大,渐不使用,只剩步递及马递,故改称为"邮驿"站。汉朝许慎著作《说文解字》指出:"邮者,境上传书舍也","邮"即是传送命令之站,古设"驿站"及"邮亭"。这进一步说明了中国的邮驿制度,基本上只是官方专享的,它排除了民间用途。这大概可以说,"并非条条道路通长安"吧。

显然,看起来一样的事物,在服务对象和内容上却有很大差异。这就不得不说到社会传统的差异,社会传统的差异不是社会制度问题。在过去,中国的封建社会与欧洲的中世纪在制度层面有着比较广泛的相似性,但相似的制度之下,对待科技的态度却截然不同。一个广为大家引用的说法,就是中国古代"四大发明",在中国我们把它变成了娱乐手段,在西方却成为社会转型和开启民智的车轮,这里的差异,其实就是社会传统的差异。古希腊时期,就有着辩论和公开演讲的说法。希腊的城邦制,加强了君主统治的开明。再想想古罗马的《每日纪闻》,这份古代报纸是恺撒大帝与元老院长老对抗的工具之一。当信息被扩散出去,社会意见就会形成压力。反观中国社会,没有什么平民阶层,统治者试图将信息局限在某些空间内。国王或皇帝,要么控制一切,要么就受皇室大臣和外戚控制。这样的传统,对媒介创造的情境构成了极大的压力。在西方备受震动的事件,在中国也许什么影响都没有。

所以,媒介情境的解释力,需要一个新的参照指标,以便更好地解释媒介影响,这个指标体系就是社会传统。事实上,梅洛维茨的媒介理论在作者自己看来,也是有必要修正的,他在《全球本土化的崛起》一文中,指出了虽然我们越来越全球化,但事实上我们的经验都是在地性的。[12] 在地性经验离不开社会传统和社会制度。关于社会传统所扮演的作用,帕特南在《让民主运转起来》一书中指出了意大利民主的南北差异。虽然有批评家指出帕特南未能准确地描述意大利南方曾经是殖民地的历史[13],但该书仍然证明了社会传统扮演着关键角色[14]。除了政治学研究的进展外,经济学、诸如制度变迁的研究也证明了社会传统的价值。制度变迁学派认为,制度是社会存在和发展的基础。诺斯认为,技术的革新固然为经济增长注入了活力,但人们如果没有制度创新和制度变迁的冲动,并通过一系列制度(包括产权制度、法律制度等)的构建把技术创新的成果巩固下来,那么人类社会长期经济增长和社会发展是不可设想的[15]。制度变迁可以理解为一种收益更高的制度对另一种收益较低的制度的替代过程。制度变迁的成效,取决于社会传统和人们对技术创新的期望。社会传统既有可能保障制度的存在,也有可能构成威胁。在社会传统与技术创新的方向一致时,就会大大推动科技创新;相反,就会形成阻碍。社会传统是维持社会连续性的工具,一个社会的变革,很大程度上取决于社会传统力量的强弱,因为制度能不能推行,关键要看社会传统有没有转移方向的动力。

三、社交媒介之前的集合行为理论

在确认了媒介情境和社会传统后,我们来看集合行为理论的研究。勒庞撰写的《乌合之众》[16],大概是集合行为理论最早成型的著作。勒庞研究了群体心理,他认为,群体心理很容易受到群体统一律和群体成员的感染,从而造成大规模的、非理性的群众运动。社会理论通常做如下假设:作为社会个体,其行动在参照他人的信息基础上,形成个人的思维和行动方式。通常,在没有交换信息的时候,个体的行动是千差万别的。在群体行为中,个体成员会在瞬间感受到周边气氛,并依据“越是公开表达的,越可能被认为是优势意见”的逻辑,作出与其他人一起行动的决定。勒庞的群体心理,认为社会成员以群体无意识为心理依赖,多数人所做的行为,未必会受到惩罚,从而增加了非理性的社会冲突。“在群体性事件中,个人的力量湮灭于群体中,个人的身份也隐藏于群体之中,行为的匿名性和情绪的传染性致使群体性中的个人会呈现出急剧的狂热状态,这种力量聚集起来就会对社会秩序造成极大的破坏。”[17]需要指出的是,勒庞的感染理论在充分考察社会历史的基础上,对媒介环境进行了质性考察。勒庞指出,历史上的民族心理形式和城邦政权的环境限制,社会传统只能影响后来者,不能逆反。意即新的情境不能用来解释新情境出现之前的活动。[18]在以报刊为情境的社会秩序里,等级体系是坚定的。勒庞之所以发出悲叹,最主要的原因是原来被剥夺社会资源分享的人群开始要求分享社会资源。社会个体在旧有的秩序中,是无法享用这些社会产品的。现在随着无声电影和广播的出现,社会信息逐渐从精英阶层的垄断中扩散到社会一般群众。虽然只是萌芽的状态,但体现了追逐分享的权利要求。贵族阶层的权利在受到普通群众影响时,他们容易出现对普通群众的肆意贬低。

感染理论重在推测群众情绪的转变,模仿理论是对感染理论的发展,重在讨论社会行动的生产机制。20 世纪 60 年代,斯梅尔塞提出了集合行为的基本条件论(又称价值附加理论),认为集合行为是以下要素组合——环境条件、结构性压力、诱发因素、行为动员、普遍情绪的产生或共同信念的形成、社会控制能力——造成的社会集体行动。[19]社会条件论,指出了多元因素的存在,认为集合行为与集体行动关联在一起。[20]同时期的集合理论还有紧急规范理论。研究者认为,突发事件出现时,人们之间通过互动会产生一种“紧急规范”,以此形成社会压力,迫使其他人去仿效和遵从,从而产生集合行为。[21]西方社会的一个基本假定是,人都是有理性的。在集合行为中,盲目追随怎么可能出现呢?在此情境下,有人用匿名性来分析。匿名理论是指人处在一种没有明确的群体或个人标志状态下。该理论认为,在集合行为中个体之所以做出他平时很少出现甚至根本没有做过的越轨行为,是因为,他处在匿名状态之中。别人不知道他是谁,干什么的,他也不必担心承担破坏规范的后果。匿名心态的参与者,即便没有领导,也能形成集合行动,因为这些参与者,相信其他人跟自己一样,都是匿名做出非理性的行动。[22]

从感染理论、模仿理论、紧急规范论、匿名理论来看,它们共享的集合行为总体上接近于发生在大众或群集人群的社会行为。骚乱、乌合之众、大众歇斯底里、时尚或狂热、流言及公共舆论都是集合行为的重要表现。理论试图探讨的是参与其中的人们,如何放弃了个体性和道德判断,服从于权力领袖的意志。然而,斯梅尔塞认为,集合行为是"基于社会信念重塑社会行动的社会动员。它包含能够引起巨大能量的信念和对追随信念指引所导致的社会行动成功与否的评估。集合行为不是体制内的"。[23]因此,集合行为是非建制的,存在非理性的一面。集合行为表现为社会动员,在虚拟的社交网络中,集体动员与集合行为联合起来。

四、社会网络的发现和社交媒体的集合行为

研究者在经历了长期的观察后,对上述几种集合行为理论进行了反思。这种反思与社会科学对网络的发现紧紧关联。社会网络,就是由社会行动者组成的社会结构和社会行动者之间的复杂的对应关系。[24]社会网络,打破了以往集合行为研究,认为人们是一盘散沙,是原子状存在。社会网络的发现,更为重要的意义在于,为研究者提供了社会整体研究的清晰架构。研究者发现,社会网络是技术扩散的门槛[25],在社会网络中,人们的关系被重新建构。格拉诺维特指出,社会网络中的弱连接,与人们的职业追求有着密切关系。[26]我们不仅生活在社会网络中,而且生活在虚拟的互联网络中。互联网加剧了虚拟社会关系取向[27],社交媒体是更加真实的虚拟关系网络。

社交媒体虚拟关系网络,是一种新型的"想象的共同体"[28]。共同体是具体的社会关系和可感知类似个体的集合,传统的共同体往往通过面对面互动形成。社交媒体是整合的、公开的、公共的信息交流平台,在信息传播中形成情感和思想的集体。社交媒体制造了非对称的社会信息交流网络,将私人信息转变为公共信息,不仅是工具性需要,也是情感性表达。负载情感信息的内容传播,增加了共同体的凝聚力。社交媒体创造的共同体,有两个方面的因素在增加凝聚力:首先,媒介情境方面,社交媒体虽然可以成就大众传播情境和人际传播情境,但占主体地位的系统刺激是视觉器官,通过以视觉刺激为主的多情境融合,越来越多的个体加入到社交网络中,形成复杂和公共的信息传播网。如梅洛维茨指出的,电子媒介使原来的

私人情境并入公共情境。社交平台的代码非常简单，能够迅速地集合不同经验的人群，并且顺着社会关系的渠道，循环往复，有如病毒传播一样，将不同经验的人群迅速集结起来。在私人的活动被公之于天下后，表意性的、情感性的表达，加速了媒介内容的倾向性。一个明显的趋势是，公共的和私人的经历变得越来越难以区分，很多私人的活动和情感表达能够在短时间内演化为公共事务。从这个意义上说，我们在社交网络中是透明的。我们所做的各种活动都在公众观察视野中。

其次，传播网的出现和非对称的社区关系。在传播活动中，为获取被关注的可能，个体需要不断生产可被人们感知的内容，甚至某些个体不惜代价，制造虚假事件，以吸引人们的注意力。在社交媒体提供社会网络关系后，使用者需要维系已有的网络，同时尽可能扩大追随者人群，才能形成个体中心位置。这是因为，社交媒体创造的关系网，通过熟悉关系，连接了陌生人。同时，社交媒体提供了多种包括图像的、文字的、视频信息的分享，促进了受众群关系的重新组合，相对于社会现实的初级群体和次级群体泾渭分明，社交媒体关系网中，人们的关系很难用“差序格局”来分析。

在微博中，熟人和陌生人的界限不明显，追随者和被追随者之间的关系存在不对称的情况，有不少追随者都是默不做声或者是间歇性地发言，互动频率较低。一项研究指出，与传统的高频度互动的双向交流相比，微博的互动是J型曲线，但也创造了彼此之间的链接。[29] 在一项以个人网为中心的研究中，研究者证实了跟随“Wellman 3034”的使用者，在虚拟的关系组合中，有明确的身份特征，他们可以按照需求进行整合，他们有着共享的情感关联。所以，社交媒体创造了虚拟空间的“共同体”。它不仅扩大了多种媒介情境同时出现的可能，而且在某种程度上形成了以文字或者图像（视频）为主的媒介情境，在融入人际交流情境后，以人际交流情境替代大众传播情境，并且将人际交流的情境转变为公共领域探视的对象。

以人际传播情境的存在形态，进行大众传播的工作，是社交媒体与传统媒体之间最关键的区别。微博传播的人际情境，一旦转变为大众传播的情境，有可能将社会个体的隐私和个人事务发展为公共空间的讨论对象。判断一个事件或者个体隐私能否成为公共讨论的问题，需要查看其是否具有社会意义。如果有社会意义，就可以成为公共讨论的对象。正是这一点，有效解决了既往社会学无法作答的问题，因为通过传统程序，了解事件的社会意义，需要既耗时又靡费大量财富的投票。[30] 社交媒体通过追随和转发，避免了耗时和靡费财富的投票程序。节省成本和关系网的特点,为集合行为创造了便利条件。复杂适应性网络和聚合理论开始了从社会网络角度研究集合行为的局面。不像传统集合行为理论所认定的,参与集合行为的个体因为受到情绪感染,经常表现出非理性行为,复杂网络理论和聚合理论认定社会个体之所以参与其中,是因为个体在日常生活中有着自己的目标。这两个新的理论体系是前后衔接的,聚合理论指出了集合行为中主体具有明确目标,而复杂适应性系统理论(Complex Adaptive Systems theory)则指出了集合行为之所以产生能量的原因。复杂适应性系统理论,在理解人们如何形成群体,然后怎么实施行为的路径依赖方面和在解释快速变化的细节方面有着独特的价值。[31]聚合理论指出,尽管参与集合行动的个体在一定程度上相像,但是他们在活动中的表现却不尽一致。

五、社交媒体集合行为的再解释

诚然,在不同的媒介时代,集合行为表现不尽一致。一定时期的媒介供应会反映在人们的行动中,这源于不同媒介时代,信息的供给和人们的观念的差异。同时,因为社会传统的差异,集合行为的后果也不一样。尽管诸如失业、通货膨胀等社会结构性的压力都差不多。

社交媒体使得集合行为的情境扩大化。如今社交媒体风行,信息供给和社会个体的需要随之发生重大改观,传统意义上的传播者和接受者相对稳定的角色体系,已经转变得越来越模糊[32]。人人都有麦克风,社交媒体的这个特性,大大增加了传播情境的复杂性。社交媒体使人际传播情境扩大为大众传播情境,个体的信息分享成为社会公共活动。社交媒体首先通过个体网络,快速传播信息,从特定地区扩散到全球;同时,因其可以被转发,信息超越传统的社会关系网,从熟悉人群扩散到陌生人群。如此一来,社交媒体增加了参与者的交往机会,迅速将信息连接到全球,这因此导致了社交网络的虚拟关系,从本质上讲,就是全球交往的一部分。信息的瞬间全球化,增加了传播的不确定性。我们知道,越是不确定的,或者熵值高的信息,意味着传播的可能性越大。信息传播越多,越助长社会风险,在信息未能被多数人感知的情况下,网络讨论未能形成理性的传播流,就已经出现了集合行为。

社交媒体通过扩大信息传播的范围,通过连接集体行动,形成公共讨论,助长了集合行为。虽然集合行为是非理性的，集体行动确是理性的。然而，非理性集合行为借着集体行动的外衣，或者通过融合集体行动，大大增加了集合行为的破坏力。集体行动是一种基于共享理念的社会行为。蒂利指出，集体行动通过分享共同的社会观念[33]，形成强大的社会压力。集体行动往往与公共利益联结在一起[34]，通过社交媒体，集体行动与社交媒体传播网络结合起来，能够发动更大范围的、更具有凝聚力的人群。社交媒体将社会信息和私人信息公开出来，提供了迅速暴露社会问题的空间，这些信息在朋友和更多的连接中分享，形成公开讨论。不同于以往的公共讨论内容，这些内容大部分都是从社会个体相关的信息开始的，私人内容在高度曝光后，只有极少数会成为社会关注的公共问题。即便只有极少数信息能成为社会公共问题，这些信息，往往具有结构性特点，与一定时期的社会矛盾有着密切关联。譬如"宜黄强拆事件"，经过当事人的爆料，迅速演变为社会问题。最初为当地管理部门和开发商的冲突，最后演变为对整个社会问题的行动。

社交媒体上的私人信息传播，已经超越了私人特点，成为公共传播。达尔讨论说，网络内容的分享，已经成为政治传播研究的主流，这是因为越来越多的人进入了虚拟网络，他们的犬儒主义式表达加速了私人问题的传播[35]。私人问题在社交网络中广泛分享，传播的性质因之而发生转变，或公或私的传播、公私混合的传播都变成了公共传播。这些传播类型，在实现社会个体利益和公共利益方面，形成两种不同渠道。私人利益的扩展与虚拟网络关联在一起，我们可以称其为基于个人目标的社会实现方式；那些参与其中的人们，在互惠的行为逻辑中，在参与他人的社会目标创造的镜像中实现个体利益。在个体有明确认知的时候，需要动员其关系网，以便扩大社会事件的影响力。通过社交媒体，个体网络就像病毒的自我繁殖一样，不断扩大。在个体目标不明显时，就会以其所能接受到的他人目标为参考，通过感情支援，形成集体行动的压力。

一个显然的事实是，通过广泛分享，人们形成了互惠的可能。在传统社会压力比较大的国家，这种社会动员的能力十分强大，以突尼斯和埃及来看，就是期望互惠能够为社会成员带来整体的收益。关于这一点，有必要把社会传统强调一下。集合行为的扩散如果是在曾经遭受殖民统治的区域出现，社会抗争就会非常激烈；相反，在一个国家体系内，部分区域遭受殖民统治的，内部冲突造成的对抗激烈程度就会小很多。在那些曾经作为殖民地统治国的国家体系内，尽管冲突会很激烈，但是不会形成政治变局。社会传统不同，现实的政治制度也不同，那些完全被殖民化的国家,大部分都是接受了西方的民主制度外壳,但政策的执行者大部分情况下未能将其落实到位。相反,那些内生制度,或者保持了较多传统制度的国家,就会较少受到外在信息的冲击。

在社交媒体信息扩散逻辑的影响下,集合行为更容易受到社会结构条件的影响。可以肯定地说,集合行为的社会结构条件,深受社会传统影响。一般地说,如果传统渠道畅通,社会性压力不会发展并形成社会冲突。因为社会问题如果能够及时、有效地解决,就不会积聚社会压力。反之,当社会结构性压力不能得到有效的疏导,特别是不能成为国家政治议题时,就会持续累积。埃及、突尼斯等中东北非地区,积聚的社会压力,让社会成员的日常生存受到威胁,遗憾的是,当局却不能拿出足够的诚意,去解决社会问题,结果越积越多,出现了政治骚乱。在这里,我们发现,社交媒体只不过是将社会事件不断放大。媒介情境提供了社会信息扩散的途径,这些信息扩散方式,都有着一些关系密度较高的节点。这些节点在传播信息方面有着得天独厚的优势。关系密度较小的节点,一旦达到高密度节点需求的信息,借助那些节点,也能迅速传播信息。信息是否可以传播,关键要看个体事件与结构性压力的吻合程度,吻合程度越高,就越能出现快速增殖。另外一个重要的因素是国家控制能力的高低。国家制度是内生的或者外予的,对结构性压力的控制能力不同。在外予性的制度体系内,一个社会的结构性压力,譬如失业、社会不公,甚至包括自然灾害,都可能酿成足以导致政治变革的冲突。

社交媒体增加了社会动员的能力。这种强大的动员能力是如何产生的呢?社交媒体从一开始就具有多重的传播情境,有私人的、有公共的;有人际传播的,也有大众传播的,不同的社会情境,会让接受者不知所措。不同传播方式的交织,对接受者而言,容易造成日常生活冲突的常态化。冲突常态化,伴随着情感的传播,增长了信息的导向。社交媒体不仅是获取资源的工具,而且是表达情感的平台。在社交媒体上,社会个体发布的信息,会负载更多的情感表达,大部分容易上升到社会公正问题。一旦被赋予社会公正的意义,集体行动就能迅速被动员起来。通过社交网络,这些冲突性的信息容易被放大。除了情感表达外,社交网络也会涉及工具性表达。工具性表达,不仅仅是单一追求资源的行为,它附带有社会动员的情感。情感表达介入社会事件,就会增进极化意见的出现和扩散。反过来,极化意见强化了社交网络群体的极化水平。群体极化是指群体成员中原有的某种倾向性得到加强,使一种观点或态度从原来的群体平均水平,加强到具有支配性地位的现象。根据这种理论，原来群体支持的意见，讨论后会变得更为支持；而原来群体反对的意见，讨论后反对的程度也会变得更强，最终使群体的意见出现极端化。极化意见形成社会力量，就会加剧社会紧张。

结　语

传统媒介分析一般是从媒介创造的可能性上去探索，对于社会传统重视不够。帕特南在研究民主运作时，发掘了长久以来被政治学等社会科学所忽视的指标。本文尝试用这两个指标重新探索社交媒体时代的集合行为。社交媒体的传播情境，从本质上将风险社会的特征不断扩大，微不足道的小事件极有可能发酵为社会混乱。我们发现，社交媒介提供了社会关系建立的新途径，在虚拟网络中，个体性事件经过社交网络传播，能够演化为公共议题。纵览全球，我们可以发现，虽然在世界各地都能找到不少集合行为，但是集合行为引发社会动荡的区域却是独特的。从颜色革命到中东变革，这些冲突仍旧在持续。社交媒体加速了集合行为和集体行动融合的步伐，使得社会事件的冲击力持续扩大。在结构性压力存在的地方，社会历史传统起着复杂的助推或阻滞作用。在社交网络情境中，公共议题在其关系网络中不断扩大影响力，考虑到社会传统的作用，我们可以看到，这些因素的交叉，最终构造了社会变革的多元方向和全球社会秩序的非整齐划一。

注释：

① *Egyptians Increasingly Glum*：*Not Optimistic about Economy or Certain They Are Better Off Post-Mubarak*，http://www.pewglobal.org/2013/05/16/egyptians-increasingly-glum/.

② Kaplan Andreas M.，Haenlein Michael，"Users of the World，Unite! The Challenges and Opportunities of Social Media"，*Business Horizons*，Vol. 53，Issue 1，2010.

③ Agichtein，Eugene；Carlos Castillo. Debora Donato，Aristides Gionis，Gilad Mishne，"Finding High-quality Content in Social Media". WSDM，08-Proceedings of the 2008 International Conference on Web Search and Data Mining，2008，pp. 183—193.

④ Nigel Morgan，Graham Jones，Ant Hodges，"Social Media"，*The Complete Guide to Social Media From the Social Media Guys*，Retrieved 12 December 2012.

⑤ Tang，Qian；Gu，Bin；Whinston，Andrew B.，"Content Contribution for Revenue Sharing and Reputation in Social Media：A Dynamic Structural Model"，*Journal of Management Information Systems* 29，2012，pp. 41—75.

⑥ McLuhan，Fiore，1967，*The Medium is the Massage*：*An Inventory of Effects*，Bantam books.

⑦ Innis, Harold, *Empire and Communications*, Toronto: Dundurn Press, 2007, p. 23.

⑧ Meyrowitz, Joshua, *No Sense of Place: The Impact of Electronic Media on Social Behavior*, Oxford University Press, 1985.

⑨ Valkenburg, P., Peter J., "Five Challenges for the Future of Media-Effects Research", *International Journal of Communication*, Vol. 7, 2013, pp. 197—215.

⑩ Motti Neiger, Oren Meyers and Eyal Zandberg. *On Media Memory: Collective Memory in a New Media Age*. New York: Palgrave MacMillan, 2011.

⑪ 德国考古学家发现两千年前古罗马驿站,北方网,http://tech.enorth.com.cn/system/2004/12/07/000919732.shtml。

⑫ Meyrowitz, J., "The Rise of Glocality" In: Nyiri, Kristof, "A Sense of Place: The Global and the Local in Mobile Communication", Passagen, *Communication in the 21th Century*, 2005, pp. 21—30.

⑬ Tarrow S., "Making Social Science Work across Space and Time: A Critical Reflection on Robert Putnam's Making Democracy Work", *American Political Science Review*, 90(2), 1996, pp. 389—397.

⑭ Putnam R., *Making Democracy Work*, Princeton: Princeton University Press, See Chapter 1, 1993.

⑮ 卢栎仁:《诺斯的制度变迁理论》,《产权导刊》2010 年 第 1 期。

⑯ 〔法〕古斯塔夫·勒庞:《乌合之众:大众心理研究》,冯克利译,广西师范大学出版社 2007 年版。

⑰ 秦强、郭星华:《风险社会中的集群行为》,《黑龙江社会科学》,2011 年第 2 期。

⑱ Le Bon G., *The Psychology of Peoples*, New York: The Macmillan Co, 1898, p. 56.

⑲ Smelser N., *Theory of Collective Behavior*, New York: Free Press, 1967, pp. 23—46.

⑳ Scherer CW, Cho H., "A Social Network Contagion Theory of Risk Perception", *Risk Analysis*, 23(2), 2003, pp. 261—267.

㉑ Mariel M, Arthur L., "Emergent Norm Theory", In Ryan JM. *The Wiley-Blackwell Encyclopedia of Social and Political Movements*, John Wiley and Sons, Inc., 2013.

㉒ Cadwalladr, Carole(September 8, 2012), "Anonymous: Behind the Masks of the Cyber Insurgents", *The Guardian*. Archived from the Original on May 2, 2013. Retrieved May 2, 2013.

㉓ Smelser N., *The Sociology of Economic Life*, Englewood Cliffs, N. J.: Prentice-Hall Inc., 1963, p. 8.

㉔ Stanley W; Katherine F., "Social Network Analysis in the Social and Behavioral Sciences", *Social Network Analysis: Methods and Applications*, Cambridge University Press, 1994, pp. 1—27.

㉕ Valente TW., "Social Network Thresholds in the Diffusion of Knnovations", *Social Networks*, 18(1), 1996, pp. 69—89.

㉖ Granovetter M., "The Strength of Weak Ties", *American Journal of Sociology*, 78(6), 1973, pp. 1360—1380.

㉗ Lazer D., Pentland A. etc., "Life in the Network: The Coming Age of Computational Social Science", *Science*, 2009 February 6; 323(5915), 2009, pp. 721—723.

㉘㉙ Gruzd A., Wellman B., Takhteyev Y., "Imagining Twitter as an Imagined Community", *American Behavioral Scientist*, 55, 2011, p. 1294.

㉚ Savage N., "Twitter as Medium and Message", *Communications of the ACM*, 54(3), 2009, pp. 18—20.

㉛ Ginneken JV. ,*Collective Behavior and Public Opinion*,Mahwah,NJ:Erlbaum,2003.

㉜ 〔美〕赛佛林、坦卡德:《传播理论:起源、方法与应用(第五版)》,郭镇之译,中国传媒大学出版社 2007 年版,第 3 页。

㉝ Tilly R. , *The Contentious French*: *Four Centuries of Popular Struggle*, Cambridge: Harvard University Press,1986,p. 8.

㉞ Olson M. ,"The Logic of Collective Action". *Public Goods and the Theory of Groups*. Cambridge, Mass,1971,p. 16.

㉟ Dahlgrena P. , " The Internet, Public Spheres, and Political Communication: Dispersion and Deliberation". *Political Communication*,22(2),2005,pp. 147—162.

后记

今年是美国互联网诞生45周年,也是中国互联网全功能接入21周年。互联网以其天生的创新精神,延伸了人类的肢体,不仅改变了人们获取信息的方式与内容,也重塑了人们的生活方式。对于媒体研究而言,互联网带来了全新研究领域与方法论。大约15年前,胡智锋教授创办了《互联网时代》专栏,探讨数字化、网络化、信息化带来的人类生存方式以及传媒业的巨大变革等。2009年《网络时代》易名为《新媒体研究》。本书集纳该栏目以及《现代传播—中国传媒大学学报》其他栏目的2009年至2013年度的研究精华,以三个"新"即"新领域""新方法""新观念"总结5年来我国新媒体研究的智慧结晶。

1. 新领域

以信息技术为核心的新一轮科技革命,孕育了全新的媒体概念,传统媒体与新媒体的内涵外延不断位移。对瞬息万变的互联网媒体实践的理论回应,展示了人类对于未知探索的勇气与智慧。例如胡泳的《在互联网上营造公共领域》,熊澄宇的《对新媒体未来的思考》,方兴东等的《微信传播机制与治理问题研究》,刘德寰、郑雪的《手机互联网的数字鸿沟》,顾理平的《论虚拟人群的叛逆性行为》等,从不同的角度勾画了互联网与新媒体蔚为壮观发展的侧影。

2. 新方法

基于大数据、全样本等新方法的应用,媒介研究不仅为媒介的应用提供精确可控的数字,同时重塑了媒介研究方法的新景观。柯惠新、黄可的《从平面化(2D)到立体化(3D)——对新媒体时代受众测量的思考》,张树庭等的《电视节目网络人气指数体系(IPI)的初步建构》,葛岩、郑雪梅的《眼睛是心灵的窗口——基于眼动追踪技术的网页可用性测试》等，使用新的技术手段，发展与创立了新的媒介研究方法论，将深刻影响媒介研究的手段、成本与应用价值。

3.新观念

创新是互联网的灵魂所在，其所激发的媒介以及社会各个领域的新观念、新思想的火花，成为人类思维活动最有活力的部分，并以自由、平等、分享的观念影响人们的媒介生活与社会生活。廖祥忠的《论“电子大字报”的传播特点、社会危害及应对之策》，王贵斌、斯蒂芬·麦克道威尔的《媒介情境、社会传统与社交媒体集合行为》，杨新敏的《自由市场理念观照下的搜索引擎问题》，何志武的《网络民意与公共政策的“民间智库”》，张宁的《官员个人微博：一种政府公共关系角度的考察——以三个政府官员个人微博为中心》，闵惠泉的《真实与虚拟：新媒介环境下的追问》等所阐述的新观念，论题涉及新媒体本体论、新媒体形态、新媒体应用及新媒体的未来走向、新媒体实验性影像等，无不是闪烁着互联网之光的凝思。

2014 年互联网在中国与世界发生了几件标志的事件，一个是 2014 年 2 月 27 日，中央网络安全和信息化领导小组正式亮相，由习近平总书记担任组长。这是中国互联网有史以来影响最为深远的一件大事；另一个事件是阿里巴巴在美国上市，市值超过 2300 亿美元，极大推进了中国互联网的全球化进程。2014 年 11 月 19 日，首届世界互联网大会在浙江乌镇召开，并永久落户乌镇，成为影响世界互联网的重大事件。习近平总书记在贺词中提出“当今时代，以信息技术为核心的新一轮科技革命正在孕育兴起，互联网日益成为创新驱动发展的先导力量，深刻改变着人们的生产生活，有力推动着社会发展”。

可以说，互联网与生俱来的创新的力量，催生了新媒体的种种可能，也孕育着无限的机遇。这将是产生伟大思想的时代，我们愿意以敬畏与真诚传播新媒体思想的火花。

潘可武

2015 年 3 月